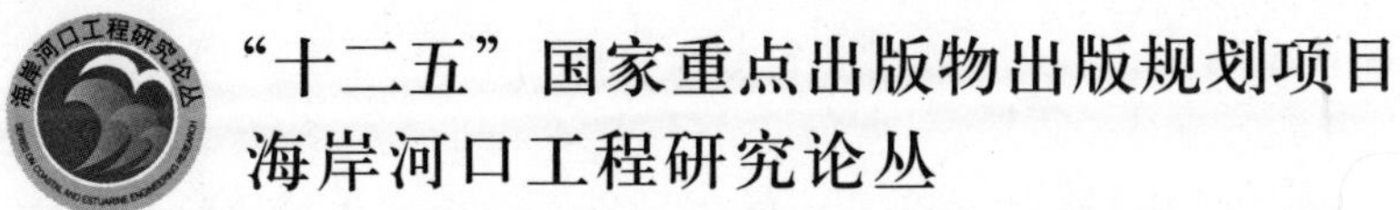
"十二五"国家重点出版物出版规划项目

海岸河口工程研究论丛

天津港工程泥沙
研究历程

蒋睢耀 庞启秀 张 娜 著

RESEARCH PROCESS OF
SEDIMENT ENGINEERING OF TIANJIN HARBOR

人民交通出版社股份有限公司
China Communications Press Co.,Ltd.

内 容 提 要

本书总结了天津港60余年的发展历程中的泥沙研究成果，特别是重点介绍了1994—2005年维护扩建阶段、2006—2015年深水化建设阶段与2016年以后远期规划共三个阶段的主要研究和预研成果。这些成果充分揭示了淤泥质海域泥沙运动基本规律，详细分析了港池航道泥沙淤积原因、淤积强度分布特征和各项治理措施的效果等，同时，还介绍了防波堤延伸工程、东疆港区及东海岸工程、30万吨级复式航道工程等多项重大工程的主要科研成果，以及天津港的远期规划，其中很多成果为首创技术，并获得了多项科技成果奖。

本书可供海岸河口工程研究人员，特别是希望了解天津港的发展历史及远期规划和淤泥质港口水沙运动规律的人员使用，也可供相关院校师生学习参考。

图书在版编目（CIP）数据

天津港工程泥沙研究历程 / 蒋雎耀，庞启秀，张娜著. —北京：人民交通出版社股份有限公司，2016.7

ISBN 978-7-114-13110-3

Ⅰ.①天… Ⅱ.①蒋… ②庞… ③张… Ⅲ.①港口工程—泥沙—研究—天津市②航道工程—泥沙—研究—天津市 Ⅳ.①U6

中国版本图书馆CIP数据核字（2016）第135658号

书　　名：天津港工程泥沙研究历程
著 作 者：蒋雎耀　庞启秀　张　娜
责任编辑：崔　建
出版发行：人民交通出版社股份有限公司
地　　址：（100011）北京市朝阳区安定门外外馆斜街3号
网　　址：http://www.ccpress.com.cn
销售电话：（010）59757973
总 经 销：人民交通出版社股份有限公司发行部
经　　销：各地新华书店
印　　刷：北京鑫正大印刷有限公司
开　　本：720×960　1/16
印　　张：11.25
字　　数：200千
版　　次：2016年7月　第1版
印　　次：2016年7月　第1次印刷
书　　号：ISBN 978-7-114-13110-3
定　　价：52.00元

序

海岸、河口是陆海相互作用的集中地带，自然资源丰富，是经济发达、人口集居之地。以我国为例，我国大陆海岸线北起辽宁省的鸭绿江口，南至广西的北仑河口，全长18000km；我国海岸带有大大小小的入海河流1500余条，入海河流径流量占全国河川径流总量的69.8%，其中流域面积广、径流大的河流主要有长江、黄河、珠江、钱塘江、瓯江等。海岸河口地区居住着全国40%左右的人口，创造了全国60%左右的国民经济产值，长三角、珠三角、环渤海等海岸河口地区是我国经济最为发达的地区，是我国的经济引擎。

人类在海岸河口地区从事经济开发的生产活动涉及很多的海岸河口工程，如建设港口、开挖航道、修建防波堤、围海造陆、保护滩涂、治理河口、建设人工岛、修建跨(河)海大桥、建造滨海火电厂和核电厂等，为了使其经济、合理、可行，必须要对环境水动力泥沙条件有一详细的了解、研究和论证。人类与海岸河口工程打交道是永恒的主题和使命。

交通运输部天津水运工程科学研究院海岸河口工程研究中心的前身是天津港回淤研究站，是专门从事海岸河口工程水动力泥沙研究的专业研究队伍。致力于为港口航道(水运工程)建设和其他海岸河口工程等提供优质的技术咨询服务，多年来，海岸河口工程研究中心科研人员的足迹遍布我国大江南北及亚洲的印尼、马来西亚、菲律宾、缅甸、越南、柬埔寨、伊朗和非洲的几内亚等国家，研究范围基本覆盖了我国海岸线上大中型港口及各种海岸河口工程及亚洲、非洲一些国家的海岸河口工程，承担了许多国家重大科技攻关项目和863项目，多项成果达到国际先进水平和国际领先水平并获国家及省部级科技进步奖。海岸河口工程研究中心对淤泥质海岸泥沙运动规律、粉沙质海岸泥沙运动规律和沙质海岸泥沙运动规律有深刻的认识，在淤泥质海岸适航水深应用技术、水动力泥沙模拟技术、悬沙及浅滩出露面积卫星遥感分析技术等方面无论在理论上还是在实践经验上均有很高的水平和独到的见解。中心的一代代专家们为大型的复杂的项目给出正确的技术论证和指导，使经优化论证的工程方案得以实施。如珠江口伶仃洋航道选线研究、上海洋山港选址及方案论证研究、河北黄骅港的治理研究、江苏如东辐射沙洲西太阳沙人工岛可行性及建设方案论证、瓯江口温州浅滩围涂工程可行性研究、港珠澳大桥对珠江口港口航道影响研究论证、天津港各阶段建设回淤研究、田湾核电站取排水工程研究等，事实证明这些工程是成功的。在积累的成熟技术基础上，主编了《淤泥质海港适航水深应用技术规范》、《海岸与河口潮流泥沙模拟技术规程》、《海港水文规范》泥沙章节，参编《海港总体设计规范》和《核电厂海工构筑物设计规范》等。

本论丛是交通运输部天津水运工程科学研究所海岸河口工程研究中心老一辈少一辈专家学者多年来的水动力泥沙理论研究成果、实用技术和实践经验的总结，内容丰富、水平先进、科学性强、技术实用、经验珍贵，涵盖了水动力泥沙理论研究，物理数学模型试验模拟技术研究，水沙研究新技术、水运工程建设、河口治理、人工岛开发建设实例介绍等海岸河口工程研究的方方面面，对从事本行业的技术人员学习和拓展思路具有很好的参考价值，是海岸河口工程研究领域的宝贵财富。

本人在交通运输部天津水运工程科学研究院工作 20 年（1990—2009 年），曾经是海岸河口工程研究中心的一员，我深得老一代专家的指导、同辈人的鼓励和青年人的支持，我深得严谨治学、求真务实氛围的熏陶、留恋之情与日俱增。今天，非常乐见同事们把他们丰富的研究成果、实践经验、成功的工程范例著书发表，分享给广大读者。相信本论丛的出版将会进一步丰富海岸河口水动力泥沙学科内容，对提高水动力泥沙研究水平，促使海岸河口工程研究再上新台阶有推动作用。希望海岸河口工程研究中心的专家们有更多的成果出版发行，使本论丛的内容越来越丰富，也使广大读者能大受裨益。

交通运输部总工程师 赵冲久

2016 年 5 月

前　言

我国在淤泥质浅滩上规划和建设的海港众多，大多港口滩浅坡缓，在波浪、潮流作用下泥沙运动活跃，港池、航道泥沙回淤现象显著。经港口航道及海岸工程方面专家、学者和建设者的研究与实践，实现了淤泥质海岸建港的突破，其中天津港最具代表性。天津港（曾称塘沽港）是建设在渤海湾西海岸淤泥质浅滩上的港口，南侧紧邻海河河口，故其发展历史中，泥沙淤积问题举世瞩目。经过几代建港人的努力，人们终于把一个极其严重淤积型港口改变成轻微淤积型港口，创造了在淤泥质浅滩上建设30万吨级航道的奇迹，港口吞吐量从当初的几百万吨增加到目前的数亿吨，天津港也成为世界一流的深水大港。除此之外，天津港还进行着港岛建设，可以说天津港的深水化建设走在世界港口深水化建设的前列。因此，总结天津港工程泥沙发展历程，可以为其他类似港口的深水化建设和港岛建设提供参考。

本书总结了天津港60余年的发展历程中的泥沙研究成果，共分四章。其中第一章综述了天津港泥沙问题研究历程，由蒋雎耀、庞启秀和张娜共同编写，主要总结了各时期泥沙研究的内容、方法和创新成果及应用情况等，揭示了淤泥质海域泥沙运动基本规律，详细分析了港池航道泥沙淤积原因、淤积强度分布特征和各项治理措施的效果等；第二章为1994—2005年维护扩建阶段的泥沙问题综合研究成果，由蒋雎耀和庞启秀编写，主要介绍了水深维护工程标准化与管理技术、泥沙回淤基本规律、回淤演变与评价、适航水深技术等；第三章为2006—2015年深水化建设阶段港口深水化条件下的水沙运动特征，由庞启秀编写，主要总结了在防波堤延伸工程、东疆港区及东海岸工程、30万吨级复式航道工程等多项重大工程建设后，天津港成为深水大港条件下的水流运动特征、泥沙环境、泥沙回淤特征等;第四章为远期规划的相关预研成果,由张娜编写,主要介绍了远期规划方案、预报了远期规划方案对周边海洋动力影响,特别是侧重研究了二港岛建设方案的确定及对周边影响等。本书中的很多成果为首创技术,并获得了多项科技成果奖。

本书参考了交通运输部天津水运工程科学研究院海岸河口工程研究中心的多个天津港科研项目报告,在此对参加这些工作的同志们深表感谢。

由于作者的水平有限,书中不当之处在所难免,敬请读者批评指正。

作者

2016 年 1 月

目　录

1 综　　述

1.1 天津港泥沙问题研究历程

天津港起源于海河内河沿岸的河港，主要作业区曾经大多在天津市内。经60余年的沿革，天津港已成为以海港为主、河港为辅的综合性港口。1939年，日本侵华期间为掠夺华北地区的煤炭、盐等物资与运输"华工"去日本岛，为其国内发展以军事为主的工业提供资源和劳动力，选择了运输距离较近、地理位置重要的天津塘沽海区，抛石筑堤，建筑码头，开挖港池航道。至1945年，初步建成了5个3000吨级码头及相配套库场设施和一条相应等级的航道与南北防波堤工程的港口，当时称为塘沽新港。日本军国主义无条件投降后，由国民党政府接管使用。由于缺乏财力，无能力维护，至1948年新中国成立前夕，港口设施破旧，陂波堤工程损坏，港池航道严重淤塞，基本上处于废弃状态。新中国成立后，人民政府对港口建设十分重视。在全国刚刚解放时期财政困难的情况下，在1949—1951年的三年中，对港口设施进行了全面修复改造，开挖港池航道，于1952年10月重新开港通航。1959—1960年，新建了三码头工程(即14~18泊位)，港口吞吐能力成倍增大，年吞吐量由开港时不足200万吨提高到400万吨以上。1974年，周恩来总理发出"三年改变我国港口面貌"的号召后，海港区加快了发展速度，市区港区逐渐外移，最终完全停止装卸业务，从此塘沽新港易名为天津新港。今日的天津港，生产建设蒸蒸日上，港口面貌日新月异，吞吐量的年年攀升，港口等级不断升级，港口规模不断扩大，港口功能不断完善。快速发展中的天津港正在为天津市和华北、西北腹地的经济腾飞做出重要的贡献。

因天津港建筑在渤海湾湾顶高程仅为-2.0~3.0m的淤泥质浅滩上，港池、航道所需的使用水深完全靠人工开挖而成，港口南侧又紧邻海河口，北侧12km处还有蓟运河入海，两河历史上曾有大量泥沙输出，扩散、沉积在港口周边的海域，在波、流动力作用下，泥沙悬浮于水体中随潮流进入人工开挖的港池、航道深水区域，便产生泥沙淤积现象。所以，天津港自1952年开港以来，每年均需进行大量的维护疏浚，以求获取所需的通航作业水深。维护疏浚不仅花费大量的财力、物力，在建港初期,还常常难以保障通航水深,造成船舶搁浅等事故,给港口的经济效益与社会声誉带来严重的影响。为此,开港60余年来,围绕港口水深的维护问题,一直进行着有关泥沙问题的研究工作。根据港口不同发展阶段的回淤情况、研究内容和研究方法,天津港的泥沙研究历史大致可分为如下几个阶段。

1.1.1 开港初期至海河口建闸时期(1952—1958年)

当时天津港仅有5个3000吨级码头和一条宽60m、水深-6.0m的航道。港池、航道的水域面积为1.23km^2,只占港内总面积18km^{2}的7.3%,其余面积均为浅滩,起到泥沙"中转"的作用。而且,海河汛期下泄的水沙,受涨潮流顶托,可绕过南防波堤头部直接入港。因此,泥沙淤积状况十分严重,全港平均淤积厚度达4.5m/a,码头前沿泊位处累计淤积厚度超过8.0m/a,常常出现大厚度的浮泥层。这一阶段港口的年平均吞吐量只有236万t,而年维护土方量达530万m^3。

该时期,港务局内设有航道科,专门负责港口水深的测量与研究工作。研究工作的重点是解决港池、航道巨厚浮泥层问题。有资料记载,1955年5月,一、二码头东端定点吸泥坑连续吸泥300h,合计吸泥量30万m^3,但浮泥面未见下降。此后因故停止吸泥2.5h,浮泥面又壅高约1.2m。航道内浮泥也很严重,沿里程浮泥层分布状况大致为:3+5处1.5m,5+0处1.0m,6+0处0.5m,呈向外逐渐降低的分布规律。

为解决巨厚浮泥层影响港口使用水深问题,开展了多项针对性的研究项目,如:

(1)在码头前沿海底铺设高压吹气管道,打入压缩空气,试验研究气泡由海底面上冒过程中扰动水体,阻止泥沙落淤的效果。

(2)在一、二码头最东端设浮泥定吸点,进行连续不断抽吸,以求降低1号~5号泊位的回淤厚度。

(3)研究利用浮泥层作为航行水深的浮泥重度标准,并研制成现场测量浮泥下界面的三爪铊和浮泥滚轴取样器。

由于当时港口规模太小,浅滩中转的泥沙太多,这些研究未能完全解决严重的淤积问题,但为其后的研究积累了大量的现场水文、气象资料和研究经验。三爪铊、滚轴取样器至今仍在现场测验中使用。有关浮泥的形态、淤积原因等也为后来的研究提供了宝贵的资料。

1.1.2 海河口建闸至大建港前时期(1959—1974年)

这一时期,是天津港泥沙淤积问题研究较系统的时期。成立了有100多名工程技术人员的专门研究机构——天津港回淤研究站，并将该课题立为国家重点项目，组织国内许多科研院所、大学和工程单位如南京水利科学研究院、天津大学、天津航道局等围绕泥沙来源、运移机理、回淤原因、淤积形态、淤积数量和减淤措施等展开了地质地貌调查、现场水文观测、室内泥沙特性试验、现场分析计算等一系列研究，取得了大量的海域原始水文泥沙资料（包括南堤口、北堤口两固定测站的连续观测资料）和众多的理论分析研究成果，对有些问题做出了明确的结论，如：

1）关于泥沙来源问题

1958 年海河口建闸前，海河平均每年约有 800 万吨泥沙下泄，对天津港海域浅滩的形成与发育起到了主要作用，对港口淤积影响极大，并存在“一潮浑水入港”的直接影响。建闸后，港口海域的泥沙来源大减，随着海河的综合治理，泄水量逐年减少，“一潮浑水入港”的现象消失。港内淤积泥沙主要是由周边浅滩经风浪、潮流作用把泥沙掀动起来，随涨潮带入港内的，排除了天津港淤积泥沙来自黄河入海泥沙的疑虑。蓟运河输出泥沙每年 40 万 ~60 万 t，对天津港淤积影响远小于海河来沙。

2）关于泥沙运移形态与回淤机理的研究成果

天津港泥沙运移的基本规律是“风浪掀沙、潮流输沙”。入港泥沙主要来自 -3m 以内破波带区域。港池、航道有两种淤积形态，悬沙落淤和浮泥流入并存，但对浮泥运动的基本规律尚未清楚。

3）减淤工程措施方面的成果

根据泥沙主要来源和淤积原因，提出了修复南、北防波堤的破损部分，减少越堤沙量；堵塞北堤缺口（原港口有两个口门），把从北堤缺口入港的含沙量较高水体改由横堤口进港，以减少进港沙量；吹填南疆浅滩水域，减少港内的纳潮量和相应的进沙量；延伸南、北防波堤，降低口门处水体的含沙量等。这些措施对减少港口回淤量均有较好的效果，但因经济能力等原因，该时期内并未具体实施。

海河口建成节制闸后，大大改善了天津港的泥沙环境，港口口门（H8 +800）处的含沙量大幅度降低，即建闸前为 0.75kg/m^3，建闸后降至 0.44kg/m^3，约降低了 1/3。同时，港内兴建了三码头工程（即现在的 14 ~18 泊位），港内深水面积增加到约 2.0km^2，单位面积淤积程度由前一时期 4.5m/a，降至 2.7m/a，降低了约 40%。该阶段全港吞吐量为 645 万 t，维护挖泥量为 549 万 m^3，吞吐量开始大于维护挖泥量。

1.1.3 大建港时期（1975—1985 年）

1974 年周总理发出了“三年改变我国港口面貌”的伟大号召，天津港掀起了大建港的热潮，泊位大量增加，深水泊位增至 29 个，航道完成万吨级扩建工程（水深

-11.0m、底宽 150m)。泊位增多,航道拓宽,港内人工开挖的深水面积扩大到 3.1km²,南疆一部分浅海区域围填成建港用地,港内浅滩面积缩小到 11.9km²。该时期,全港年吞吐量增至 1273 万 t,较之前增加了一倍,维护土方量也有增加,年平均维护量为 768 万 m³,单位深水面积的维护厚度降为 2.4m/a。

因 1974 年原天津港回淤研究站与原交通部西南水科所组建成原交通部天津水运工程科学研究所(现为"交通运输部天津水运工程科学研究院"),脱离港务局面向全国水运工程建设服务。天津港的泥沙研究工作改由港务局规划建设处负责组织安排。该时期主要对各扩建工程实施后的回淤状况进行预测研究,并堵塞了宽 1282m 的北堤缺口,修复了南、北防波堤破损段,探讨了港内淤积量、回淤率与人工开挖的深水容积的关系,并建立了关系式 $M = 101.6W^{0.22}$(M——港内淤积量,W——深水区容积)和港内回淤率与深水容积成正比的定性关系。此外,还获得了天津港北疆挖入式港池回淤的基本规律:越向外强度越大,两相邻港区的淤强比值在 1:3 ~ 1:1 间变化以及航道淤强与对应港池淤强的比值为 0.67 左右等结果。

1.1.4 东突堤建设时期(1986—1993 年)

在此之前,新中国成立后天津港建设的港池模式均为挖入式。20 世纪 80 年代中叶起,考虑到港口今后的发展规划和港口用地,北疆开始顺岸式的东突堤建设工程和制订反"F"方案的港口发展远期规划的同时,还开始进行南疆港域的开发建设与一、二码头改造工程,并于 1990 年完成了东突堤南港池 5 个泊位的建设;1992 年完成了南疆港区的南 3、南 4 泊位;1993 年完成了东突堤北港池 5 个泊位和南港池矿建泊位的建设工程。至此,全港已有万吨泊位 44 个和众多的中、小泊位。该阶段全港年平均吞吐量为 2397 万 t,全港年维护疏浚量为 613 万 m³。

本时期有关泥沙研究的内容与方法较前各时期均有较大的差异,根据远期规划的要求,对反"F"方案(小、中、大等多种组合方案)建成后的港区、航道淤积状况和抛泥地的选择采用了现场测验、理论分析、数学与物理模拟试验等方法进行详细研究。主要成果有:

(1)通过模型试验证实,规划的反"F"方案实施后,由于北港区(包括反"F"方案扩建港区和现东突堤北港池)的纳潮量增加,在北港区航道与西港区(除东实堤北港池以外的现有港区)航道分界处环流强度增强,形成较严重的淤积,应采用适当治理措施削弱环流强度,减轻淤积。如将北港区的现有浅滩吹填成陆,可减少部分纳潮量。并指出当北港池与西港池两股水流强度基本相同时,分流处的环流强度可降到最低程度。

(2)通过原体测验、理论分析和数模计算,掌握了抛泥区的水文特性、泥沙运动及地形变化等情况，了解了疏浚弃土运移过程及其对航道回淤的影响程度，提出了经济合理的 A、B 两个弃土位置。A 区位于航道里程约 22 + 500 正北 6km，水深 - 8m。B 区在 A 区东侧 4.3km，水深 - 10.3m。抛泥区悬移质泥沙的运动方向主要随涨落潮流方向流动，涨潮向西北，落潮向东南，在一个潮周期运动中，涨潮向西北最大运移距离约 11km，落潮向东南最大运移距离为 9km。由于潮流属往复流且涨潮流速大于落潮流速，因而泥沙的运动重心向西北漂移，因此，在当时航道长度时，抛泥区的悬沙即使在东北 7 级大风作用下，也不会对航道淤积构成威胁。抛泥区产生的底泥在重力和海洋动力作用下沿海底流动，主要运动方向是向东—东北，对港口航道没有直接影响。随着 A 区使用期的延长和航道扩建长度增加，使用 B 区抛泥更为合适等基本结论。

1.1.5 维护建设时期(1994—2005 年)

这一阶段的天津港回淤研究，与历史上各时期研究相比较，从研究的指导思想、目的要求、研究内容都有很大的改变。在本次研究过程中，认真地贯彻执行了“科研是第一生产力”、“科研与生产相结合”的方针，充分考虑到港口规模与其周边泥沙环境已发生了根本性变化的情况下，通过解决维护疏浚工程实际问题过程中，总结港口航道泥沙运动的基本规律，通过港口泥沙回淤程度的历史演变做出评价，统一了人们对现状天津港泥沙问题的认识，为港口向大型化发展提供科学依据。此外，关于天津港回淤量的计方标准、计量方法，航道稳定边坡与设计边坡，回淤层中适航水深的开发应用以及现状存在的主要泥沙问题都取得了相应的研究成果。

1.1.6 港口深水化建设期(2006—2015 年)

随着深水化、专业化战略的实施，天津港不断加快进行港口扩建的步伐，天津港南、北防波堤延伸工程、东疆港区、北港池等工程也相继建设完成并投入使用，2009 年年底南北防波堤建设完成。为了配合其深水化建设，其航道等级必须不断提升，相继完成了 10 万吨级、15 万吨级、25 万吨级、30 万吨级深水复式航道的建设，水深由 - 13.9m 增加到 - 19.5m，再至设计底高程 - 22.0m（通航底高程 -21.4m）。天津港内水深相对较浅的开挖区域仅限于主航道 H2 + 500 以西，即客运码头和一、二码头等，而其他港池、泊位和航道的水深均在 10m 以上，1、2、3 港池及南 2 ~ 南 10 泊位、东突堤南港池、邮轮母港等区域的水深在 10 ~ 15.5m；四港池及对应航道、北港池和南 1、南 11 ~ 南 15 泊位等水深则在 15.5 ~ 17.4m。

天津港不仅进行深水化建设（30 万吨级航道），而且还进行港岛建设，代表着港口发展的两大趋势。天津港的深水化建设走在世界港口深水化建设的前列。随着天津港的水深不断增加、面积逐步扩大、周边浅滩日趋减小,天津港的水沙运动特征在不断变化,因此,研究其运动特征,既是港口深水化建设自身的需要,也是人们认识港口深水化建设和港岛建港中的关键问题的需要,从而可为其他类似港口的深水化建设提供参考。为此,综合采用现场观测、物理模型和数学模型等多种手段,开展了港口深水化条件下的水流运动特征、泥沙运动及港池航道泥沙回淤特征,以及港岛建设对水沙环境的影响等研究。

1.1.7 远期规划

随着滨海新区的开发开放,天津港作为滨海新区的重要组成部分,必然会迎来新的发展契机。天津港要进一步加快发展,努力建设成为世界一流大港。2007年,天津港新一轮港口规划工作全面展开,新规划中把天津港规划成"一港九区",分别是汉沽港区、北塘港区、北疆港区、南疆港区、海河港区、东疆港区、大沽沙港区、高沙岭港区(后大沽沙港区和高沙岭港区合并为"临港经济区")和大港港区(后改为"南港工业区")。为配合天津港总体布局规划工作,总结分析了天津港开港以来在工程泥沙方面的研究成果,通过开展现场测量、实测资料分析以及波浪和潮流泥沙数学模型试验研究、物理模型试验等对各港区港内泊稳和水流条件、泥沙淤积情况及对周边海域的影响进行了研究,为修编工作提供了技术支持。截至目前,汉沽港区、北疆港区、南疆港区、大沽沙港区基本建设完成,北塘港区、高沙岭港区和大港港区正在建设中,陆域围垦大部分已完成,部分码头已投入使用。

天津港东疆第一岛自围垦建设以来招商进展迅速。截至2012年,保税港区90%的地块和配套服务区50%以上的地块均已出让完毕。土地开发即将进入收官阶段。随着北方国际航运中心等一系列重大政策的实施,东疆港亟须寻找新的发展空间,进一步承载国际高端产业职能。为推动东疆港建设成为自由贸易港区,2012年开始启动东疆二岛的规划工作。东疆第二岛培植于第一岛以东,规划面积40km^{2}有余,拟开发为综合型自由贸易港区,包括都市商业区、岛屿居住区、旅游度假区、海事研创区、物流仓储区以及码头区,共六个区域。该项工作是在远期规划基础上对二港岛的重新规划。

1.2 1994—2005年维护建设期泥沙问题研究主要内容和成果

这一阶段的天津港回淤研究,主要是在解决维护疏浚工程实际问题过程中,总结港口航道泥沙运动的基本规律,确定天津港回淤量的计方标准、计量方法,以及航道稳定边坡与设计边坡，另外，还开发应用了适航水深技术。这一时期的港口布局如图 1-1 所示。

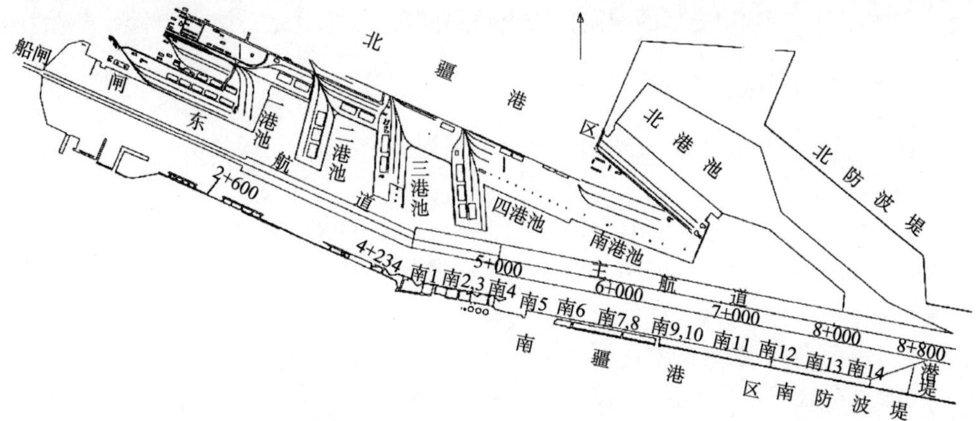

图 1-1　维护扩建期的天津港布局

1.2.1　研究基本途径

通过港内及其周边海域大规模的水文、水深勘测、地质地貌调查、入海河道径流、输沙量统计与泥沙絮凝现象，沉降规律试验等，分析港口淤积泥沙的来源，计算港口回淤数量、研究治理措施，达到减少港口淤积的目标。取得的研究成果除大量的水文、水深资料外，主要是关于整治措施如吹填南疆浅滩水域，减少入港沙量；延伸防波堤长度，降低港口口门水体含沙量等成果。这一思路研究获取的成果，存在下列主要问题：

(1)根据港内和周边水文条件计算(通称“水文法”)得到港口淤积数量与施工单位历年申报的维护量相差悬殊，即用“水文法”计算结果只是维护疏浚量的 50%左右，造成对天津港淤积情况的不统一认识。

(2)用“水文法”计算只能获得港池、航道总淤积状况，难以获取各港池和各航段淤积量的分布情况，未能总结出淤积分布的基本规律。

(3)提出了有效的整治工程措施，但限于港口规模小、经济实力差的港口状况，只能将成果束之高阁，无法在实际上应用。

1994—2005 年时期的研究途径是直接从维护疏浚入手，确定维护疏浚土方统一的计算标准，掌握各次维护疏浚工程水深与疏浚土重度的变化实况，累计算出各港池、泊位和各航段设计水深下统一标准的维护数量(通称“水深法”)，以其确定港口的实际回淤量。换言之，这一时期的研究是以港口通航水深为标准，采用“水深法"计算各港区、各航段的回淤状况,研究维护通航作业水深的措施与方法。因此,所获成果易得到统一认识,也能获取淤积的分布状况,有利于指导维护疏浚工程计划的制订和实施,局部的减淤措施也较易实现。

1.2.2 研究主要内容

这一时期的研究内容,归纳起来可分为下列五个方面:

1)第一方面

为保障港口正常通航使用,测定设计水深下所需的维护疏浚土方量、指导维护疏浚计划的安排和为港口扩建工程等提供必要的港域水文、水深、地质资料,主要成果有:

(1)定期港池、航道的水深测量和扩建工程验收水深测量。

(2)维护施工区域的浚前、浚后水深测量与淤泥重度测定。

(3)沿航道、边滩水体含沙量分布观测与航道内流速测量。

(4)港口口门(8 +800)断面水文全潮测验。

(5)局部环流区域的流况测量。

(6)港内各港池含沙量与底质测量。

(7)航道扩建工程的地质勘测与土方计算。

(8)口门附近及航道两侧沉积物粒度取样分析。

(9)各港池、航道淤泥厚度及重度测量等。

2)第二方面

根据上述资料,计算确定当年度维护疏浚工程的各参数,提高维护疏浚工程现代化管理技术与编制年度维护计划的有关内容,主要有:

(1)统一合理的回淤量计方重度标准。

(2)确定《水深法》计算各港区、航道回淤量方法。

(3)计算各港区港池、泊位的维护数量。

(4)航道维护土方量的计算与各年度实际维护重心位置的计算。

(5)编制年度维护疏浚计划。

(6)维护疏浚工程现代化管理技术的研究等。

3)第三方面

根据维护工程实际施工情况与港口水文泥沙条件,分析研究有关泥沙回淤基本规律,以指导维护疏浚工程的实施和预报港口扩建工程的回淤数量及其淤积趋势,主要有:

(1)港口周边泥沙环境的变化状况综合分析。

(2)回淤泥沙的水力特性与主要物理特性的试验。

(3)航道淤强分布规律的研究。

(4)港池淤强分布规律的研究。

(5)港口强淤现象发生过程及其自然返深规律的观测研究。

(6)提高维护疏浚效益方法的研究。

(7)疏浚土抛弃后的扩散状况与对航道淤积影响的研究。

(8)航道自然稳定边坡与设计边坡的研究等。

4)第四方面

有关天津港泥沙淤积历史演变过程与港口回淤程度评价的内容,主要有:

(1)港口回淤状况的分类及其分类标准的研究。

(2)天津港总体回淤程度的评价。

(3)天津港分区回淤程度的评价。

(4)天津港回淤趋势的评述等。

5)第五方面

港口通航作业水深维护措施研究的有关内容,如:

(1)"适航水深"的开发与应用研究。

(2)"适航水深"测量方法的研究。

(3)大型泊位严重回淤区水深维护方法的研究。

(4)延伸南、北防波堤减淤效果的研究。

(5)维护疏浚方式的试验研究等。

1.2.3 主要研究成果

1994—2005 年的研究成果主要包括提供保障港口正常使用的航道、港池水深图和港域水文、泥沙、地质等资料。这些成果多数在工程中得到了实际使用,并取得良好的效果,不仅在港口维护工程中创造了较好的经济效益,同时也为港口快速向大型化发展提供了科学依据。主要成果报告可分为四部分:

(1)关于维护疏浚工程连续 10 年的监测结果与工程的管理技术。

(2)关于天津港泥沙淤积程度演变过程和现状泥沙回淤规律的研究成果。

(3)对天津港各项扩建工程泥沙回淤状况的预测报告。

(4)关于天津港适航水深研究与试用成果。

1.2.4 研究成果对港口生产建设重要作用的简评

1)关于"计方标准和计量方法"在维护疏浚工程中应用的效果

当时，交通部（现为交通运输部）对维护疏浚工程的计方标准与计量方法尚无统一的规范，因此，在实际工程问题中常遇到不同的看法。天津港也一样，在1994年以前也无统一的计方标准与计量方法。20世纪50年代曾采用1.6t/m³重度来计算回淤土方，以后一直沿用这一标准。但从实际回淤土方的重度资料看，明显偏大，已接近基建土方的重度标准，故以1.6t/m³作为维护疏浚土方的计方标准是不合适的；维护疏浚施工单位每年都要向交通部报送本年度完成的土方量，其土方量以船方量为准，也未说明每方工程量的标准重度或者含泥数量。经20世纪60～80年代多次检测疏浚船舶装舱土方的重度，航道施工的耙吸式挖泥船舱泥平均重度为1.2～1.3t/m³，港池、泊位施工的吸扬式挖泥船输泥管内泥浆的平均重度为1.1～1.2t/m³，若以其作为计方标准，与回淤一年的土方重度显著偏小，且两种船舶的标准也不统一，也不宜作为疏浚土方量的计方标准。由于无统一的计方标准和计量方法，进入市场经济年代后，原维护疏浚费用由交通部事业费支付改为港口企业自己负担，这对于维护疏浚量较大的天津港来说，严重地影响到港口的经济效益，所以对计方标准和每年究竟有多少维护量等问题十分关注，并经常与施工单位产生不同的认识，甚至发生纠纷危及港口正常进行生产活动。1994年，在市交委组织协调下，进行了维护疏浚工程量的计方标准和计量方法的研究，确定了无扰动状态下自然回淤一周年的土层平均重度1.4t/m³作为维护疏浚土方的计方标准重度，并确定以实测挖除的水下土方（事先测定重度）按1.4t/m³折算的数量作为维护工程土方量。这一统一的计方标准和计量方法执行10年来，港方与施工单位均未发生不同的认识，对保障港口的正常生产起到了重要作用。同时这一计量方法与泥沙回淤研究的回淤数量计算标准相一致，解决了历史上回淤研究中所谓的“水文法”计算回淤量与用“水深法”计算回淤量大约差50%的矛盾。

2）关于“泥沙回淤规律”在港口维护建设中的作用

10年的研究，获得了年泥沙回淤强度随港口空间与尺度分布的基本规律以及强淤现象发生、回淤形态、自然密实过程的规律等。

港池泊位：

$$P_{年}=\frac{\alpha s\omega t}{\gamma_0}\left(1-\frac{L}{L_0}\right)^{2.2}\mathrm{EXP}\left[\frac{1}{2}\left(\frac{A}{A_o}\right)^{0.5}+0.2(h-\bar{h})\right]$$

外航道：

$$P_{年}=\frac{\alpha s\omega t}{\gamma_0}\left[1-\left(\frac{h_1}{h_2}\right)^3\right]\left[1-\left(\frac{\bar{u}}{u_\mu}\right)^3\right]\left(\frac{b_1}{b_2}\right)^{0.056}$$

内航道：

$$P_{年} = P_{口门}\left(1 - \frac{L_x}{L_0}\right)^{2.2}$$

式中：$P_{年}$——计算港池泊位的年回淤强度(m)；

$P_{口门}$——口门处的淤积强度(m)；

t——计算淤积时间(s)；

s——港口口门断面在 t 时段内的输沙量(kg/m^3)；

A——计算港池周边的浅滩面积(m^2)；

A_0——计算港池面积与 A 之和(m^2)；

$\bar{h}$——港池周边的平均水深(m)；

h——计算港池的设计水深(m)；

ω——泥沙沉降速度(m/s)；

γ_0——淤积物干重度(kg/m^3)；

L_x——计算区域离口门的航道里程(m)；

L_0——为口门处的航道里程(8800m)；

h_1、h_2——航道扩建前、后的水深(m)；

b_1、b_2——航道扩建前、后的底宽(m)；

u_μ——回淤泥沙的不淤速度(m/s)；

α——泥沙沉降概率，由水文统计理论得 $\alpha = 0.67$。

这些规律对港口水深维护和扩大建设都起有指导性的作用。例如，根据这些规律，可以较精确地预测现有各水域的淤积强度与淤积数量，便于制订年度水深维护的疏浚计划和预算工程费用，2000 年以来一直进行着这项设计工作；港口发生强淤现象时，可根据强淤现象的发生原因、淤积形态、自然密实过程等基本规律，知道如何调整维护疏浚计划，提高维护效率，节约维护经费；有了这些基本规律，工程管理人员真正做到了心中有数，提高了生产管理水平与工程质量。

在港口不断的扩建工程中，这些规律亦起到了重要作用。每一项扩建工程的可行性研究报告中，均需对工程实施后的回淤状况做出预测。根据扩建工程的位置、规模和尺度，用淤强分布规律计算式就能便捷地计算出扩建工程完成后的回淤状况，为该扩建工程的设计及其工程费用、财务效益计算分析提供依据。例如 10 万吨级航道，15 万吨级航道扩建工程，南疆 5 ~ 10 泊位扩建工程，25 ~ 26、27 ~ 29 泊位的改造工程等都利用这些淤积分布计算式做了预测。实践证明，预测结果与扩建工程实施后的回淤状况十分接近。

此外，利用这些规律和港口的远期规划，可以预测天津港远期的泥沙回淤状况和回淤程度。

3）关于“回淤程度评价”对港口发展的重要意义

众所周知，天津港在20世纪50～60年代泥沙淤积问题十分严重，极大地制约了港口发展的速度与影响港口的声誉。随着港口周边泥沙环境的改善、多项治理措施的实施和港口规模的逐步扩大，港口泥沙淤积总数量基本保持在同一量级上，但淤积的程度大大减轻。至20世纪90年代，全港平均淤强已由50年代的4.5m/a降低到1m/a以下，平均每个泊位的淤积量从62万m^3降至5万m^3。从港口吞吐量与维护挖泥量两者关系分析，20世纪50年代每装卸一吨货需挖除2.2m^3的泥，而到20世纪90年代每装卸一吨货只需挖除泥0.1～0.2m^3，到2003年，装卸每吨货的挖泥量已降到0.04m^3。由此可以看出，天津港的泥沙回淤程度已发生了根本性转变。

通过天津港回淤程度的评价，客观地将天津港的泥沙淤积程度采用淤强水深比和挖泥吞吐比两个指标做出历史演变过程的评定，将港口泥沙回淤程度划分成五种类型，即严重淤积港、淤积港、轻淤港、微淤港与不淤港，评定结果天津港泥沙回淤程度已由20世纪50～60年代的“严重淤积港”转变成“轻淤港”。这一结论通过大型专家审查会与报刊、电台的宣传等，让人们对天津港的泥沙问题有了新的认识，彻底地扭转了泥沙问题制约港口发展的局面，使天津港近几年无论是规模还是吨级都得到了迅猛的发展。随着港口建设的突飞猛进，港口生产形势也是日新月异，2003年全港完成吞吐量1.62亿吨，成为我国北方港口之最。

4）关于“适航水深资源开发应用”的经济效益

天津港总体回淤程度虽已进入“轻淤港”阶段，但因淤积分布的不均匀性和近年大型（10万～20万吨级）泊位建成，且这些大型泊位均位于离港口口门较近的易淤积区域，造成局部泊位如25～26、南9～10等的回淤程度达到或接近严重淤积区的程度。此外，港口的强淤积现象还屡屡发生，短期间内某些深水区域形成相当大的回淤厚度，个别区域甚至达3.0m以上。以上两种情况造成局部泊位按高频回声仪所测水深始终难以达到设计通航水深的标准，若进行连续不断的维护，不仅船只无法靠泊作业，而且疏浚效率很低。为此，1999—2003年期间，进行了适航水深资源的开发与应用研究，确定了适航水深参数——淤泥重度的标准，调查了天津港适航水深资源的分布情况，规范了适航水深的测量与出图方法，并开始试用。经几年的实际试用，不仅保障了港口大型泊位的正常使用，而且节约了可观的维护工程费用。经核算，1999—2003年五年中应用适航水深总计节省维护疏浚费用约4500万元。

适航水深在外国如荷兰、比利时、法国等国早已开始应用，在我国天津港是首家开始试用的港口,交通部对此十分关注,并决定以天津港的研究成果与试用状况为主要依据,编制我国第一部《淤泥质海岸港口适航水深应用的技术规范》,以推广适航水深应用。若适航水深在我国能得到普遍应用,则天津港在这个问题上的技术贡献是十分巨大的。

1.2.5 关于若干创新研究成果对学科发展的贡献

天津港近10年的泥沙问题研究,获得了大量的成果,总计编制的研究成果报告达40余篇,有的研究成果如天津港的泥沙回淤规律、回淤程度评价、强淤现象及其对策等在国内有关学术刊物上发表,对工程泥沙学科的发展起到了推动作用。例如:

(1)"港口泥沙淤积程度的评价"成果,不仅是我国首创,而且国外也未见有类似文献。

(2)"强淤现象的基本规律"也是天津港首家提出的概念。将港口短期内明显淤积现象严格区分为"强淤"与"骤淤",这为研究解决港口的泥沙问题提出了新的思路。

(3)关于航道和港内泥沙强度分布的经验计算公式,不仅包括水文泥沙和港域水深的因子,而且还包括邻近水域条件对计算区域的影响因素,用于预测计算可获得较高的精度。

(4)国内首家进行了较系统的适航水深研究和试用适航水深,为我国淤泥质海岸港口适航水深资源的开发应用积累了经验,引起了有关部门的重视与推广使用。

(5)计方标准和计量方法的统一,为我国其他港口维护疏浚工程量的合理计量提供了模式和经验,为维护工程标准化、规范化创造了一定条件等。

总之,天津港近10年来的研究成果,对我国泥沙问题研究和解决实际工程问题的方法产生了一定影响,在某些领域起到了带头作用,有利于促进这一学科的发展。

1.3 2006—2015年的主要内容和成果

该时期,天津港开展了多项重大工程,主要包括防波堤延伸工程、东疆港区及东海岸工程、30万吨级复式航道工程等,各工程位置示意如图1-2所示。这些工程的建设,使天津港真正成为深水大港。

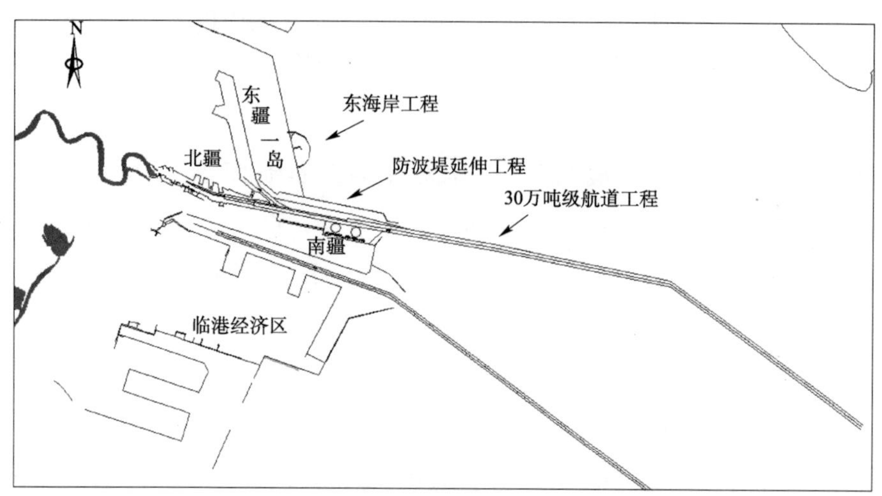

图 1-2 深水化过程中天津港主要工程位置示意图

1.3.1 30 万吨级复式航道工程

天津港航道等级不断提升。航道等级在 20 世纪 50 年代仅万吨级;20 世纪 60 年代升级为 3 万吨级;20 世纪 70、80、90 年代航道为 5 万吨级,并且已经成为双航道,航道宽度由原来的 60m 拓宽为 150m,而且在 20 世纪 90 年代末期,航道宽度又增加为 180m;进入 21 世纪以来,航道建设速度迅速提高,仅利用十几年的时间,航道就由 5 万吨级建设成为 30 万吨级复式航道,各阶段的航道分别为 2000—2002 年为 10 万吨级,2002—2005 为 15 万吨级,2006 年 20 万吨及 25 万吨一期工程,2008—2010 年为 25 万吨复式航道,2011—2013 年为 30 万吨复式航道。航道建设历程及各等级航道如底宽、底高程、长度等基本尺度见表 1-1。

天津港 30 万吨级深水复式航道,其航道由主航道和两侧万吨级航道共同组成,如图 1-2 所示。工程设计如下:航道里程 12 +200 ~36 +000 段,在原主航道基础上保持航道轴线不变,沿已有边坡继续浚深至设计底高程 -22.0m,通航底高程 -21.4m,航道有效宽度 397m。航道转向后,航道里程 36 +000 以外段,在 30 万吨级航道一期工程(有效宽度 330m,设计底高程 -21.0m)基础上继续浚深,浚深后航道有效宽度 320m,设计底高程 -22.0m,通航底高程 -21.4m。航道起点里程由 45 +500 延长至 49 +000,达到 -21.4m 天然水深。主航道两侧万吨级小航道,宽 100m,设计底高程 -9m,大小船分道航行,互不干扰。其断面示意图如图 1-3 所示。

航道建设历程 表 1-1

时间	航道等级	航道底宽	底高程（理论最低潮面以下）	航道长度
1952 年	航道开通	60m	-6.5m	—
1956 年	—	60m	-7m	13.4km
1964—1966 年	3 万吨	—	-8	16km
1977—1984 年（开始进入双航道历史）	5 万吨	150m	-11m	27.4km
1997—1998 年	5 万吨	180m	-12m	—
2000 年 9 月—2002 年 6 月	10 万吨	210m	15 +000 以内 -14.8m，15 +000 以外 -14.6m	航道延长至 33 +800
2002 年 6 月—2005 年	15 万吨	234m	15 +000 以内 -17.4m，15 +000 以外 -17.2m	在 36 +0 向南转向 25°，延长至 40 +000
2006 年	20 万吨及 25 万吨一期工程	7 +100 ~ 14 +000：221m；14 +0 ~ 44 +000：211m	7 +100 ~ 14 +000：-18.5m；14 +000 ~ 44 +000：-19.5m	航道延长至 44 +000
2008—2010 年	25 万吨复式航道	主航道：420m 两侧万吨：100m	主航道：-19.5m 两侧万吨：-9.0m	航道延长至 45 +500
2011—2013 年	30 万吨复式航道	主航道 12 +200 ~ 36 +000：397m，36 +000 外：320m；两侧万吨级航道：100m	主航道 12 +200 ~ 49 +000：-22.0m； 两侧万吨级航道：-9.0m	航道延长至 49 +000

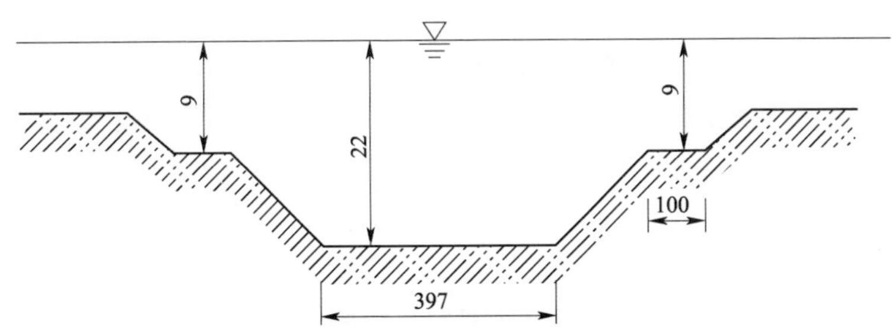

图 1-3 天津港复式航道断面图（尺寸单位：m）

1.3.2 防波堤延伸工程

为了满足天津港发展规划需要，拟将南北防波堤向外海延伸。天津港防波堤延伸前，口门位于航道里程8+800处，向外两侧的南北导堤为潜堤，向海延伸至约10+000，水深约在-2m等深线，距浅水区较近。利用潮流物理模型、风浪潮流泥沙数学模型和波浪数学模型三种手段对防波堤的延伸位置及口门布置形式进行了试验研究，并通过对各种形式组合的优化，给出了各方案的流场、泥沙淤积分布、港内泊稳及港区波要素，从水流、波浪和泥沙的角度进行了各方案的对比分析，提出了优化建议。此外，还对北大港池开通后港内的流态以及临港工业区工程兴建对天津港工程的影响进行了试验分析，为天津港延堤工程的方案设计提供了科学依据。

1.3.2.1 主要内容

(1)建立潮流物理模型，通过设计方案延堤后口门水域流场的试验结果，从水流角度提出优化方案。分析延堤后港内及航道的流速变化及沿堤流情况，并研究临港工业区工程、北港池工程的实施对天津港延堤的影响。

(2)建立风浪潮流泥沙数学模型，通过各方案工程前后的潮流场、泥沙淤积情况变化分析各方案特点，给出各方案年淤积情况，从泥沙淤积的角度提出较优方案。

(3)建立工程区海域波浪数学模型，计算该海域两年一遇不利浪向的波浪场，分析港内泊稳情况；计算该海域五十年一遇不利浪向的波浪场，给出港内及北防波堤水域的波要素，并分析波浪越堤对港内泊稳和泥沙淤积的影响，确定沿堤工程的堤顶高程。

(4)通过上述模型试验，从波浪、水流、泥沙角度综合分析，提出天津港南北防波堤延伸设计的最优方案，为工程的实施提供科学依据。

1.3.2.2 工程方案

从工程规模及布置形式可归纳为两类基本方案：第一类方案，南北防波堤的口门位于15+0，此类方案包括设计方案1和优化方案1a~c共计4个方案；第二类方案，北防波堤堤头位于口门位于16+0，南防波堤堤头位于15+6，此类方案包括设计方案2和优化方案2a、2a-1共计3个方案。

各方案水深设置基本一致，由8+800m~11+800m段航道水深-15.0m；11+800m至口门段航道水深-19.7m。航道底宽230m，边坡1:5，码头前沿水深各段分别为-16.0m和-20.7m。各方案尺度及特点见表1-2。

天津港防波堤延伸工程方案布置

表 1-2

第一类方案			第二类方案		
方案 1	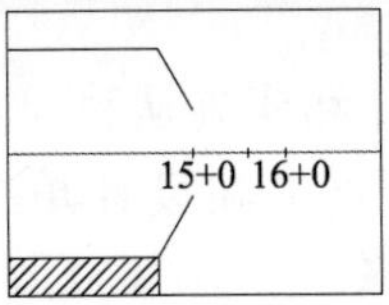 15+0 16+0	设计方案 口门宽 900m	方案 2	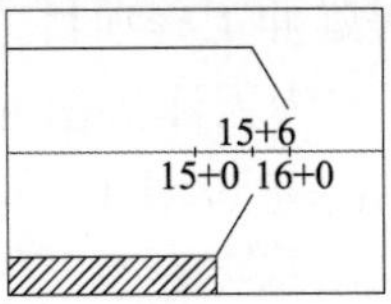 15+6 15+0 16+0	设计方案
方案 1a	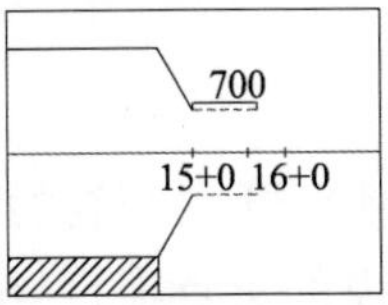 700 15+0 16+0	优化方案 口门宽 900m 南北两侧潜堤	方案 2a	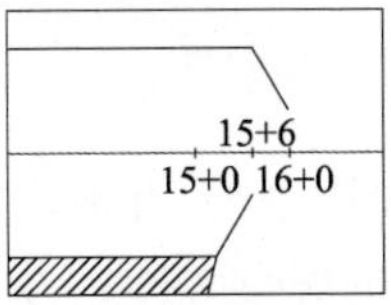 15+6 15+0 16+0	优化方案 南疆围垦为斜角
方案 1b	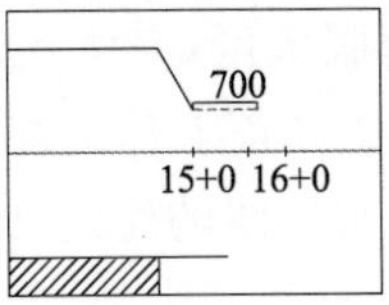 700 15+0 16+0	优化方案 口门宽 1400m 北侧有潜堤	方案 2a-1	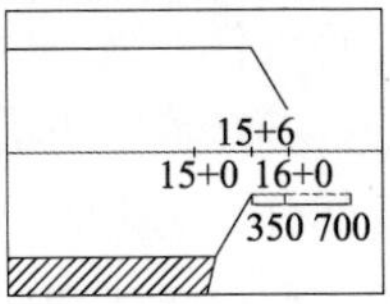 15+6 15+0 16+0 350 700	优化方案 南疆围垦为斜角 南侧有潜堤
方案 1c	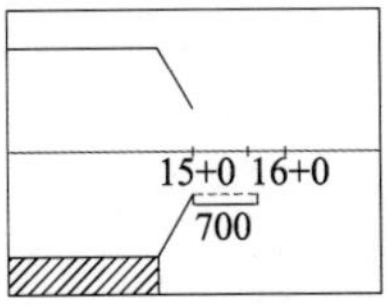 15+0 16+0 700	优化方案 口门宽 900m 南侧有潜堤			

1.3.2.3 成果创新和应用

(1)港区海域进行的大面积、多垂线、多季节的现场全潮测验及底质泥沙取样,为本港测验之最。采用了先进的测量设备,获得了大量的实测资料,为模型试验提供了基础,也为天津港资料的更新提供了宝贵资源。

(2)研究手段多样化,传统手段与现代技术相结合,采用现场勘测、卫星遥感、物理模型、风浪潮流泥沙数模、波浪数模等多种手段对天津港防波堤延伸项目进行了综合性的研究。

(3)复合模型较好地应用于本项目的研究,各模型的试验结果具有很好的一致性,通过综合试验分析较好地解决了实际的工程问题,整体上达到了国际先进水平,为复合模型的应用推广提供了支持。

(4)突破以往单纯水流作用下泥沙运动的数值模拟,通过各种动力条件的耦合,模拟了风、浪、流共同作用下的泥沙运动,并在泥沙淤积计算中取得了良好效果。

(5)通过大量方案试验比选和优化,从水流、波浪及泥沙三方面综合分析,推荐了最优方案,为工程设计提供了依据。

(6)2006 年 1 月天津港防波堤延伸工程得到国家发改委的正式批复,同意建设天津港防波堤延伸工程项目,总投资额约 8.52 亿元。

(7)本项研究为天津港南北防波堤延伸工程的设计和实施从科研角度提供了依据,对港口的建设具有一定的指导意义,得到了业主和设计单位的一致认同。

1.3.3 东海岸工程

作为中国规模最大、开放度最高的保税港区和滨海新区开发开放的重要标志区,天津港东疆港区是天津市及天津港"十一五"规划建设的重点项目,按照规划,将东疆港区分为码头作业区、物流加工区、港口综合配套服务区"三大区域",具有码头装卸、集装箱物流、商务办公、生活居住、休闲旅游五大功能。作为综合配套服务区的重要组成部分,东疆港区综合配套区一期 $2km^2$ 景观岸线的建设已经迫在眉睫。东海岸一期工程位于天津港东疆港区外侧,呈双弧形环抱式港池,港内沿岸铺设人工沙滩,可供亲水游憩之用,平面布置如图 1-4 所示。

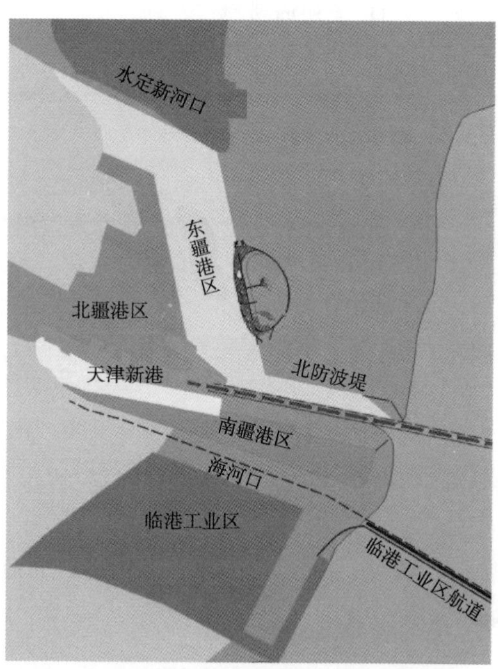

图 1-4 天津港东疆港区、东海岸一期工程位置示意图

1.3.3.1 主要内容

1）人工沙滩的稳定性

由于工程建成后港内波浪、潮流以及泥沙环境的相互影响，人工沙滩铺设后，波浪可能对人工沙滩产生侵蚀。为配合本工程方案设计，需测定所营造的人工沙滩在波浪作用下的滩面稳定情况，并根据冲刷结果提出适合于本区的人工沙滩泥沙粒径，验证设计方案剖面坡度的稳定性，从而确保人工沙滩在建成后的稳定、安全与美观，即不致因滩面泥沙大量冲刷流失，造成较大经济损失。

2）港内水体交换及沙滩淤积

（1）通过模型试验，对港内水流运动规律、水体交换情况及口门处冲淤稳定情况，提出评价。

（2）通过试验研究港内、人工沙滩及游艇码头等处不同季节的泥沙淤积变化特征，为工程减淤措施提供依据。

3）港内的泊稳

通过对天津港东海岸开发一期工程游艇港的港内泊稳条件和港内小风区风成浪进行数学模型计算，分析游艇港内港池、沙滩以及码头等处的波浪条件，给出港内不同地段的设计波高值，为码头护岸及人工沙滩的设计提供依据。

4）防波堤结构的稳定性

为满足防波堤工程结构设计的需要，了解防波堤结构单元体（钢筋混凝土格型结构、护肩块石和棱体块石）的稳定以及防波堤格型结构堤顶上水、越浪和受到的波浪力作用情况，针对防波堤工程的三种结构断面形式，在不同水位相应设计波浪作用下，进行波浪断面模型试验，以对设计断面的合理性及计算结果进行试验验证。

1.3.3.2 创新性及其应用

（1）利用整体潮流泥沙物理模型、波浪泥沙水槽模型、波浪断面水槽模型及波浪数学模型等系列组合试验的方法，对天津港东海岸一期工程规划建设中的港内水体交换问题，人工沙滩冲、淤问题，港内泊稳条件及防波堤稳定性等问题进行了综合性研究。

（2）开发了利用波浪泥沙水槽对人工沙滩稳定性研究的技术，试验中采用液压伺服驱动推板吸收式不规则造波机等先进设备，通过选取合适的模型沙及比尺关系制作正态动床模型，实现了正态模型真实复演原型的目的，为国内外对人工沙滩的研究提供了新思路。

（3）利用整体潮流泥沙物理模型对人工沙滩在淤泥质海岸的淤积分布特征及水体运动规律进行了定床悬沙试验，提出了沙滩淤积分布规律及厚度和港内水体流态变化规律。

(4)本项研究中关于淤泥质海岸人工沙滩冲、淤规律的研究在国内尚属罕见,与国外研究相比,我们用正态模型真实复演了原型,其方法独特,具有很强的创新性。

(5)在防波堤稳定性研究中,不仅对三种结构的越浪情况进行比较,而且对结构物受到的波浪力进行了物理模型试验测量,可对理论计算的结果合理性进行验证及修正。

(6)本项研究从科研角度为天津港东海岸一期工程的设计和实施提供了依据,对该工程的建设具有一定的指导意义,得到了业主和设计单位的一致认同。

(7)天津港东疆港区东海岸一期人工海滩工程已经建设完成,主要包括人工沙滩、游艇码头等,采用环抱式防波堤掩护,防波堤采用实体结构形式,口门宽度150m;人工沙滩分为宾馆区沙滩、公共游乐区沙滩和低密度住宅区沙滩三块,其中前两块沙滩已于2009年7月份试开放,供游客亲水游憩之用。

1.4 远期规划方案研究(2016—)

为配合天津港新一轮港口规划工作,对规划各港区平面布置方案的合理性进行了研究。新规划中把天津港规划成“一港九区”,分别是汉沽港区、北塘港区、北疆港区、南疆港区、海河港区、东疆港区、大沽沙港区、高沙岭港区(后大沽沙港区和高沙岭港区合并为“临港经济区”)和大港港区(后改为“南港工业区”)。各港区位置见图1-5。为配合天津港总体布局规划工作,采用数学模型、物理模型等研究手段,对各港区平面布局方案进行了试验研究,从水动力条件、泥沙淤积情况等方面对各港区方案布局的合理性进行了研究,提出了关键性的研究成果。

1.4.1 主要内容

(1)概述以往研究的主要成果,对不同时期的港口建设与研究进行综述分析。

(2)收集整理多年来的现场实测资料,进一步分析天津港及周边海域的水文泥沙特征(包括潮汐、潮流、波浪、泥沙及底质)和天津港附近海岸演变趋势。

(3)采用波浪、水流和泥沙数学模型为主要研究手段,个别港区再辅以物理模型,结合海岸动力地貌变化特征分析,研究各规划方案的港池和航道水域的设计波浪要素、分析港内泊稳条件;研究规划水域各港区、航道的泥沙运动规律、水流、泥沙淤积情况及对周边海域的影响。

(4)综合分析各港区规划方案优劣,对同一港区不同方案从波浪、水流和泥沙淤积角度进行比选,为规划提供依据。

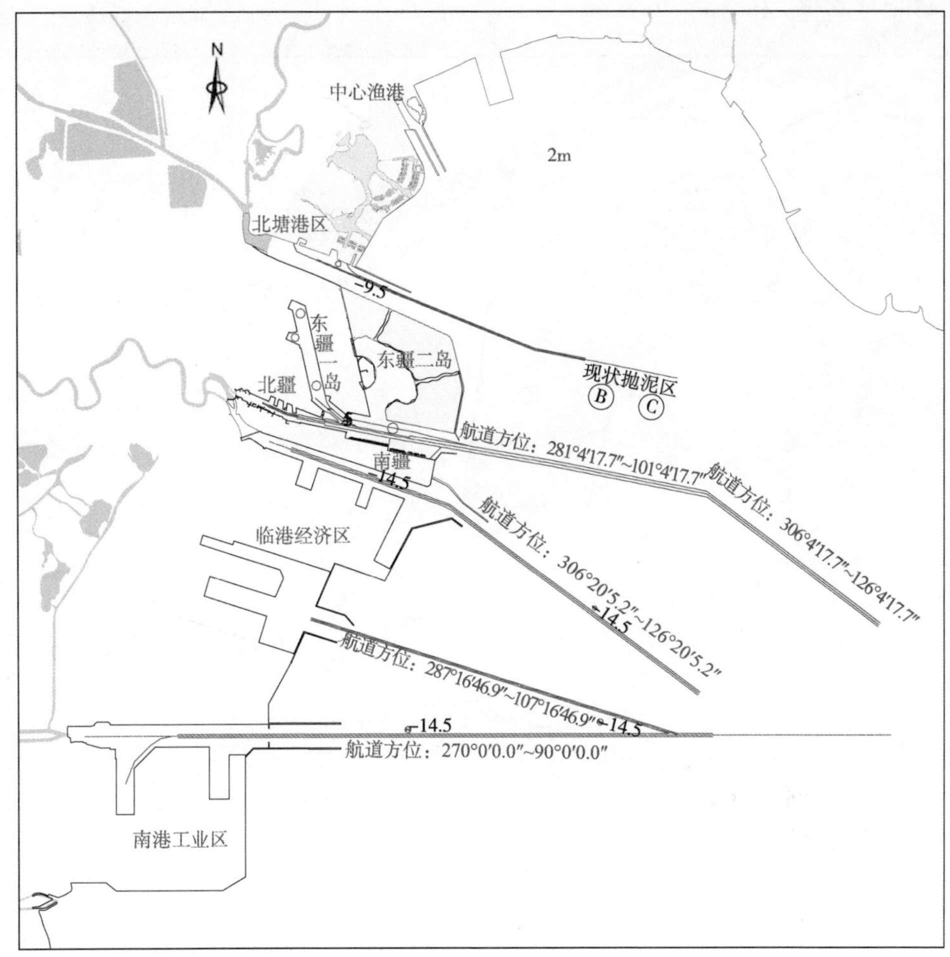

图 1-5 天津港远期规划布置图

1.4.2 工程方案

1)主港的东疆港区

东疆港区位于北港池东岸,规划后的东疆港区将形成一个大型人工岛屿。紧邻北港池的第一港岛已经形成,靠近外海的第二港岛为拟建区域,两港岛以及天津港老港区北防波堤构成一环抱港区,布置如图 1-6 所示。口门呈“八字形”布置,两侧各建设一斜向防波堤,口门宽度为 870m,港内不挖深,只开挖航道,航道在 0 + 0 ~

3+260 位置处走向为 289°38′56.32″～109°38′56.32″,然后向外南偏 10°,底宽 245m,底高程 -18.5m。

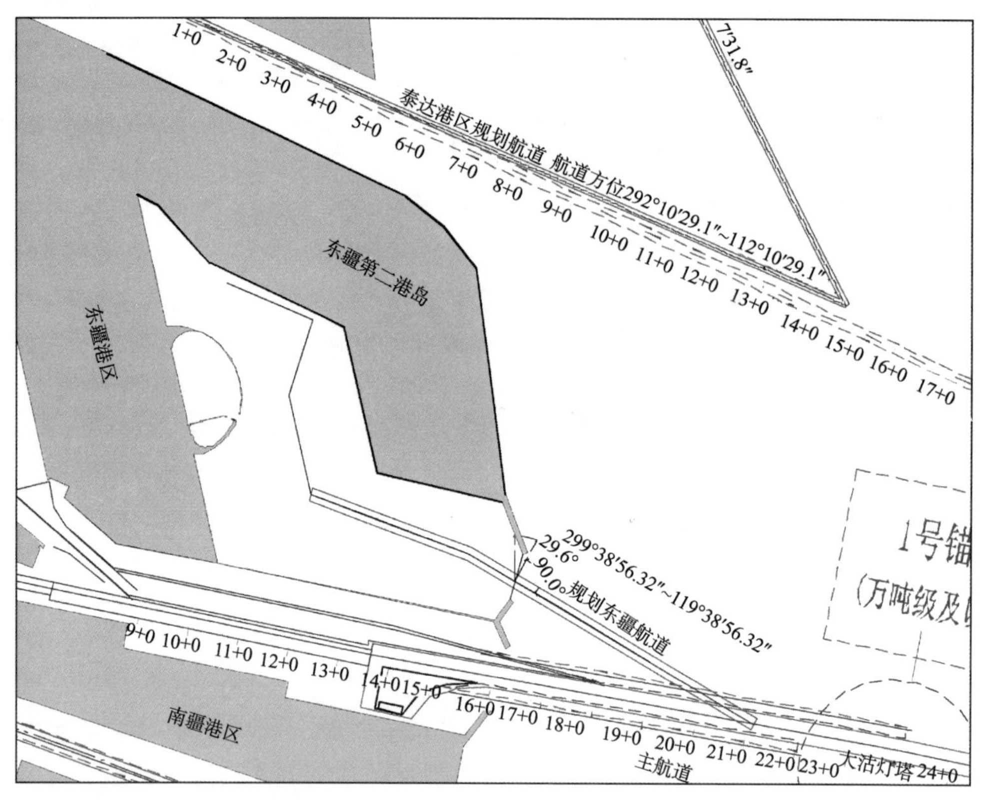

图 1-6　东疆港区规划方案布置图

2)汉沽港区

汉沽港区位于汉沽区营城镇高家堡村南侧海域,东临李家河盐场提水口、南向渤海湾、西至汉蔡路、北到海挡。工程远期规划包括作业港区和休闲渔业区,位于由东导堤和西导堤构成的环抱型区域内,如图 1-7 所示。两环抱型挡沙堤长 3614m,全部为出水堤。港内作业港区水深 -10.4～-5.4m(理论最低潮面,下同),休闲渔业区为 -2m。航道走向为 332°～152°,底宽 130m,底高程为 -8m。

3)北塘港区

规划北塘港区位于滨海休闲旅游区临海新城南部,永定新河河口北岸。结合永定新河河口综合整治治导线调整,规划港区形成长顺岸结合挖入式港池,港池从里向外底高程分别为 -6.0m 和 -10.0m。规划布置图见图 1-8。

规划北塘港区航道有效宽度190m，底高程 -8.0m，走向 292°36′37.66″~112°36′37.66″。航道轴线位于永定新河左右治导线中间，全长约15km。口门宽度为1717m，口门处水深均为 -3m。

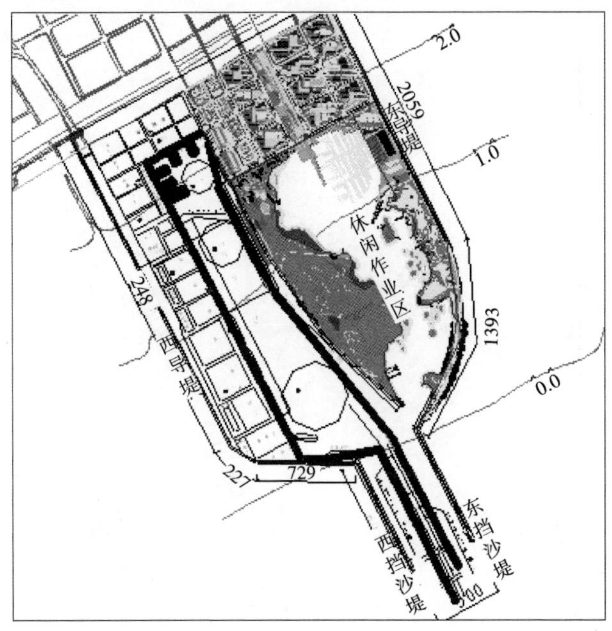

图1-7 汉沽港区工程方案示意

4）大沽沙港区

大沽沙港区主要服务于临港工业区的开发建设，规划大沽沙港区将在现有一期围填陆域的基础上，继续向东、向南扩展，形成以长顺岸结合港池的平面布置格局。

为了掩护偏北向浪对港内的掩护作用，在南疆港区东北角拐弯位置处向外海方向建设一条出水防波堤，长度为2740m，走向为299°6′~199°6′，然后再向外海方向建设长1850m的潜堤，走向与外航道平行；在口门南侧形成一挖入式港池，沿港池最东端向外，也布置一段长1000m的潜堤。两端潜堤堤顶高程均为 -2.4m，如图1-9中虚线所示。

规划大沽沙航道为10万吨级油轮单航道、5万吨级油轮双航道，航道有效宽度270m，设计底高程 -14.5m。口门以内全部浚深至 -14.5m。整个航道分为两段，在15+0以内航道走向289°20′5.16″~109°20′5.16″，15+0以外，航道向南偏，走向为306°20′5.16″~126°20′5.16″。

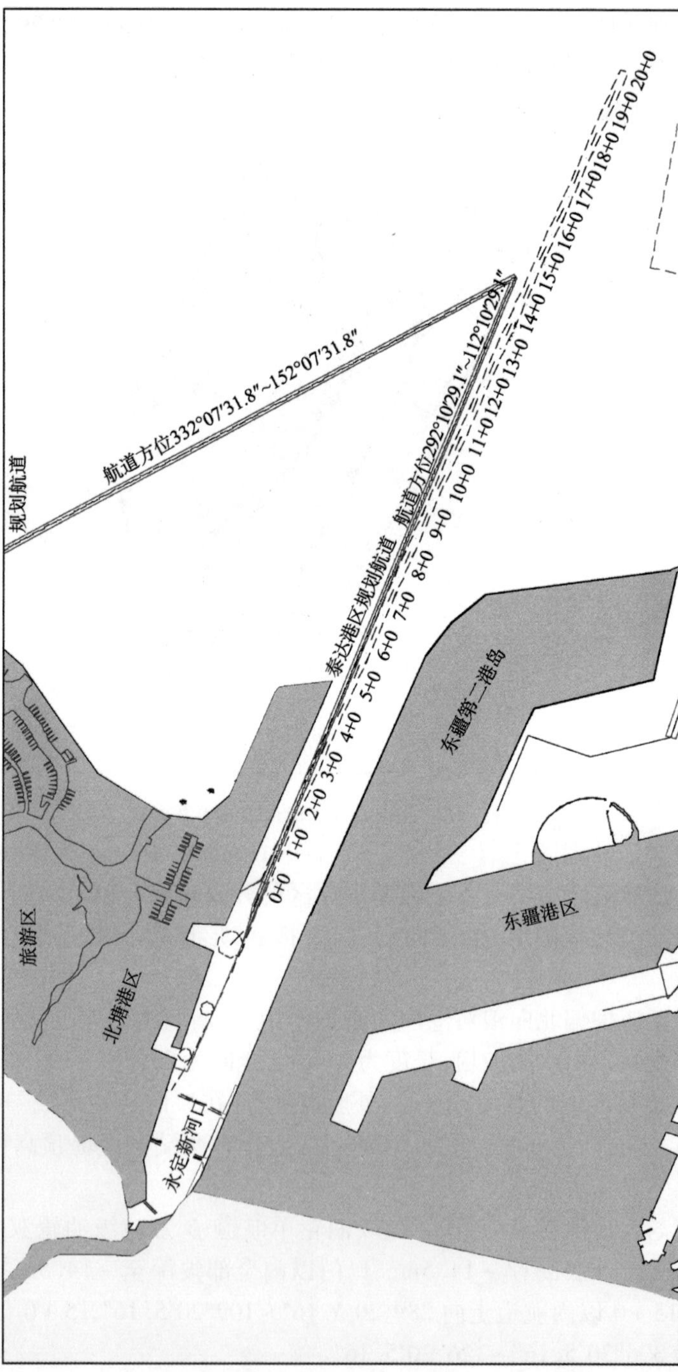

图1-8 北塘港区规划布置图

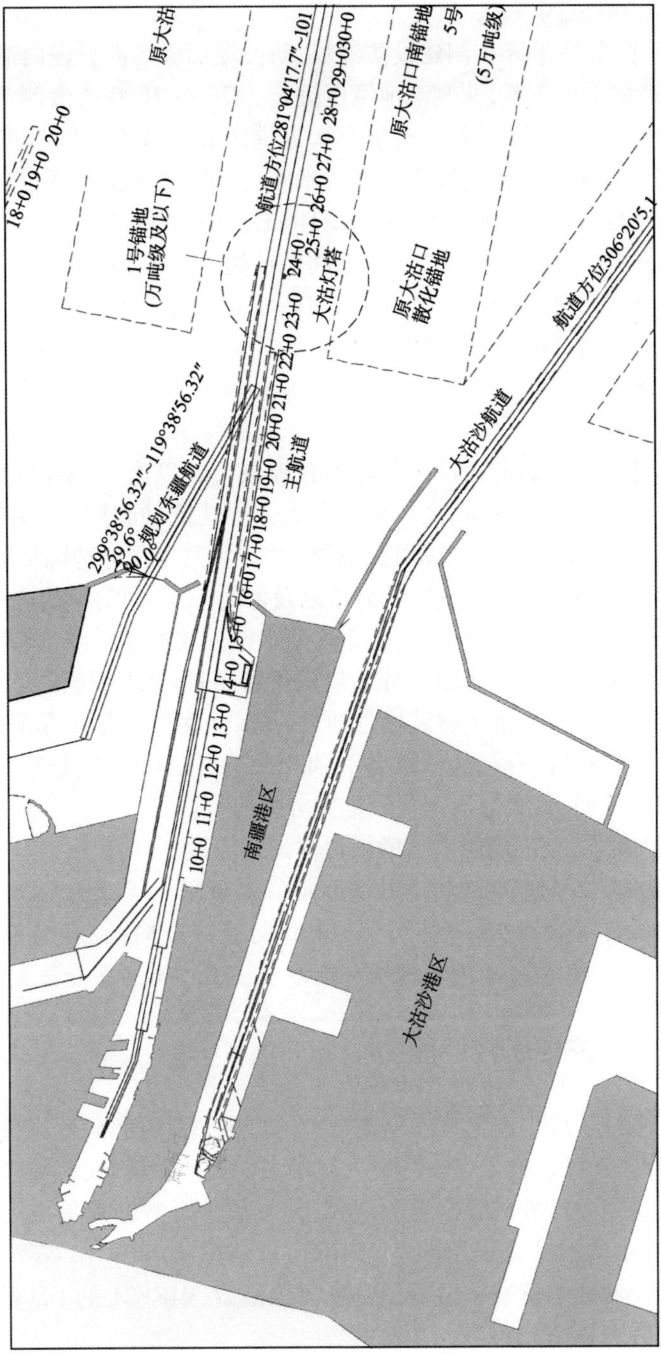

图 1-9 大沽沙港区平面布置图

5)高沙岭港区

方案布置:在港区东侧建设防波堤,防波堤形成的掩护区内形成港池与突堤相间、两个港池平行布置,北侧港池宽度确定为700~1000m,南侧港池宽度为1500m(图1-10)。高沙岭港区港池南侧至大港港区北防波堤之间全部形成陆域。按口门段平行于航道方向的防波堤长度的不同,将高沙岭港区规划方案分为三个:

(1)方案一:口门防波堤北侧长3046m,南侧长5537m。

(2)方案二:在方案一的基础上,将防波堤缩短1.5km。

(3)方案三:在方案一的基础上,将防波堤缩短3.0km。

规划航道为单航道,航道底宽250m,设计底高程-12.5m,走向为287°16′46.87″~107°16′46.87″。

6)大港港区

规划建设的大港港区位于天津市独流减河口以南、大港区海域。重点发展以石化、冶金钢铁、装备制造、港口物流四大主导功能,同时互补发展海洋产业、新能源、环保产业。大港港区总规划面积约220km^2,其中围海造陆形成陆域约160km^2。紧邻独流减河口南治导线进行围海造陆及港池开挖,两治导线之间形成港内水域。整个港口呈水平向布置,从左向右布置两个挖入式港池。港内公共水域宽1800m,水域南侧形成该港区的陆域部分。口门平行布置南北两防波堤,防波堤走向与航道平行,呈东—西向,水平防波堤延伸至-6m水深处。在靠近东港池附近,垂直南北侧防波堤各布置一横堤,长度各为400m,横堤处口门宽度为1000m。考虑横堤布置的位置不同,将大港港区规划方案分为两种:

(1)方案一:大港港区航道的横堤靠近东港池。

(2)方案二:大港港区航道的横堤向东移1150m。

航道设计等级为10万吨级单向和5万吨级双向:航道宽300m,深-16.5m。由于取泥造陆的需要,港内水域统一疏浚至-16.5m,方案布置见图1-11。

1.4.3 主要研究手段

采用传统手段与现代技术相结合,主要包括现场勘测、理论分析、室内试验、卫星遥感、中子示踪沙技术、物理模型、风浪潮流泥沙数模、波浪数模等多种手段对天津港远期规划项目进行综合性的研究,其中数学模型也都是采用国际上比较先进的模型,其中波浪计算采用的是MIKE21软件中的NSW和BW数学模型;二维风浪、潮流、泥沙数学模型采用了SWAN风浪模型、MIKE21的HD模块以及考虑挟沙力影响的ADTRANS模型。

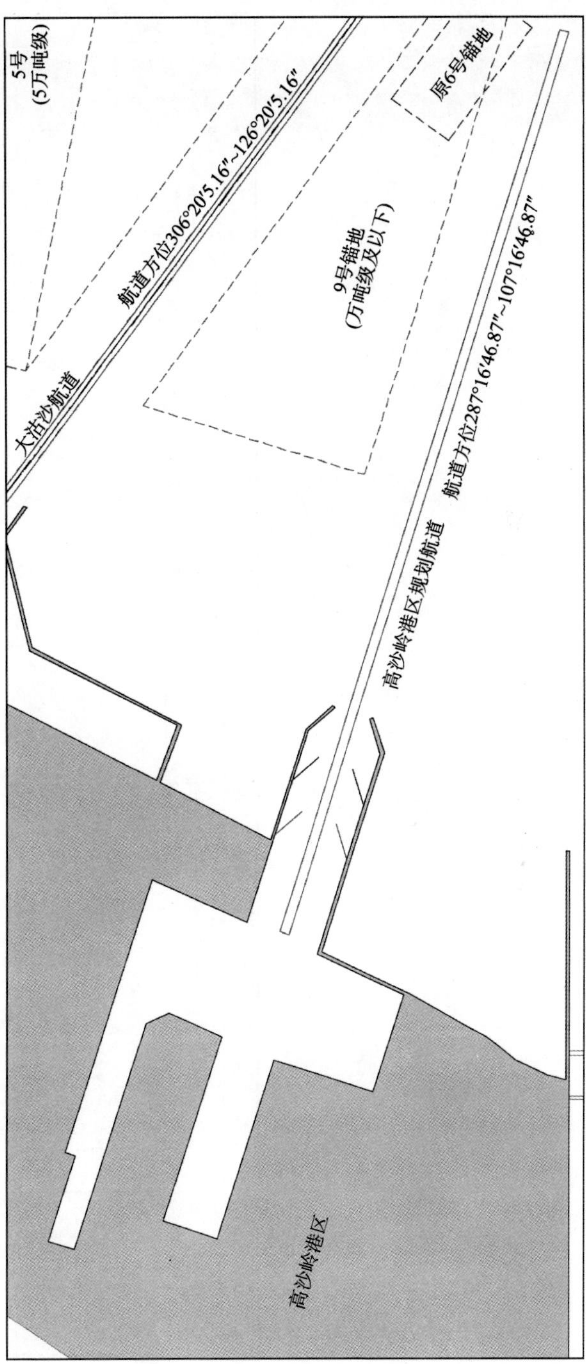

图 1-10 高沙岭港区平面布置图

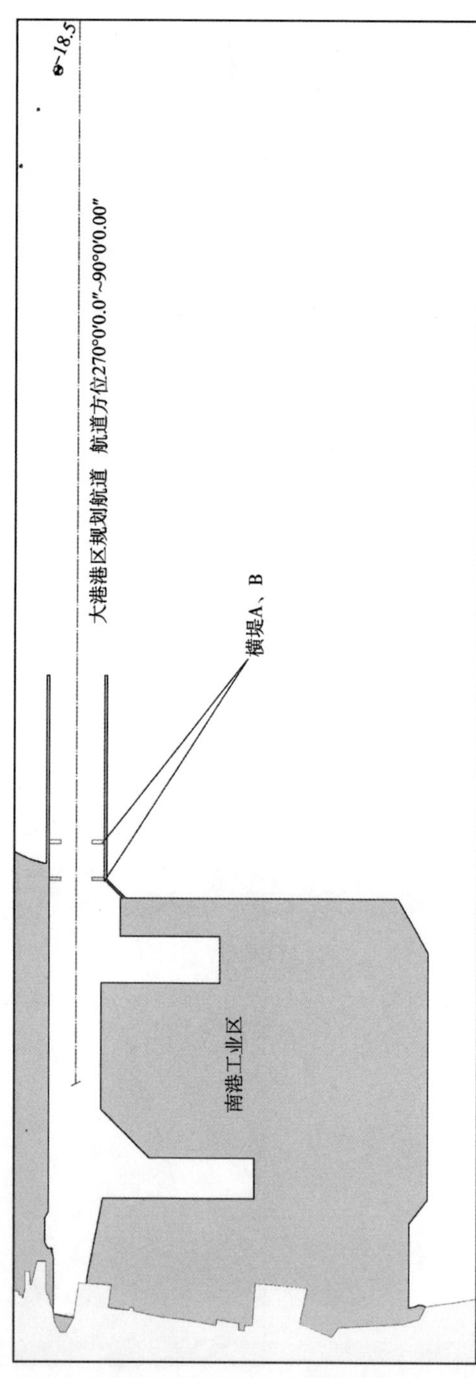

图1-11　大港港区规划方案布置图

1.4.4 成果创新和应用

(1)总结分析了天津港开港以来在工程泥沙方面的研究成果,弄清了港区海域的泥沙来源、运移形态及港池航道的泥沙淤积规律;掌握了港内回淤泥土的重度;确定了港池航道适航水深的泥沙重度标准;建立了一系列的港池和航道回淤计算公式;创新性地提出了“中子活化示踪沙技术”、“抛泥区泥沙运动模拟技术”和“适航水深测验技术”等,总结出一套在淤泥质海岸建港防淤减淤的措施与经验,其研究成果对类似海岸港口建设起到了指导性的作用。

(2)对港区水域长系列、多测点、大范围的现场实测水文泥沙等资料进行了分析提炼,取得了一系列宝贵的第一手资料,掌握了港区海域的潮流运动特征、水体含沙浓度的变化规律及分布范围、滩面泥沙粒度及分布特征等主要因素,确定了各种因素参数,在港口工程项目规划、设计及研究中得到广泛应用,成果显著。

(3)采用波浪潮流泥沙数学模型和物理模型以及遥感技术、各种室内实验和理论分析等多种方法,对各港区的平面规划方案进行了综合性试验研究,通过方案比选和优化,提出了科学、合理的推荐方案。天津港远期规划方案的实施,对近岸海域的流场特征没有改变,而对改善近岸海域的水质环境、降低环境泥沙对港口航道的淤积起到了积极的作用。这种综合性的试验研究在天津港尚属首次,在国内其他港口的规划研究中也属先例,具有较强的示范作用。

(4)本研究成果为天津港远期规划修编工作提供了重要的科学依据,对规划方案的优化和确定起到了关键性的技术作用,已被应用到全港远期规划之中,并得到规划单位和业主单位的一致认可;研究资料丰富、研究成果全面,能为天津港或其他淤泥质港口岸线开发和港口发展提供科学的参考依据;研究方法先进,手段多样,对国内外其他港口规划研究有一定的借鉴和指导意义。

(5)在减少工程投资、优化港区环境方面取得了很好的经济效益和社会效益。

(6)该项研究采用多样化的综合试验手段,传统手段与现代技术相结合,在国内外港口规划研究中尚属首次,对本行业技术进步有一定的推动作用。

(7)该项目于2007年10月开始,2010年5月项目完成,并于2010年7月通过由交通运输部和天津市联合召开的专家评审。

2　1994—2005年维护建设期天津港泥沙问题综合研究

1994—2005年间，天津港口门位于8+8处，如图2-1所示，这期间为了建设深水大港主要实施维护疏浚工程，通过解决维护疏浚工程实际问题，总结港口航道泥沙运动的基本规律，通过港口泥沙回淤程度的历史演变作出评价，统一了人们对现状天津港泥沙问题的认识，为港口向大型化发展提供了科学依据。

2.1　天津港水深维护工程标准化与现代化管理技术的研究

天津港所处特殊的地域环境，每年均需进行大量的维护疏浚工程才能保障港口通航作业的使用水深。因而，对天津港而言，维护工程与建设工程同等重要，是港口生产发展两大组成要素，且维护工程更直接关系到港口日常生产与经济效益，对其进行标准化与现代化管理是提高港口生产率的关键技术之一。1994—2005年阶段的研究过程中，始终围绕着港口维护疏浚工程管理技术的标准化与现代化问题，并取得了下列重要成果。

2.1.1　统一维护疏浚工程的计方标准和计量方法

2.1.1.1　确定统一计方标准和计量方法的重要性

港池、航道中的回淤物质是水、泥混合物，因各港口泥沙颗粒、沉积环境和维护水深方式等不同，相同沉积时间内单位体积回淤物质中含泥沙的数量是不同的。即使在同一港口，由于淤积的位置、淤积时间、水流、波浪动力条件与维护周期、维护深度等差异，单位体积回淤物质中含沙数量也是不同的。要想正确掌握一个港口的回淤数量，首先必须统一计方标准，否则，全港的回淤总量统计是无意义的。

根据多年的维护疏浚工程实践，采用疏浚土的湿重度来统一衡量计方标准是较方便的，概念也是十分清楚的。因此，将天津港自然淤积一年的回淤物质单位体积重量称之为“计方标准重度”，用γ_s表示。

关于γ_s值，多年来天津港无合理、统一的标准值。20世纪50年代，专家们分析计算天津港的泥沙回淤数量时采用了1.6t/m^3，以后的回淤研究中无人对此值的合理性作过研究，就一直沿用这一标准。根据天津港回淤土方的实际重度资料，这

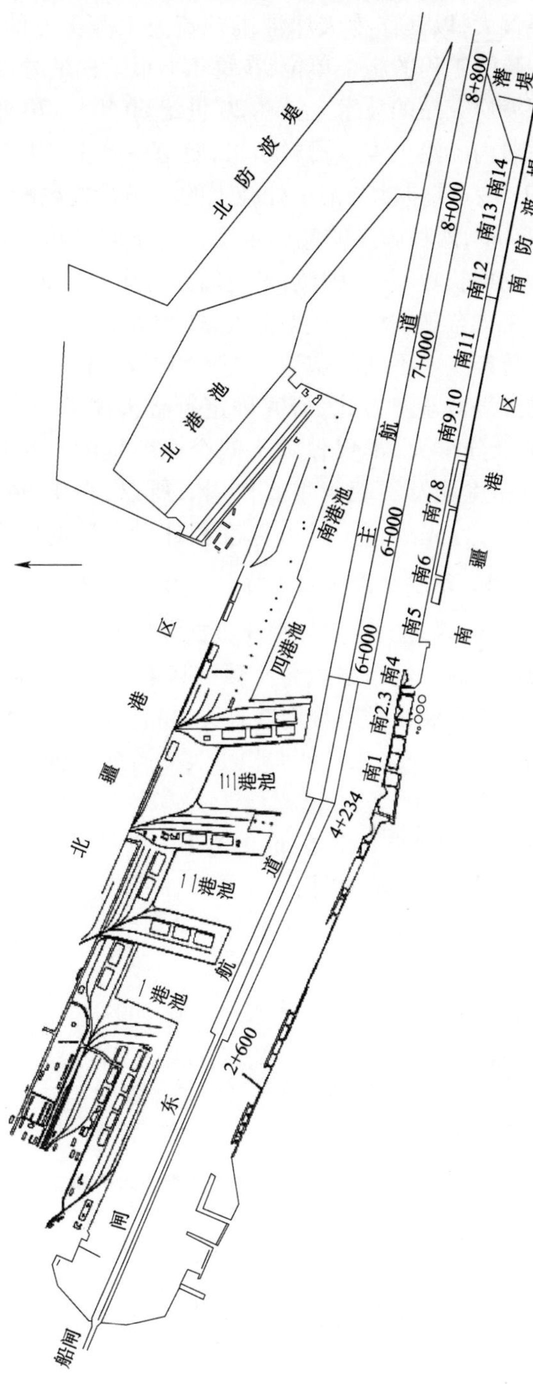

图2-1 天津港平面布置图

一值明显偏大,以其作为天津港维护疏浚工程土方的计方标准明显是不适宜的。进行维护疏浚工程的施工单位,在每年上报工程量时,均无说明是以何种重度计方的。据回淤研究站的技术人员在20世纪60年代、70年代和80年代几度上施工船舶实测泥舱内疏浚土重度资料结果,航道中施工的耙吸式挖泥船舱泥的平均重度为1.2~1.3t/m³,港池与泊位处施工的吸扬式挖泥船吹泥管内的泥浆平均重度为1.1~1.2t/m³,两种施工船舶的重度标准不同,应如何统一起来?而且各港区、航段的维护周期长短不一,因此,采用船方为计方标准重度也是不合适的。由于天津港长期以来无合理的统一计方标准,造成人们对天津港每年实际回淤量和维护疏浚工程量等产生着不同的认识。进入市场经济后,不同观点的计方标准直接影响到企业的经济效益。为此,研究确定符合天津港回淤物实际情况的统一计方标准的意义十分重大,不仅保障不同企业单位的直接经济利益,而且可为天津港正常生产和建设发展起到重要作用。所以,在1994年开始研究天津港的实际回淤问题时,首先进行了计方标准和计量方法的研究。

2.1.1.2 维护疏浚工程土方计方标准的确定

我们认为,合理的计方标准应根据港口回淤物质的实际重度(即天然重度)来确定。考虑到同一港口淤积泥沙颗粒基本相同,各港域回淤物的天然重度主要与密实时间的长短和维护疏浚周期有关,并应与回淤研究中的年回淤强度、年回淤量等概念相适应,故应采用自然淤积密实一周年、期间无任何人工扰动的淤积层平均重度作为计方的标准重度 γ_s。

1994年在天津港各港池、航道范围内进行了定点回淤层厚度分布与其重度垂直分布的实际测量,其中以回淤层较厚,一年左右时间内未进行维护疏浚的实际资料和利用天津港淤泥进行的静水密实过程的试验成果等来确定标准重度 γ_s,主要依据资料有:

(1)东突堤北港池 N_{39}点和 N_{40}点,自1993年11月基建挖泥竣工验收后,一直未进行维护疏浚工程,经1994年12月取柱状泥样测定回淤层厚度达1.3m,自上向下的重度垂直变化状况如表2-1所示。可得出自然回淤密实一年的淤泥层平均重度为1.43~1.44t/m³。

东突堤北港池回淤一年淤泥重度的垂向变化(单位:t/m³) 表2-1

点位 \ 层次(m)	0.2	0.4	0.6	0.8	1.0	1.2	垂线平均值	实测回淤厚度(m)
N_{39}	1.41	1.43	1.43	1.43	1.44	1.44	1.43	1.3
N_{40}	1.42	1.44	1.44	1.45	1.45	1.45	1.44	1.3

(2)东突堤东侧水域开挖工期自1993年11月竣工后,一直未作维护疏浚工程,经1994年10月对该区域测取7个柱状泥样测定,得知各测点的垂线平均重度在1.33~1.44t/m³间变化,7个测点平均重度值为1.39t/m³(表2-2)。

东突堤东侧新淤层平均重度实测结果(单位:t/m³) 表2-2

站 位	1	2	3	4	5	6	7	平均	淤泥层厚度
垂线平均重度	1.41	1.33	1.38	1.37	1.42	1.44	1.40	1.39	1m以上

(3)南疆四港池,是当时全港水深最大的港区,泊位设计水深为-13.5m,因此也是全港回淤最严重的泊位。1993年12月维护疏浚至设计水深,以后一年时间内未再进行维护工程。经1994年12月取回淤层柱状样测定,其回淤层的厚度达1.7m,每隔20cm测定淤泥重度,其结果如表2-3所示,平均重度为1.43t/m³。

南疆四港池回淤层重度垂向变化实测结果(单位:t/m³) 表2-3

层次(m)	0.2	0.4	0.6	0.8	1.0	1.2	1.4	1.7	平均
重度	1.40	1.41	1.41	1.42	1.43	1.43	1.46	1.49	1.43

(4)1994年7月开始,将天津港现场淤泥配制成重度为1.05t/m³的泥浆置入长10m的沉降管内进行自然密实过程试验,至1995年2月,其重度变化过程如图2-2所示。按此曲线规律延伸至1995年6月,可得静水条件下自然密实一年的回淤层平均重度为1.38t/m³。

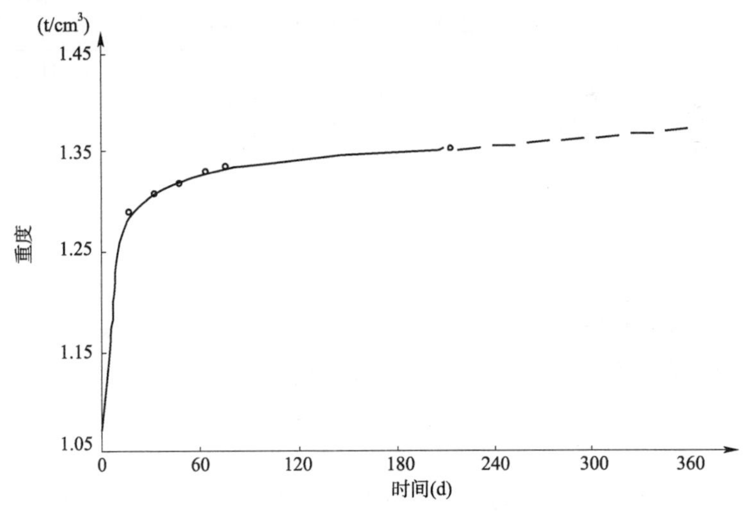

图2-2 天津港淤泥密实过程线

以上所得天津港自然回淤一年淤泥层的平均重度资料说明,回淤层厚度1.0m以上淤泥层的平均重度随不同港区稍有差异,但十分接近,因此认为自然回淤密实一年时间的回淤层平均重度取 1.4t/m³ 作为天津港维护疏浚工程的标准计方是合适的。各港域维护疏浚工程量计算时均应折算到 1.40t/m³，折算系数 K 值按下式计算：

$$K=\frac{\gamma_{实}-\gamma_{水}}{1.4-\gamma_{水}}$$

式中：$\gamma_{实}$——维护区域疏浚厚度的实测淤泥重度(t/m³)；

$\gamma_{水}$——天津港水域水体的实际相对密度，一般取 1.025t/m³。

可见，$\gamma_{实}>1.4\text{t/m}^3$，则 K 值大于 1；反之，$K<1$。

2.1.1.3 维护疏浚工程土方计量方法的确定

所谓计量方法就是计算维护疏浚工程土方量的方法。在 1994 年以前，工程土方量多用上方量（即船方量），个别情况下也用下方量（即浚后、疏前水深差乘以疏浚面积）。但由于这两种方法均无标准的计方重度，常常出现以船方计量，数值偏高，以下方计算，工程量偏低。两者的不一致（有时差别很大），不仅给维护工程费用计算造成极大的矛盾，而且对天津港的回淤问题研究与港口回淤状况的认识也造成混乱。20 世纪 90 年代初，我国由计划经济逐步转变为市场经济的过程中，两种计量方法的矛盾越来越突出，因此，有必要建立合理的计量方法。

根据上述已提及的 1994 年全港回淤厚度分布的测量调查结果，各港区差别十分明显，即使维护水深相同，回淤层厚度差异也显著，详细情况见表 2-4。

1994 年各港区回淤层厚度测量结果 表 2-4

港　区	回淤层厚度(m)	港　区	回淤层厚度(m)
一、二码头	0.10	东突堤南港池	1.1
一港池	0.15	东突堤北港池	1.3
二港池	0.30	东突堤东侧	1.3
三港池	0.60	南疆四港池	1.7
四港池	0.90		

当时天津港大都为万吨级码头，唯南疆四港池（石化码头）为 3.5 万吨级的泊位，各港池实测的回淤层厚度由内向外呈逐渐增大的趋势。近年，天津港 10 万吨级、15 万吨级的大型泊位不断建成，因此，回淤层厚度的分布差异越来越大，小的仅几十厘米，大的达几米，而各港池设计的备淤深度基本相同，势必形成回淤厚度小的维护周期长，回淤厚度大的维护周期短，有的港池几年维护一次，有的港池必须年年维护，有的港池甚至一年需维护 2～3 次。维护周期的长短造成淤泥自然密实时间的长短不等引起的重度差异，为此，要合理计算维护土方量，应采用下列统一的方法：

(1)一律采用水深测量的下方量计算维护工程量。

(2)维护疏浚前进行水深测量的同时,取维护区域回淤层土方的柱状样,测定维护土方的实际重度。

(3)维护工程完成后立即测验水深图。

(4)根据疏浚前、后实测水深图,采用单元计算法或平均水深法算得疏浚前、后水深 h_1 和 h_2。

(5)按照 $A(h_2-h_1)\dfrac{\gamma_{实}-\gamma_{水}}{1.4-\gamma_{水}}$,计算疏浚土方量($A$-施工区面积)。

(6)维护工程量=疏浚土方量+施工期间施工区域的回淤量。施工期回淤量可采用维护区域的年平均回淤强度折算,也可用施工区域的含沙量大小计算。

2.1.2 实际维护疏浚工程量及其分布

自 1994 年确立了计方标准和计量方法以来,天津港历年的维护工程量均采用统一方法,其实际维护工程量如表 2-5、表 2-6 所示。

天津港港池、泊位维护疏浚工程量表(单位:万 m^3) 表 2-5

维护区域 \ 年份(年)		1994	1995	1996	1997	1998	1999	2000	2001	2002	2003
北疆港区	客运码头区	—	—	—	—	—	—	—	4.3	3.3	—
	一、二码头区	—	2.7	—	—	3.5	4.0	20.1	2.6	2.2	7.7
	一港池	7.4	—	—	—	—	1.3	0.9	2.4	—	2.0
	二港池	0.6	15.3	7.1	13.7	10.6	21.8	7.9	3.7	6.1	21.1
	三港池	6.3	22.3	23.8	2.4	26.6	33.9	7.4	2.3	19.9	3.1
	四港池	35.1	42.3	28.3	26.4	36.3	31.2	20	47.8	64.9	31.6
	东突堤南港池	30.2	61.2	25.4	26.1	81.2	47.9	69.7	36.6	21.8	5.0
	东突堤北港池	19.9	116.3	54.2	86.5	91.4	112.0	92.7	62.7	44.4	—
	东突堤东侧区	60.6	87.4	55.7	68.3	66.2	53.2	43.6	60.0	43.0	33.2
	其他区域	3.9	2.2	—	2.1	—	1.2	—	—	1.4	—
南疆港区	南 1~4	10.9	53.2	27.3	48.0	49.6	61.1	38.9	17.9	39.2	15.9
	南 5	—	—	—	—	—	—	—	22.6	15.3	4.4
	南 6	—	—	—	—	—	—	—	27.2	16.4	5.8
	南 7~8	—	—	—	—	—	—	—	35.3	44.4	17.4
	南 9~10	—	—	—	—	—	—	—	—	—	—
合计		174.9	402.9	221.8	278.5	365.4	368.1	283.2	339.4	320.4	147.2

天津港航道维护疏浚工程量表(单位:万 m^3) 表 2-6

区域 \ 年份(年)		1994	1995	1997	1998	1999	2000	2001	2002	2003
闸东航道	0+4~2+6	0	0	0	0	0	0	5.7	0	11.8
	2+6~5+0	3.8	21.2	47.3	10.4	5.8	0	37.2	0	20.1
主航道	5+0~6+0	3.8	21.7	0	27.7	8.8	0	扩建施工未维护	扩建施工未维护	扩建施工未维护
	6+0~7+0	5.9	26.0	12.2	23.1	12.7	27.4			
	7+0~8+0	14.3	22.8	21.1	21.0	25.3	28.3			
	8+0~9+0	16.7	16.8	16.9	20.0	18.8	扩建施工未维护			
	9+0~10+0	24.2	27.1	16.6	31.8	14.2				
	10+0~11+0	27.6	28.7	14.5	30.9	12.5				
	11+0~12+0	26.7	18.2	18.1	33.8	12.5				
	12+0~13+0	29.2	21.0	14.9	30.1	10.9				
	13+0~14+0	22.1	13.4	12.5	27.0	6.9				
	14+0~15+0	18.7	7.0	6.4	21.2	5.1				
	15+0~16+0	9.7	0	0	7.0	0				
	16+0~17+0	0	0	0	6.4	0				
	17+0 以外	0	0	0	0	0				
合 计		202.7	223.9	185.5	290.4	133.5	58.7	42.9	0	31.9

因 2000 年起,天津港开始了大规模的扩建工程,主航道连年施工,无维护疏浚工程量资料,2003 年东突堤北港池也进行扩建,未作维护工程,再加上适航水深的试用,所以造成近几年实际维护工程量有较大幅度降低。若港池、航道按设计通航作业水深进行维护(港池维护水深按表 2-7 取值),主航道按 10 万吨级(h = 19.8m、b = 210m),也不使用适航水深,则估算年维护疏浚工程量应在 800 万 m^3 左右。

天津港港池泊位维护水深总表 表 2-7

区 域	码头编号	岸线长度(m)	码头吨位(t)	维护水深(m)	
				泊 位	港 池
客运码头区	客 1~客 3	448	1000	-8.1	-7.0
一、二码头区	1-3	604	20000	-11.0	-10.0
	4	205	38000	-11.5	
	5	201	10000	-10.5	
一港池	6 增 6	360	10000	-9.0	-9.0
	7-8	367	25000	-11.5	
	9-11	528	10000	-9.0	

续上表

区 域	码头编号	岸线长度(m)	码头吨位(t)	维护水深(m)	
				泊 位	港 池
二港池	12-13	503	20000	-11.5	-10.0
	14-15	378	10000	-9.0	
	16-18	554	10000	-9.0	
三港池	19-20	358	10000	-10.0	-11.0
	21	398	10000	-11.0	
	22-24	530	10000	-10.0	
四港池	25-26	403	100000	-16.5	-14.8
	27-29	825	70000	-15.2	
东突堤南港池	30-31	390	25000	-10.5	-12.0
	32	390	50000	-14.0	
	33-34	356	10000	-10.0	
东突堤北港池	35-40	1236	50000	15.2	14.8
南疆港区	南1	336	150000	-16.3	-14.8
	南2	209	30000	-12.4	-11.0
	南3	130	15000	-10.5	-11.0
	南4	309	50000	-13.5	-11.0
	南5	255	35000	-13.8	-11.0
	南6	355	50000	-13.8	-12.0
	南7-8	669	50000	-15.6	-14.8
	南9-10	951	150000	-19.6	-14.8

2.1.3 维护疏浚抛泥扩散对港口的影响

天津港的疏浚土(包括维护土方和基建土方)的处理历来采用两种方法:一种是吹填造陆,吸扬式挖泥船施工区域(港池、泊位)土方几乎都用于营造陆域。现有天津港域用地大都靠疏浚土方吹填起来的。另一种处理方式是将疏浚土运至指定的海区抛弃,耙吸式挖泥船施工区域(航道)多采用这种抛弃方法。

天津港自1952年开港以来,基建开挖的土方约1亿m^3为维护港池、航道的通航作业水深,累计维护疏浚土方已达3亿m^3。这4亿m^3的疏浚土约60%用于营造陆域,总计造地20余平方公里,约40%运至抛泥区抛弃。前者的处理方式为港口的建设发展起到了重要作用,而后者的处理方式给人们带来了多种疑虑,尤其对是否造成港口二次回淤问题令人十分担忧。因此,历史上对抛泥地问题进行过多次研究，特别是1987—1989年期间以实船抛泥试验为中心，展开了大规模的水文泥沙、底质、流路等现场观测，并应用$210P_b$和中子活化示踪技术对抛泥弃土后的泥沙运动状况进行研究。在本阶段的研究过程中，对维护土抛弃后的运动状况进行了数值模拟计算[33]，研究抛泥后的运移状况与对港口航道的影响。

2.1.3.1　抛泥区的基本状况

天津港抛泥区的位置在历史上曾几度改变，但在1959年选定的抛泥区（A区）一直沿用至今。抛泥A区位于航道里程22+500真北6km处，直径1.0km，中心位置为：东经117°58′45″、北纬38°39′55″。海区的自然水深－8.0m，底质为淤泥，中值粒径（d_{50}）为0.004mm。

为10万吨级航道建设工程弃土的需要，2000年经海洋局批准另选抛泥B区。抛泥B区的位置在A区东侧4.3km，直径1.0海里，自然水深－10.3m，底质与A区类似。

为研究维护土抛弃后扩散运动状况，必须掌握A、B抛泥区的海洋动力——潮流、波浪基本状况。

1）潮流

潮流是天津港抛泥区弃土移动的主要动力。据1988年7—8月间抛泥区实测水文资料统计分析，潮流属驻波型，高、低潮位时刻流速最小，流向转折，半潮位附近流速最大，涨潮流速强于落潮流速特征明显。实测期平均潮差为2.95m，属中偏大潮型，涨潮段平均流速40cm/s，最大流速出现在低潮后3h，其值为100cm/s，而落潮段平均流速为32cm/s，最大流速出现在高平潮后4h，其值为80cm/s。流速的垂线分布符合一般规律，即表层最大，向下逐渐减小。因抛泥区离海岸的最近距离在20km以上，因而海区潮流受海岸影响较小，涨落潮方向比较集中，涨潮流向集中在280°～320°，落潮流向集中在100°～140°，表、中、底各层流向一致，基本呈往复运动。

2）波浪

波浪是天津港抛泥区弃土移动的另一动力。1983年5月至1984年5月在大沽灯塔海域（38°56′N，117°59′E）水深－9.0m处进行一年的波浪观测。由于波浪测点区水域开阔，周围没有岛屿和人工建筑物遮挡，且抛泥区离测波点很近，因此该站资料完全能反映抛泥区的波浪情况。根据这一资料统计分析，抛泥区的风浪频率占68.4%，涌浪频率为31.6%，常浪向S，强流向NNW。波高一般在2.0m以下，遇强浪向大风时才有可能出现大于2.0m的波高。根据实测年的浪况，$H_{1/10}$波高达2.0m的频率为0.3%，$H_{1/10}$波高1.5～1.9m的频率0.5%，因此可以认为$H_{1/10}$

波高超过 1.5m 的仅占 1.0% 左右，抛泥区的波浪强度相对其水深属中等程度。

2.1.3.2 弃土扩散对航道的影响

根据耙吸船舱泥的重度（1.2 ~ 1.3t/m³）和抛泥区水深及其波流动力条件，可以认为抛泥后泥沙主要呈悬移状态运动，故可利用悬沙数学模拟技术，对弃土后的扩散运动状况进行计算。

模拟条件：维护疏浚船舶航行至抛泥区抛泥的时间间隔为 2h 一次，抛泥后中心点形成的平均含沙量 A 区为 0.30kg/m³，B 区为 0.25kg/m³，然后在自然潮流作用下连续运移 10 个潮型后的扩散状况，如图 2-3 ~ 图 2-6 所示。从含沙量扩散范围可以得到如下认识：

（1）弃土后悬沙扩散方向主要朝潮流椭圆的长轴方向，即西北—东南向，但向东南向扩散的过程中，随着离抛泥点距离的增大，逐渐向东偏转，偏离长轴方向，这是由于较强的涨潮流顶托作用造成的。

（2）含沙量大于 0.05kg/m³ 水体的扩散范围集中在西北—东南向的一条带状内，带的长度为 3 ~ 4km，宽度为 1.0 ~ 1.5km。

（3）A 区抛泥时，主要影响的范围在航道里程 24 +0 以外，B 区抛泥时主要影响范围在航道里程 28 +0 以外。

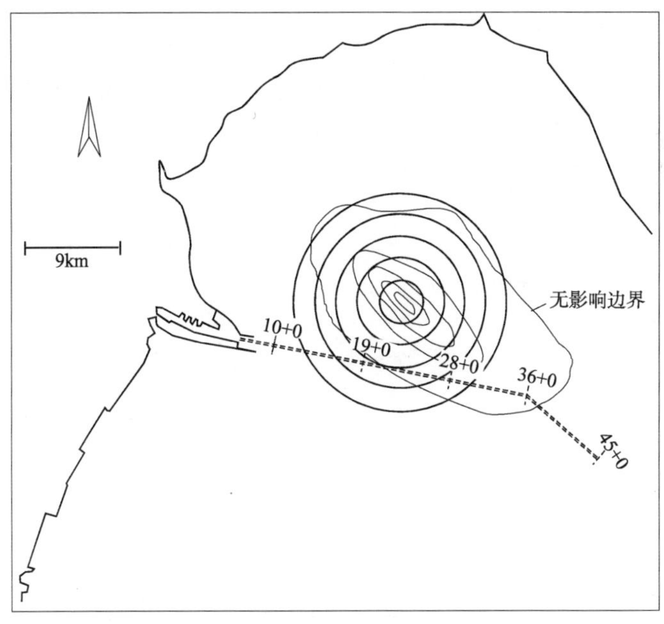

图 2-3 A 区抛弃维护疏浚土后平均含沙量的扩散状况

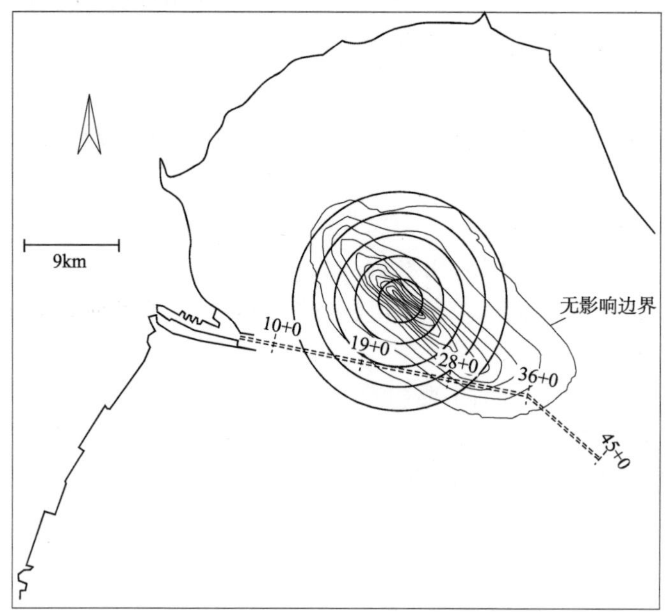

图 2-4　A 区抛弃维护疏浚土后最大含沙量的扩散状况

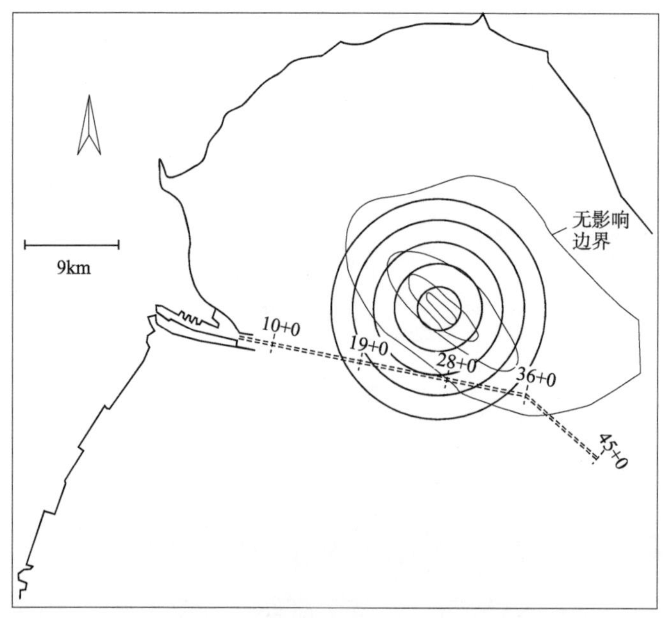

图 2-5　B 区抛弃维护疏浚土后平均含沙量的扩散状况

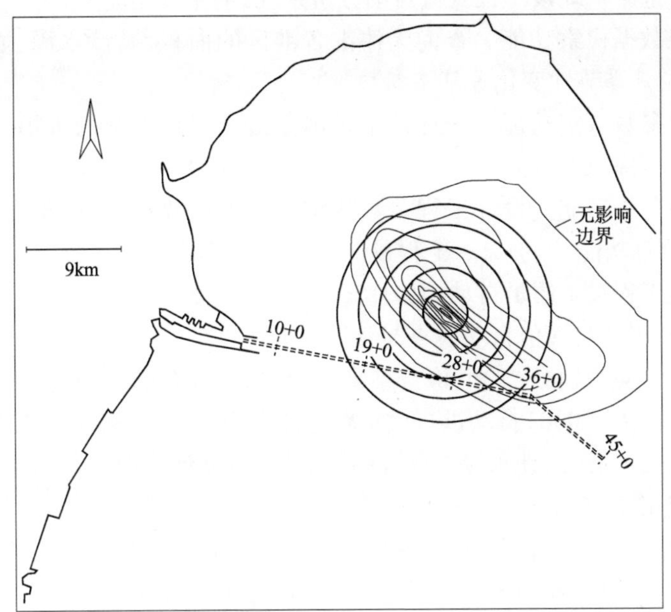

图 2-6 B 区抛弃维护疏浚土后最大含沙量的扩散状况

2.1.4 维护疏浚工程管理技术的研究成果

确定了维护疏浚工程计方、计量的统一标准与方法后,便可采用现代计算机技术进行维护土方量的自动计算与维护疏浚工程质量的分析评定工作。本研究期间,开发试制成《天津港维护疏浚工程辅助决策系统》、《天津港维护疏浚工程效益自动分析系统》和《疏浚工程竣工质量自动检验评定系统》,三个《系统》经实际运用表明,《系统》的使用效果良好。《系统》的开发成功大大提高了天津港维护疏浚管理技术,形成了具有"数据存储、核查、工程参数认定、维护工程效益计算和文档自动管理"等功能的快速运算系统。各系统的具体功能如下:

1)《天津港维护疏浚工程辅助决策系统》的主要功能

(1)维护疏浚工程的计算。本系统可视具体情况和要求,选用平均水深法、网格内插法、三角联法和三角联—网格内插组合法四种计算方法进行维护土方量的计算。

(2)航道边坡疏浚土方量计算。采用断面法,按设计边坡标准进行实际疏浚工程量的比较计算。

(3)施工期回淤量的计算。可采用"水深法"或"时段类比法"进行各区域的施工期回淤强度和回淤量的计算。

2)《天津港维护疏浚工程效益自动分析系统》的主要功能

(1)信息数据检索功能。查询天津港各港区的面积、设计水深、通航水深、泥沙回淤速率及其季节性变化等基本参数。

(2)工程参数认定功能。合理认定各港区最佳工程效益的维护疏浚厚度、疏浚周期和适宜的施工时间等。

(3)效益分析功能。设计工程参数认定及其工程效益分析、年度回淤量与维护疏浚量的测算功能、维护疏浚工程量计划调整功能等。

3)《疏浚工程竣工质量自动检验评定系统》的主要功能

(1)浅点、浅区与浅值自动检查与计算功能。

(2)根据浅点、浅区与浅值检查结果,按交通部颁布的《水运工程质量检验评定标准》(JTS 257—2008)自动进行质量登记评定为优良、合格或不合格的功能。

(3)有效工程量(设计水深+允许超深值)的自动计算功能。

4)天津港维护疏浚工程文档自动管理站

维护疏浚工程文档管理站是将《天津港维护疏浚工程辅助决策系统》、《天津港维护疏浚工程效益自动分析系统》和《疏浚工程竣工质量自动检验评定系统》连成一体的完整自动管理系统,从工程设计、效益分析、工程量计算到工程竣工质量检验评定的整个维护疏浚工程全过程实现计算机化管理系统。其主要功能有:

(1)年度计划报告(包括年度泥沙回淤量测算、维护工程量测算和维护疏浚工程计划安排)。

(2)浚前水深测量任务书。

(3)施工任务书。

(4)浚后水深测量任务书。

(5)工程量计算报告(含施工期回淤量)。

(6)竣工工程质量检验评定报告。

(7)逐月竣工工程效益分析报告。

2.2 天津港泥沙回淤的基本规律

泥沙淤积现象是十分复杂的自然现象,它不仅与当地的水文、气象、泥沙特性、港口规模有关,而且与港域的边界形式、泥沙来源关系密切,因此寻求泥沙回淤的基本规律是非常困难的事情,需通过多年的资料积累。然而,掌握港口的泥沙回淤规律是泥沙研究工作中最重要内容之一，是港口规划建设、维护疏浚计划实施和泥沙治理措施等重大工程的基本依据。对于天津港的回淤规律，历史上曾有人作过研究，如外航道回淤曹祖德导得半经验半理论计算式：

$$P=\frac{k\omega st}{\gamma_0}\left[1-\left(\frac{h_1}{h_2}\right)^{0.56}\cos^2\theta-\left(\frac{h_1}{h_2}\right)^3\sin\theta\right]$$

式中：P——年平均淤积厚度(m)；

k——经验系数，取 0.45；

ω——泥沙沉降速度(m/s)；

s——计算区域年平均含沙量(kg/m^3)；

t——沉降历时一年总秒数(s)；

γ_0——淤积泥沙干重度(kg/m^3)；

h_1——工程开挖前水深(m)；

h_2——工程开挖后水深(m)；

θ——水流与航道轴线所夹锐角(°)。

本计算式主要是按水文条件建立的，因航道底部大含沙量层水文测验无法获取资料，所以计算结果明显偏小。若以航道水深 $h_2=12$m 为例，将各水文参数代入计算结果航道里程 $P_{10+0}=0.91$m、$P_{12+0}=0.55$m，而实测结果 $P_{10+0}=2.04$m、$P_{12+0}=1.90$m。可见用上式来预测航道扩建工程后的淤积数量偏小很多。

本书依据现状港口泥沙环境和港口规模情况下的现场水流、泥沙条件，通过室内试验获取回淤泥沙的主要物理特性与水力特性，以 1994—2003 年实际维护疏浚厚度换算到 1.4t/m^3 标准重度的回淤强度作为验证资料，确定有关参数和指数，建立了港池淤强分布计算式和航道淤强计算式，获得了与实际状况符合良好的基本回淤规律。

2.2.1 港口水文条件与泥沙环境

2.2.1.1 *潮汐*

根据港口实测潮位资料的调和分析结果，天津港海域的潮汐形态系数 $F=(H_{01}+H_{k1})/H_{M2}=0.53$，属不正规半日潮，每日发生高、低潮各两次，并有日潮不等现象，低潮尤为显著。

根据不同时期的实测潮位统计分析，20 世纪 80 年代的潮位特征值与 20 世纪 50 年代的特征值相比有所变化，如：

(1)根据 1949—1957 年闸东和 6m 两验潮站资料统计，这一时期港口的潮位

特征值为(理论基面,下同):

平均海平面:2.56m;

平均潮差:2.43m;

平均高潮位:3.77m;

平均低潮位:1.34m;

平均涨潮历时:5.49h;

平均落潮历时:6.92h。

(2)据1980—1994年7m验潮站、21段验潮站和东突堤验潮站资料统计,这一时期的潮位特征值为:

平均海平面:2.53m;

平均潮差:2.35m;

平均高潮位:3.67m;

平均低潮位:1.32m;

平均涨潮历时:5.67h;

平均落潮历时:6.88h。

比较这两个时期的潮位特征值,可见主要差别是20世纪80年代的高潮位较50年代下降了10cm,引起平均海平面与平均潮差相应降低。分析造成这一现象的原因,主要是吹填南疆工程和兴建东突堤工程使港内水域面积减小,宽度缩窄,新形成的港内边界条件构成的综合阻力较50年代增大,潮波发生了形变,高潮位降低,潮差减小,水流流速与港内纳潮差也必将相应降低。由此建议今后新建码头、防波堤等工程的设计潮位采用1980—1994年的统计值为宜。

2.2.1.2 潮流

天津港水域进行过多次水文测验,根据测验资料中可分析得到天津港水域潮流场的基本特性和对港口泥沙淤积有关的潮流动力条件的主要状况。

1)天津港海域潮流的基本特性

(1)潮流属驻波型。

由实测潮位、潮流过程线清楚可见,高、低平潮时刻,流向转折;半潮位附近流速最大,一般涨潮最大流速出现在低平潮后3h(俗称涨三),落潮最大流速出现在高平潮后4h(俗称落四),潮波具有明显的驻波特征。

(2)潮流强度中等,涨潮流大于落潮流。

外海潮流的潮段平均流速为30~40cm/s,最大流速为80~100cm/s,属于中等强度的潮流,且涨潮流大于落潮流。

(3)潮流形态基本为往复运动。

涨潮流流向集中在280°~320°,落潮流流向集中在100°~140°,且垂线表、中、底各层次流向一致,基本呈往复流动。只有在近岸(-3m等深线以内)海区,受地形影响,流向有所分散。

根据2004年5月(26—27日)、7月(28—29日)、10月(27—28日)、12月(23—24日)和2005年4月(2—3日),5次不同季节的水文全潮资料分析(如图2-7~图2-11所示为流速矢量图),得出本海区潮流分布特征如下:

①本海区近海潮流基本属于往复流性质,涨潮呈NW向,落潮呈SE向,在近岸靠近河口及工程区域内的流向有所变化。

②涨潮流速大于落潮流速,各点平均涨潮流速为0.15~0.33m/s,平均落潮流速为0.07~0.27m/s,潮流动力较弱。

③海区流速呈外海大于近岸的分析规律,各季基本一致,即在-2m水深处平均流速为0.19m/s;在-4.5m水深处平均流速为0.22m/s;至-7.0m水深处平均流速增长为0.25m/s。

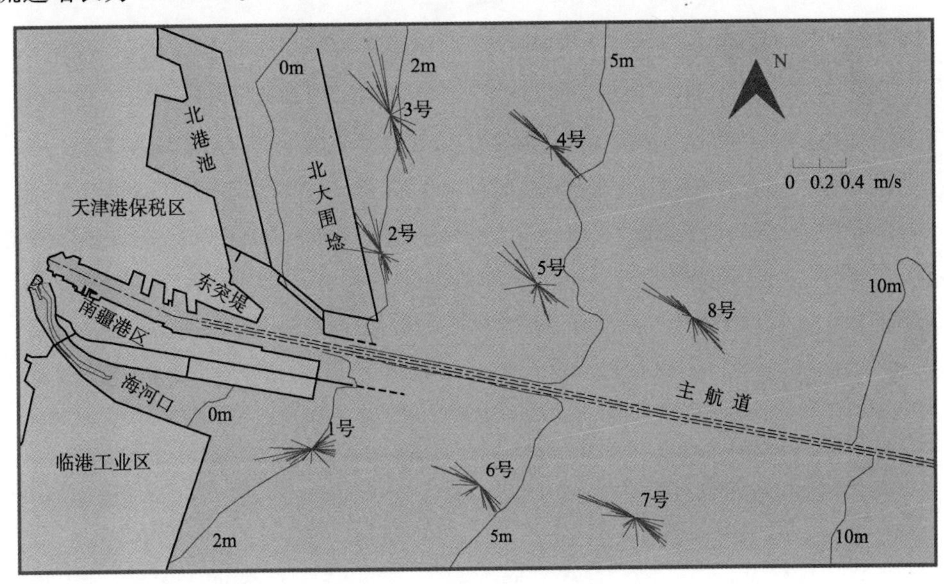

图2-7 2004年5月流速矢量图

2)航道流速分布

人工开挖的航道内流速状况与港域自然潮流有较大的差异,主要表现在航道内的垂线平均流速小于港域的自然流速,流向有向航道方向偏转,流速垂线不均匀分布更为明显,表层流速值与流向与自然潮流速度、流向基本一致,但底部流速不仅很小，且方向基本与航道轴线一致。

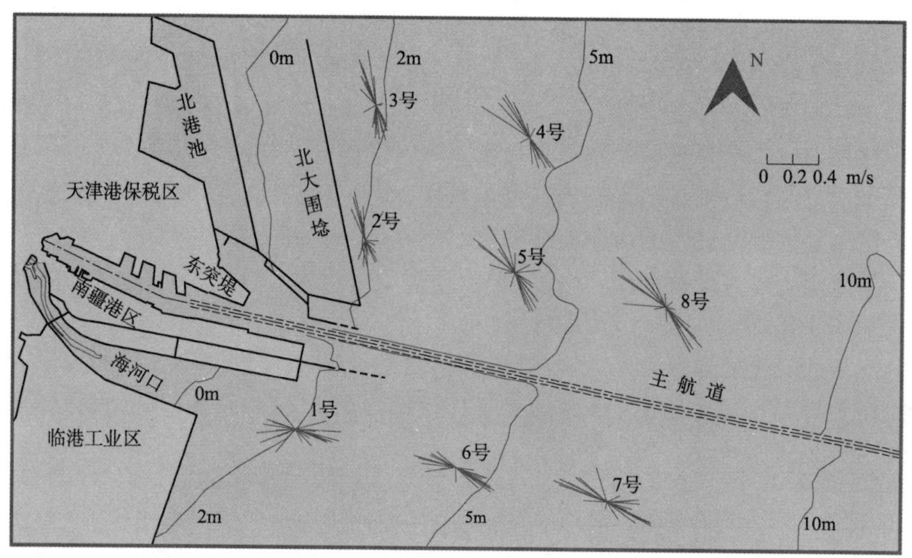

图 2-8　2004 年 7 月流速矢量图

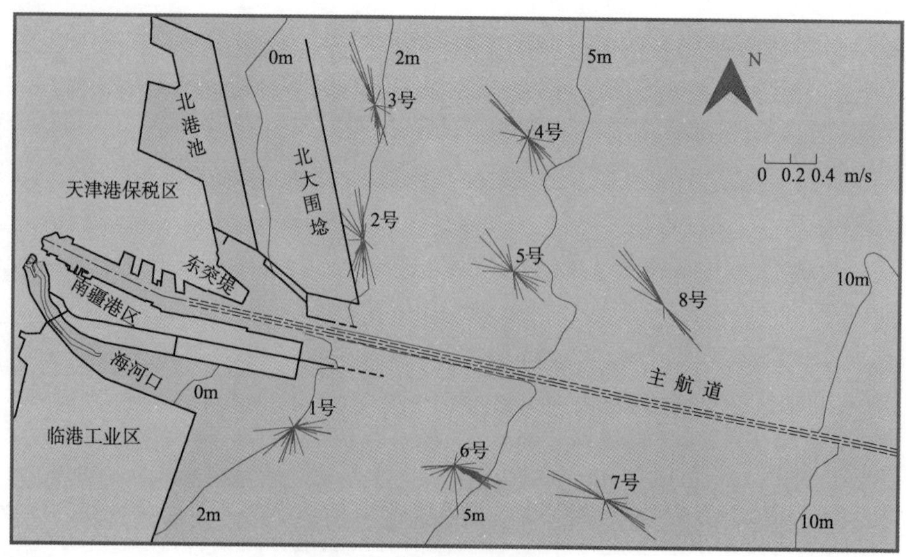

图 2-9　2004 年 10 月流速矢量图

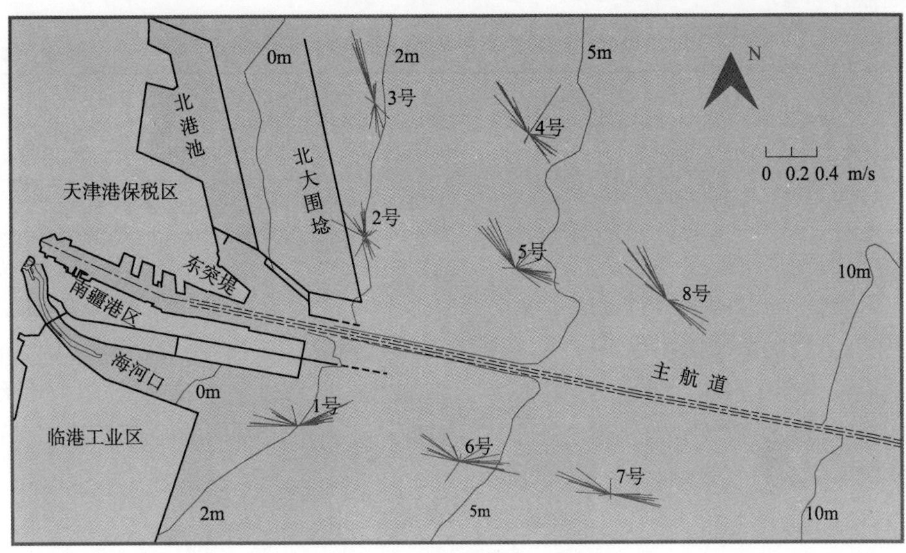

图 2-10　2004 年 12 月流速矢量图

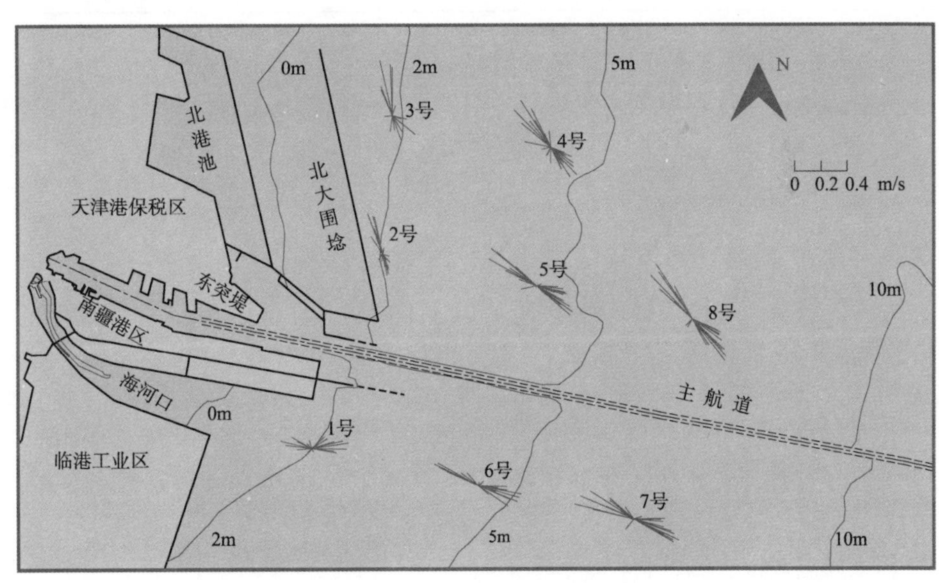

图 2-11　2005 年 4 月流速矢量图

根据 1995 年 7 月实测航道流速资料，通过数学模拟计算，天津港航道维护段的各里程潮段平均流速(5 万吨级尺度条件下)如表 2-8 所示,用其可进行航道内的回淤计算。

天津港沿航道轴线潮段平均流速分布(单位:cm/s)　　表 2-8

航道里程	1+0	2+0	3+0	4+0	5+0	6+0	7+0	8+0	8+4	11+7	13+6	15+4	17+0
涨潮流速	1.8	2.8	5.5	7.7	6.5	8.0	11.5	23.4	24.5	16.0	15.5	22.0	22.0
落潮流速	1.4	2.2	4.2	5.8	5.0	5.9	8.8	16.8	21.5	13.5	14.5	20.0	22.0

3)港内纳潮量

天津港南、北防波堤包围的水域面积原为 18km²,随着港口的浅水区域不断围填利用,港内的水域面积逐渐减小,现状下口门以内总水域面积已减到 9.7km²,港内纳潮量也相应减少。此外,因南疆浅滩围填成陆、港口边界变成窄长,阻力增大,使入港水流流速降低,也造成纳潮量有所减少。港内不同时期的纳潮量按口门断面实测水文资料推算结果如表 2-9 所示。

天津港港内纳潮量的变化　　表 2-9

年　份(年)	1964	1987	1995	1998	现　状
纳潮量(万 m³)	3100	2967	2510	2354	2100

2.2.1.3　波浪

天津港波浪条件根据灯塔站(站位 38°56′N、117°59′E,水深 -9m)1983 年 5 月至 1984 年 5 月为期一年的实际观测资料统计,风浪占 68.4%,涌浪占 31.6%。常浪向为 S 向,频率为 10.6%,次常浪向为 SSE、SE 和 NW 向,各向频率分别为 8.9%、8.4% 和 8.4%;强浪向为 NNW,$H_{1/10}$ 波高大于 2.0m 的频率为 0.3%,次强浪间为 E 间。强浪向年出现 NNW 为 5.7%,E 向为 6.6%。

由于天津港海域波浪以风浪为主,所以波浪特征季节性变化明显,以强风向为例,春季为 E-ENE 向、夏季 E-NNE 向、秋季 NW、ENE 向,冬季 NNW、NW 向。对天津港来说,NW-NNW 向为离岸风,对港区作用不大,而 E-ENE 向为向岸风,波浪能量直接传递到港区,因此,对天津港泥沙问题而言,ENE-E 向是产生泥沙淤积的强浪方向,影响很大,天津港发生的强淤现象,必然是 ENE-E 向大风形成的波浪造成的。

因天津港波浪实测资料较少,若需推算长周期的波浪要素时,通常采用 7 号平台站资料。7 号平台站(距天津港 40km),其位置在东经 117°49′,北纬 38°34′,测站处水深 -5m,观测时间为 1972—1984 年(冬季停测),连续 13 年。据该站资料统计，纯风浪频率为66.81%，涌浪为主的混合浪频率为27.10%，风浪为主的混合浪频率为4.64%，由此说明，渤海湾海区的波浪是以风浪为主，涌浪为辅。

如表2-10所示为7号平台站实测波浪频率统计表。由表可见，与灯塔站一年观测资料结果存在差异，全年常浪向为E向，其频率为10.06%，次常浪向为ENE向，其频率为9.38%，强浪向为NE向，实测$H_{1/10}$最大波高为3.8m；实测2.0m以上大浪出现的频率，ENE向最大，为0.79%，NE和E各次之，其频率分别为0.44%和0.31%。各季波况如图2-12所示。

7号平台站1972—1984年波浪频率统计表 表2-10

波向	波高（m）							
	0~0.5	0.6~1.0	1.1~1.5	1.6~2.0	2.1~2.5	2.6~3.0	3.1~4.0	合计
N	2.25	1.23	0.67	0.42	0.15	0.05	0	4.75
NNE	1.84	0.86	0.40	0.22	0.07	0.06	0	3.46
NE	3.03	1.69	1.16	0.65	0.30	0.11	0.035	6.98
ENE	3.62	2.37	1.57	1.03	0.54	0.23	0.021	9.38
E	5.37	2.76	1.22	0.39	0.21	0.07	0.028	10.06
ESE	5.61	1.38	0.34	0.11	0.04	0	0	7.49
SE	5.18	0.96	0.12	0.03	0.014	0	0	6.30
SSE	3.33	0.83	0.08	0.007	0	0	0	4.25
S	3.43	0.60	0.03	0	0	0	0	4.12
SSW	4.35	1.61	0.28	0.03	0.014	0	0	6.28
SW	4.32	1.69	0.35	0.04	0.007	0.007	0	6.42
WSW	2.50	0.67	0.07	0.007	0	0	0	3.25
W	1.47	0.33	0.05	0.014	0	0	0	1.86
WNW	1.36	0.38	0.07	0.04	0.007	0	0	1.86
NW	1.86	0.66	0.34	0.22	0.16	0.13	0	3.36
NNW	1.95	1.24	1.06	0.52	0.29	0.12	0	5.19
C	14.97						14.97	
合计	66.39	19.27	7.86	3.76	1.82	0.77	0.084	100.0

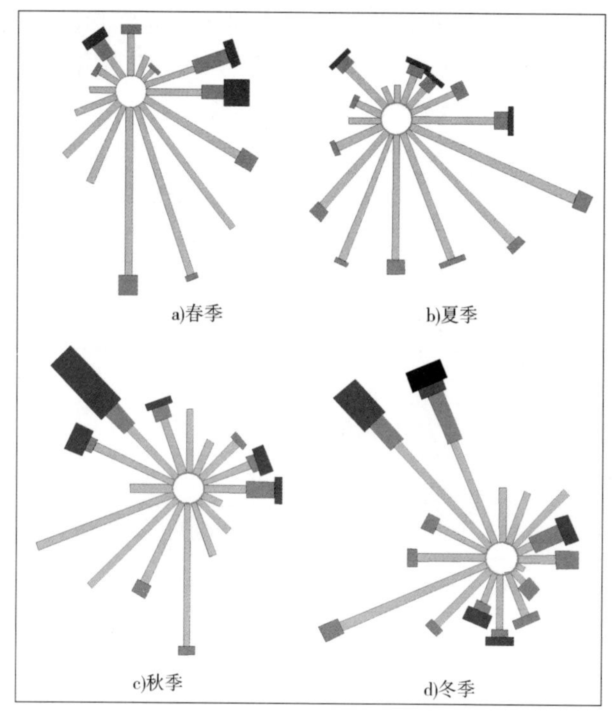

图 2-12 天津港海区各季波浪玫瑰图

2.2.1.4 底质

1)淤积泥沙主要来源与演变趋势

天津港周边对港口淤积有较大影响的河流有海河和蓟运河。海河口紧邻天津港,在1917—1958年期间,海河平均每年有99亿m^3水量和800万吨泥沙入海,因此,在建港初期对天津港口淤积影响很大,入海泥沙可以直接绕过南防堤头部进入港内。1958年海河口建造了水闸,河道成为水库,大量泥沙蓄积在河道内,入海泥沙和水量大大降低,据1958—1980年资料统计,其间年平均泄水量为32亿m^3,减少了2/3,入海沙量约20万吨,仅占原输沙量的2.5%左右。20世纪90年代以后,由于海河流域水量进一步锐减和上游蓄水能力的增强,注入海域的水量、沙量进一步降低。目前,正常年份水闸长年关闭,唯在汛期有少量泄水,因此,现海河入海泥沙对天津港的影响已很小。蓟运河口距天津港约12km,其流域面积仅为海河流域的1/24,入海沙量约为海河泄沙量的1/20,所以与海河相比,对港口淤积的影响较轻微。新中国成立后,蓟运河流域进行了大量的水利工程建设,所有河道都建了闸,入海水量、沙量大幅减少,从目前看,来沙量几乎为零。综上可见,无论是现状和今后的情况,天津港周边河流的入海泥沙都十分有限,天津港现状下淤积的泥沙主要来自海向。

2)底质演变趋势

(1)十年研究期间天津港沿航道周边海域底质分布。

十年研究期间,曾以航道为中心线,南北两侧延伸5km范围内采集海底面表层土样218个,进行粒度分析。全部样品的平均中值粒径为0.0066mm。采样区域的等粒径分布如图2-13所示。

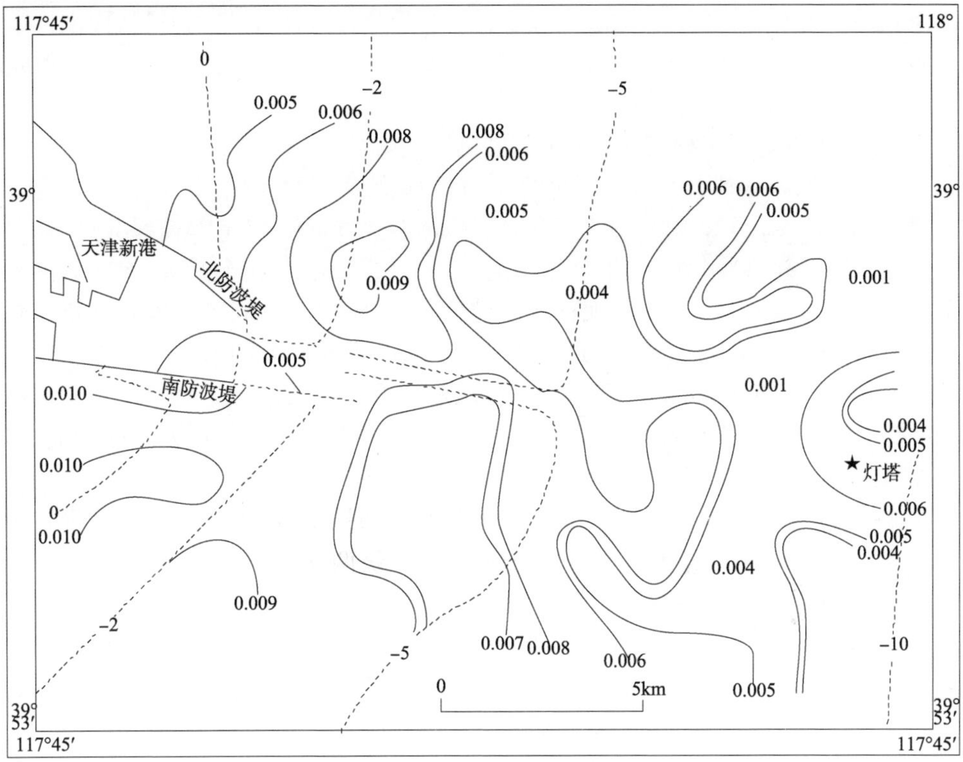

图2-13 港外底质中值粒径等值线图

从图2-13可以看出,天津港沿航道周边海域底质分布有下列特点:

①南粗北细。航道南侧海域底质比北侧底质粗,南防波堤以南的±0~−2m区域为最粗区域,d_{50}的值在0.01mm左右,其中205号测点的d_{50}达0.0169mm。相对应北侧±0~−2m区域d_{50}值在0.005~0.008mm范围。又如南侧−5m水深处d_{50}约为0.007mm,而北侧−5m水深处的d_{50}为0.004~0.006mm。形成南粗北细的直接原因是海河下泄泥沙沉积的结果,较粗颗粒首先在河口沉积,较细颗粒才能扩散到较远海区。南侧±0~−2m范围为原海河口的大沽沙拦门浅滩所处海域,

故其物质最粗是理所当然的。此外，北侧抛泥区长期抛泥，悬沙呈 ES-WN 向扩散对北侧海底物质变细也有一定影响。

②里粗外细。靠近岸侧底质较粗，向外海逐渐变细，采样最外侧 -10m 等深浅附近 d_{50}值在 0.004mm 左右，最细测点 1911 号站的 d_{50}只有 0.001mm。

③底质粗化。将本次底质资料与 20 世纪 60 年代取样资料比较，底质有明显的粗化现象，样品中小于 0.001mm 粒级的含量平均减少了约 7%。造成的原因是滩面底质在潮流、波浪动力作用下，较细颗粒容易起动搬移，在港内淤积后（港内淤泥实测 d_{50} =0.003mm），被吹填造陆，而陆向泥沙又补充不足，多年后就出现粗化现象，这种现象还将继续下去。

（2）北大围埝等工程实施后滩面泥沙的变化。

为了解在北大围埝等工程实施后本海区滩面泥沙的变化，分别于 2004 年 5 月、7 月、10 月、12 月和 2005 年 3 月份，沿 -2m、-4.5m 和 -7m 等深线共设 36 个取样点。取样范围为本港区，取样季节可分为春、夏、秋、冬四个季节，基本上代表了不同季节的变化情况。所取泥样经过粒度分析，求出了不同季节各测点处的滩面泥沙的特征。经统计分析，本港区滩面泥沙主要呈如下分布特征：

①底质泥沙沉积物的基本类型。根据取样结果分析，本港海区滩面泥沙包括粘土质粉沙与粉砂质粘土两种类型，但泥沙颗粒很细，平均中值粒径约为0.007mm。其中沙约占 8.6%，粉沙质约占 51.0%，粘土约占 40.4%，其粘结性较强。

②底质泥沙的季节性变化。从不同季节取样结果来看，本港海区的底质泥沙冬季为稍粗，平均中值粒径为 0.0096mm；春、秋两季次之，平均中值粒径为 0.0082mm；夏季为稍细，平均中值粒径为 0.0060mm。

由此可见，底质泥沙的变化与气候的变化有着密切的关系，在风浪较强的季节滩面泥沙就稍粗，而在小风浪季节则较细，这与水体含沙量的变化是相应的。

③底质泥沙的纵向分布。从各季实测资料分析来看，在近岸 -2m 水深处泥沙的平均中值粒径为 0.0091mm；在 -5.0m 水深处的泥沙平均中值粒径为 0.0076mm，而在 -7m 水深处的泥沙平均中值粒径降为 0.0063mm。说明本港海区的底质泥沙从岸向海是呈由稍粗到稍细的分布规律。

④底质泥沙的横向分布。本港海区底质泥沙的横向分布，整体是航道南侧稍粗于北侧。即南侧平均中值粒径为 0.0083mm，而北侧平均中值粒径为 0.0071mm。

从不同水深处的泥沙中值粒径分布来看：在 -2m 等深线航道北侧平均为 0.0088mm，而南侧为 0.0094mm；在 -5m 等深线，北侧为 0.0064mm，南侧为 0.0089mm；在 -7m 等深线，北侧为 0.0062mm，南侧为 0.0065mm。因此可见，在 -5m水深以内的浅滩，南侧的泥沙明显稍粗于北侧。而至 -7m 深水区以外南、北的差值较小。

2.2.1.5 含沙量分布

天津港周边海域输入到航道、港池淤积泥沙的主要形式是悬沙输移,即在波浪及潮流的作用下,海滩底质被起动扬起,悬浮在水体中随潮流漂移,漂移到航道、港池人工开挖区域,水域平静,流速小,部分泥沙就沉落下来,这就是通常所说的淤泥质海域"波浪掀沙、潮流输沙"的输移规律。水体中含沙量的多少直接影响到港口淤积的数量,所以历来的研究都十分注重含沙量的观测分析。

1)1953—2003年期间的含沙量分布特征

20世纪60年代还曾在港口的两个进、出水口门(横堤口与北堤口)处建筑观测平台,长期进行进、出口门水体的含沙量测量,直至1969年观测平台被冰凌推倒为止;1987年沿航道纵向与南防波堤沿线进行为期7个月的连续观测,并获得了一次连续两天NE大风(最大风速24m/s)后的含沙量纵向分布资料;1994—2003年期间,首先进行了港内各港区含沙量观测,连续观测时间长达9个月(4—12月)和航道两侧含沙量分布追测;1994年还进行港口口门断面连续进、出含沙量的流动观测;2002年12月—2003年1月进行航道两侧含沙量观测。此外,还进行多次的水文全潮(流速、流向、含沙量)的同步观测。根据以上所测资料,对港口含沙量的分布特征与数量可归纳出下列结果。

(1)各港池含沙量分布。

1994年4~12月,各港池及内航道上共设21个测站,进行了含沙量分布状况的连续观测,在求得各测站月含沙量的基础上,统计得各区域年平均实测含沙量值如表2-11所示。

1994年4—12月港内实测平均含沙量(单位:kg/m^3) 表2-11

测站位置	年平均含沙量		测站位置	年平均含沙量	
	涨潮	落潮		涨潮	落潮
客运码头	0.034	0.035	航道1+0	0.041	0.033
一、二码头	0.035	0.031	2+0	0.032	0.033
一港池	0.038	0.032	2+6	0.049	0.039
二港池	0.038	0.037	3+0	0.043	0.036
三港池	0.050	0.039	4+0	0.047	0.036
四港池	0.059	0.057	5+0	0.063	0.047
东突堤南港池	0.075	0.062	6+0	0.096	0.065
东突堤北港池	0.084	0.082	7+0	0.127	0.083
东突堤东侧	0.098	0.080	口门8+4	0.126	0.097
南疆石化码头	0.064	0.048	口门北浅滩	0.091	0.077

由表 2-11 可知，港内含沙量分布的一般规律为，由外向内含沙量逐渐减少，涨潮含沙量大于落潮含沙量，航道含沙量大于同一里程的港池或边滩含沙量。实测期间口门航道含沙量最大，平均值为 0.126kg/m^3，其次是东突堤东侧水域，平均值为 0.088kg/m^3，一港池以内包括航道含沙量最小，平均值为 0.033kg/m^3 左右，其余区域在 0.04～0.08kg/m^3 范围内变化。

(2)口门含沙量。

1996 年 6—12 月期间，在口门 8＋800 断面上设三条垂线：北浅滩、航道中线、南浅滩。进行涨潮段含沙量单船移动式观测，共测取 38 个涨潮段断面含沙量资料，其平均值由北到南依次为 0.071kg/m^3、0.162kg/m^3 和 0.089kg/m^3。可见南侧浅滩含沙量稍大于北侧浅滩，航道含沙量相当于两侧边滩含沙量的 2 倍。

以上港区和口门含沙量测均在中、小风情况下进行，无大风天资料。测量时期的平均速度为 2.2m/s，而天津港区年平均风速为 4.2m/s，因此，以上实测值偏小，但分布规律是合理可信的。

(3)航道含沙量。

1987 年 4—10 月曾沿航道纵向和南防波延伸线进行过同步 7 个月的含沙量追测，共获取 112 次资料，并获得连续两天 NE 向大风后资料(图 2-14)。由图可见，口门处含沙量达到 2.65kg/m^3，12＋0 处含沙量为 1.74kg/m^3，相应南堤头(即 12＋0 断面延线上的浅滩处)含沙为 1.24kg/m^3。由本次测量求得沿航道纵向和南防波堤沿线年平均含沙量分布如表 2-12 所示。

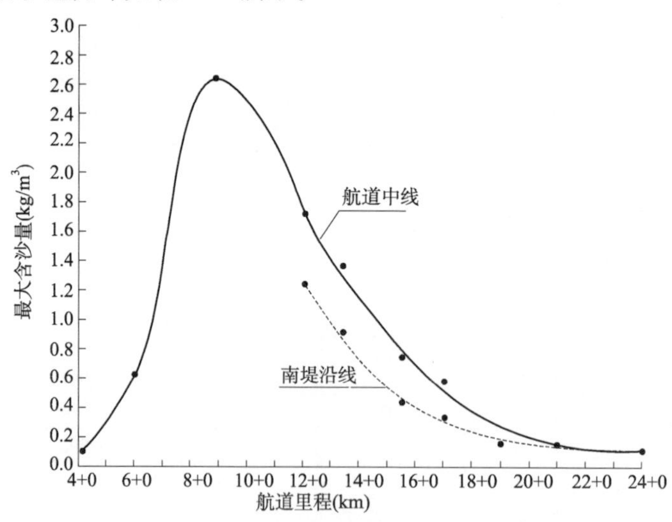

图 2-14　天津港航道实测最大含沙量分布

1987年天津港航道实测年平均含沙量分布(单位:kg/m³)　　表2-12

里　程	4+2	6+0	口门	12+0	13+4	15+5	17+0	19+0	21+0
航道沿线	0.05	0.21	0.29	0.20	0.11	0.07	0.05	0.04	0.03
南堤沿线	港　内			0.11	0.08	0.06	0.04	0.03	0.02

2002年12月4日至2003年1月3日期间,为研究15万吨航道开通后的回淤情况,又沿航道南、北两侧进行了1个月的含沙量巡回追测,涨潮段测南线,落潮段测北线,南、北测线距航道边线各约300m。实测结果如表2-13所示。

2002年12月航道两侧浅滩实测含沙量　　表2-13

航道里程	口门	10+0	11+0	12+0	13+0	14+0	15+0	16+0	17+0	18+0	19+0	20+0
南线含沙量(kg/m³)	0.16	0.18	0.15	0.16	0.14	0.08	0.06	0.07	0.05	0.04	0.03	0.03
北线含沙量(kg/m³)	0.13	0.18	0.21	0.14	0.13	0.06	0.06	0.04	0.04	0.03	0.04	0.03
平均含沙量(kg/m³)	0.15	0.18	0.18	0.15	0.14	0.07	0.06	0.05	0.05	0.04	0.04	0.03

因航道有集沙作用,所以航道的含沙量必大于浅滩上的含沙量,文献[38]利用1987—2002年16年的风速资料与2002年12月的风资料的关系作了航道纵向多年平均含沙量的推算,其结果如表2-14所示。

现状下航道纵向年平均含沙量分布　　表2-14

航道里程	口门	10+0	11+0	12+0	13+0	14+0	15+0	16+0	17+0	18+0	19+0	20+0
年平均含沙量(kg/m³)	0.21	0.25	0.25	0.21	0.16	0.10	0.09	0.08	0.07	0.06	0.05	0.04

根据历史上港口口门的含沙量资料和2002年的资料可知,随着周边泥沙环境的改善,陆域来沙大幅度减少,进入天津港港内的含沙量也不断地降低。不同时期的口门处进港含沙量为:

1953—1957年:0.75kg/m³;

1959—1971年:0.44kg/m³;

1987年:0.29kg/m³;

现状:0.21kg/m³。

这种自然变化的趋势今后还将继续。若将每年的抛泥弃土量也吹填造陆,港口周边浅滩海域(如临港工业区等)不断围填,则口门含沙量降低趋势必将加快。

2)2004年含沙量测验成果

2004年5月—2005年4月在港区海域布设了8个测点,分别于春、夏、秋、冬季节进行了水体含沙量观测。根据实测资料分析得出含沙量分布特征如下:

(1)含沙量的时空分布特征。

从表2-15中的实测资料可以看出,夏季水体含沙量最小,平均约为0.064kg/m^3;春、秋两季基本相等,平均约为0.082kg/m^3;冬季最大平均约为0.122kg/m^3,约为夏季的2倍。各季含沙量的变化,主要是受气候的影响。从本区的气象资料分析来看,夏季为无风季,风浪较弱,秋、春两季,受寒潮的影响风浪增强,冬三月的风浪较强。因此,本海区的水体含沙量的高低主要取决于风浪的强弱及风时的长短和风浪的来向。

实测涨落潮平均含沙量表(单位:kg/m^3) 表2-15

测点	涨潮平均					落潮平均					全潮平均					平均
	2004年5月	2004年7月	2004年10月	2004年12月	2005年4月	2004年5月	2004年7月	2004年10月	2004年12月	2005年4月	2004年5月	2004年7月	2004年10月	2004年12月	2005年4月	
1号	0.074	0.097	0.127	0.107	0.075	0.057	0.094	0.120	0.108	0.075	0.066	0.096	0.124	0.107	0.075	0.094
2号	0.104	0.082	0.107	0.121	0.079	0.061	0.077	0.093	0.133	0.072	0.083	0.080	0.100	0.127	0.076	0.093
3号	0.110	0.082	0.091	0.147	0.096	0.072	0.075	0.097	0.155	0.085	0.091	0.079	0.094	0.150	0.090	0.101
4号	0.055	0.073	0.077	0.091	0.076	0.056	0.081	0.075	0.097	0.066	0.055	0.077	0.076	0.094	0.071	0.075
5号	0.039	0.065	0.080	0.129	0.085	0.040	0.077	0.069	0.111	0.082	0.039	0.071	0.075	0.120	0.083	0.078
6号	0.037	0.050	0.087	0.127	0.075	0.034	0.045	0.086	0.121	0.065	0.035	0.048	0.087	0.124	0.070	0.073
7号	0.041	0.043	0.053	0.121	0.085	0.040	0.049	0.050	0.113	0.073	0.040	0.046	0.052	0.131	0.079	0.070
8号	0.041	0.065	0.067	0.134	0.102	0.039	0.073	0.066	0.128	0.082	0.039	0.069	0.067	0.117	0.082	0.075
平均	0.063	0.070	0.086	0.122	0.084	0.050	0.071	0.082	0.121	0.075	0.057	0.071	0.084	0.122	0.080	0.82

(2)含沙量的平面分布特征。

从实测资料来看,本海区含沙量的纵向(由岸向海)分布呈由大到小的规律。在-2m水深处,(1号~3号点)平均含沙量约为0.096kg/m^3,向外至-5.0m水深处(4号~6号点),平均含沙量约为0.075kg/m^3,水体含沙量有较大幅度的下降;而到-7m水深处(7号~8号点),平均含沙量降至0.072kg/m^3,比-5m线有所降低但不明显。

这说明本海区小风天的含沙量总体较低,较高含沙水域主要是在-5m线以内,也是在波浪破波带之内,而向外由于水深的增加导致风浪作用的减小,使含沙量变化较小。

从各次实测资料看,航道北侧的含沙量大于南侧,北侧平均含沙量约为0.084kg/m^3,南侧平均含沙量约为0.079kg/m^3。蓟运河口处的含沙量大于海河口,平均为0.101kg/m^{3}和0.094kg/m^3。

(3)含沙量潮段分布。

从涨、落潮段含沙量来看,涨潮段内的含沙量略大于落潮段,主要表现在春季,

而夏、秋、冬季,基本持平。如在4—5月份,涨潮平均为0.063~0.084kg/m^3,而落潮平均为0.050~0.075kg/m^3,而在夏、秋、冬季的涨潮平均含沙量为0.070~0.122kg/m^3,落潮平均含沙量为0.071~0.121kg/m^3。

(4)常年平均含沙量分布。

根据本次2004年5月—2005年4月不同季节在小风浪天气条件下实测水文全潮资料统计,并考虑了6级以上大风天的作用,得出天津港海区在北大围埝和临港工业区一期围埝完成的边界条件下,常年平均含沙量分布曲线如图2-15所示。

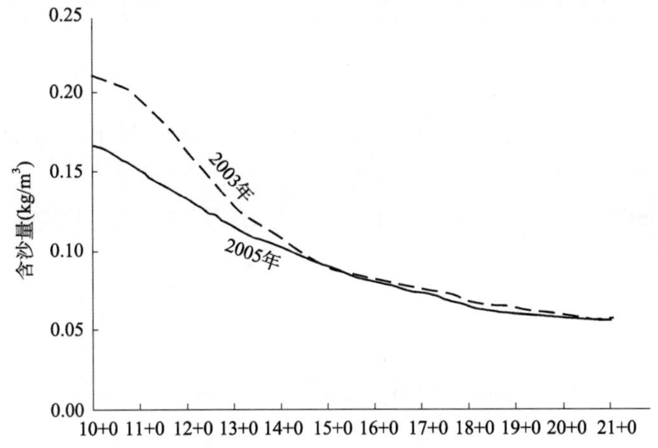

图2-15 海区常年平均含沙量分布曲线

从图中看出,由于北大围埝和临港工业区的围海工程实施掩护了南、北近岸浅滩的泥沙悬扬及运移,而使近岸水体含沙量发生了明显的变化,而从-5m线向外水体含沙量基本保持不变。因此从整体来看,港口两侧的围海工程对近岸水体含沙量的降低及减少港口航道的淤积起到积极的作用,对改善海区的水质环境也是非常有益的。

2.2.2 港池、航道淤积泥沙的物理和水力特性

泥沙的物理特性与水力特性是分析、计算港口泥沙淤积问题的重要参数,通常在泥沙淤积强度、淤积量的计算式中均有其特性的代表参数,因此,必须进行测定。

2.2.2.1 泥沙主要物理特性

泥沙的物理特性包括泥沙颗粒的大小及其级配组成、颗粒形状、相对密度、重度、含水率、空隙率等。在泥沙问题计算中,颗粒的大小及其组成是最重要的。在10年研究中对港池、航道内淤积的泥沙颗粒大小与级配进行了取样测定,其结果如表2-16、表2-17所示。

港池回淤泥沙粒径分布(单位:mm) 表2-16

区域	一、二码头	一港池	二港池	三港池	四港池	南港池	北港池	东突堤东侧	南疆港池
$\bar{d}_{50}$	0.0021	0.0021	0.0026	0.0020	0.0020	0.0024	0.0027	0.0023	0.0022

航道回淤泥沙粒径分布(单位:mm) 表2-17

里程	2+0	4+0	6+0	8+0	10+0	12+0	14+0	16+0	18+0
$\bar{d}50$	0.0027	0.0032	0.0058	0.0058	0.0048	0.0078	0.0098	0.0063	0.0058

从以上资料可以看出,航道内的淤积物比港池淤积物粗一些,港池淤积物粒径由内向外逐渐变粗;航道中淤积物也由内向外逐渐增粗,但至16+0以后向相反方向变化。

将港池各区域和航道各里程的土样分别均匀混合起来,由试验测定,港池、航道淤积泥沙的颗粒级配曲线如图2-16所示,可见其土样构成:

港池,极细砂占5.1%,粉砂占31.5%,粘土占63.4%,平均中值粒径$\bar{d}_{50}$ = 0.0023mm。

航道,极细砂占2.1%,粉砂占45.9%,粘土占52.0%,平均中值粒径$\bar{d}_{50}$ = 0.0038mm。

按泥沙颗粒分类,港池航道的淤积物均属粉砂质粘土,4月样品较12月样品稍粗。

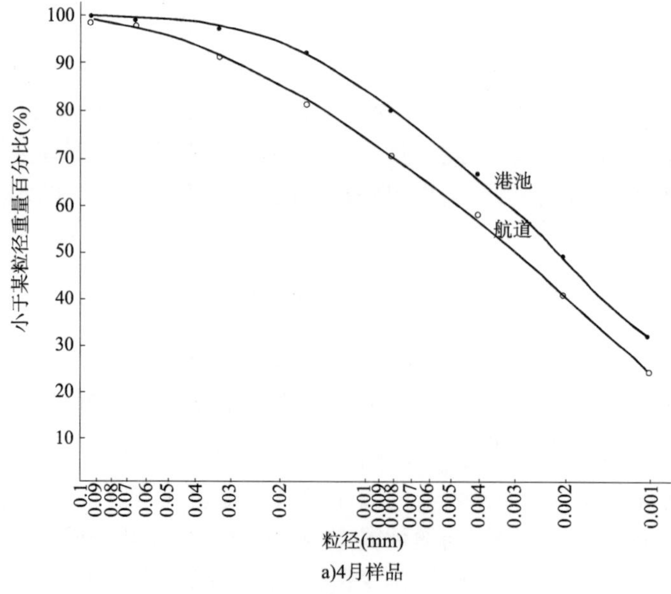

a)4月样品

图 2-16

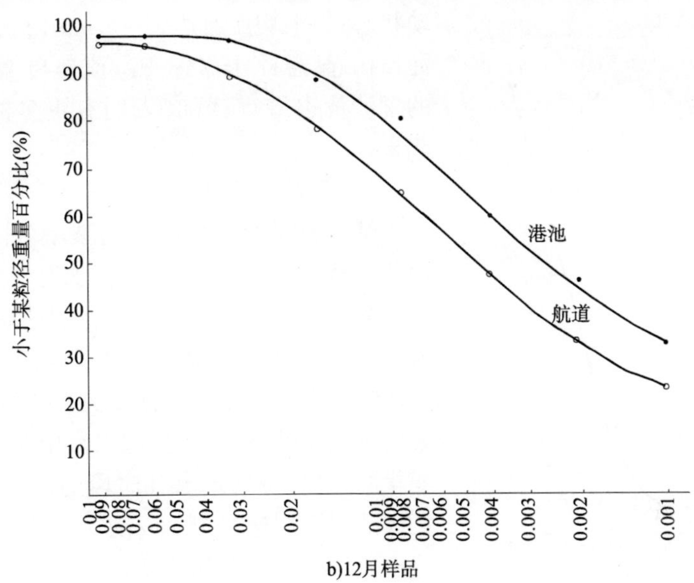

图 2-16 天津港淤泥颗粒级配曲线

2.2.2.2 回淤泥沙的水力特性

泥沙水力特性包括泥沙起动流速、沉降速度和不淤流速等，各特征值均在环形水槽内试验测定。

1) 泥沙起动流速

细颗粒泥沙的起动流速是由测定床面上原来处于静止状态的泥沙颗粒到运动状态的过程来确定的。床面上原来处于静止状态的泥沙颗粒，当水流强度逐渐增大到某一极值时，则开始运动、扬起，此时的临界水流条件称之为泥沙的起动流速，工程上亦称之为冲刷流速。对粘性细颗粒泥沙而言，泥沙的起动流速就是扬动流速，就是说，泥沙在一定水流条件下，只要离开床面则直接悬浮于水体中。

起动流速是泥沙基本水力特性之一，是反映泥沙运动的重要参数，在许多计算公式中都要用到。由于它标志着床面冲刷的起点，因而在港池、航道的开挖工程和整治工程中具有重要意义。起动流速虽有很多计算式或试验曲线可循，但由于其随泥沙的粒径大小和颗粒级配组成而异，实际工程问题中常常通过试验来确定工程区域泥沙的起动流速。

天津港淤泥的起动流速通过环形水槽试验得到如图 2-17 所示结果。

可知当平均流速小于 20cm/s 时，水体中含沙量不变，床面淤泥基本处于静止状态；当流速大于 20cm/s 时，水体变浑浊，含沙量开始增加，说明部分泥沙达到起

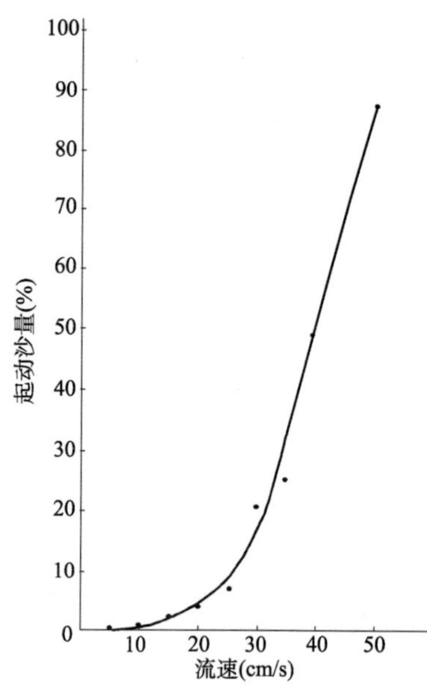

图 2-17　天津港泥沙起动流速曲线

动状态；当平均流速达到 40cm/s 时，已有 50% 的泥沙扬起、悬浮于水体中。流速再增加，水体中的含沙量也继续增加，表明有更多的淤泥扬动起来。

2）泥沙沉降速度

细颗粒泥沙在盐水中的絮凝沉降速度是与泥沙粒径、含沙量、含盐浓度、水温等多种因素有关的复杂问题，至今的研究（特别是动水沉速）尚未有恰当的理论计算式。利用环形水槽内所有过水断面流速分布和含沙量分布相同的特点，在某一试验条件下，直接测取水流中含沙量随时间变化的过程，可确定出各时段的泥沙沉速（相应粒级的泥沙沉速），然后采用算术加权平均法计算出泥沙的平均沉降速度 $\overline{\omega}$：

$$\overline{\omega} = \frac{\sum \omega_i P_i}{100}$$

式中：$\overline{\omega}$——泥沙平均沉降速度；

ω_i——某一时段泥沙平均沉降速度；

P_i——某一时段下沉沙量与总沙量的百分比。

经环形水槽试验测定，天津港淤泥在海水含盐度 3% 时的沉降速度值列于表 2-18。

天津港回淤泥沙动水沉降速度（单位：cm/s）　　表 2-18

含沙量（kg/m³） 水流速度（cm/s）	0.1	0.2	0.4	0.8	1.6
0	0.045	0.049	0.063	0.077	0.099
15	0.039	0.044	0.053	0.060	0.084
30	0.025	0.033	0.036	0.043	0.064
46	0.011	0.015	0.020	0.028	0.034

由上表可知：

（1）沉速随水流速度变化，水流速度越小，沉速则越大，流速为零时（即静水沉速），沉速值最大。

（2）在本次试验的含沙量范围内（最大 1.6kg/m³）沉速与含沙浓度关系为含沙

浓度愈大,沉速也愈大。

3)泥沙不淤流速

可根据水流的挟沙能力概念确定泥沙不淤流速。因水流中的含沙数量是与水流速度相对应的,水流速度增大,泥沙就从床面上冲刷起来,水体中含沙量增加;水流速度降低,水体中一部分悬浮泥沙就会落淤下来,水体中含沙量减小。一定的水流条件,它所挟带的沙量(饱和含沙量)是一个常数,这就是通称的水流挟沙能力。相应于挟带饱和含沙量的水流速度称为不淤流速。不淤流速标志着淤积的起点,实际水流速度小于泥沙的不淤流速时,则发生淤积。经试验确定,要使天津港泥沙保持悬浮状态,水流速度应大于 56cm/s。也就是说,水流速度大于此值,不发生淤积。若水流速度小于 56cm/s,部分泥沙便开始落淤,故天津港泥沙的不淤流速为 56cm/s。

综上试验结果,天津港回淤泥沙的主要水力特性归纳如表 2-19 所示。

天津港回淤泥沙主要水力特征值　　表 2-19

水力特性	特征值					
起动流速(cm/s)	$V_k=20$cm/s, $V_{dso}=40$cm/s					
不淤流速(cm/s)	$U_H=56$cm/s					
沉降速度(cm/s)	含沙量(kg/m^3) / 水流(cm/s)	0.1	0.2	0.4	0.8	1.6
	0	0.045	0.049	0.063	0.077	0.099
	15	0.039	0.044	0.053	0.060	0.084
	30	0.025	0.033	0.036	0.043	0.064
	46	0.011	0.015	0.020	0.028	0.034
	50	—	—	0.010	0.013	0.015

2.2.3 港内泥沙淤积的基本规律

2.2.3.1 影响港池、泊位淤积强度的主要因素

本书所说的港池泊位(或航道)的年淤积强度(简称年淤强)是指某一港池泊位(或航段)在一年中按标准重度计的累计泥沙回淤厚度,也称年回淤速率或年淤积速率。它是衡量泥沙回淤程度的主要指标,也是合理安排维护疏浚计划的基本依据和扩建港域工程合理性的重要依据之一。因此,必须掌握港内各港池、泊位淤积强度分布的基本规律。

港内的泥沙回淤强度主要与港外的泥沙环境、动力条件和港内流场分布等因

素有关。对天津港来说，目前外部泥沙环境、动力地貌条件基本上是不变的，港内由南、北防波堤掩护，码头岸线构成的边界形状已经固定，在未进行大规模扩建工程前，深水区面积与浅水区面积分布状况及其比例也不会有多大变化。因此，现状下港内淤强分布状况除泥沙自身的特性外，可主要考虑下列因素：

1）港池离口门（8 +800）的距离

天津港内淤积泥沙全部由海向进入，泥沙随潮流入口门以后，由于港内水域平静，流速低，水中悬浮的泥沙便开始落淤沉积，较粗颗粒首先在口门附近落淤，较细颗粒泥沙可运移到较远的地区落淤。同时，港内水域相当于是个“死胡同”，离口门越远，水流速度越小，输沙能力越弱，水体中含沙量越小，只有极细部分泥沙才有可能输移到更远的地区。故港内回淤强度分布形成离口门越远、淤强越小的规律。

2）港池周边浅滩面积的大小

现状下港内 9.7km^2 水域面积中，只有少量的浅滩面积，保持着原有的地貌特征，主要分布在北港池区和口门附近。浅滩的高程大部分在 ±0m 以上，从多年的地形图对比分析，基本上保持着平衡状态。这些浅滩起着重要的泥沙“中转”的作用，即好天气里，水域十分平静，由水体带入浅滩区的泥沙，在平流和小流速的过程中逐渐沉落在浅滩面上，遇恶劣天气，受风浪和水流的作用，滩面泥沙扰动起来，随水流带入深水区淤积。特别是底部高浓度含沙层，在重力和水流作用下，流入邻近的港池泊位的深水区，而淤积在港池深水区域的泥沙，由于水深，底部流速很小，难以再起动，于是就形成港池周边浅滩面积越大、回淤强度越大的基本规律。在南疆未开发利用之前，由于浅滩面积比深水面积大得多，所以浅滩泥沙“中转”现象十分显著，同一位置港池泊位的淤强明显大于南疆开发后的淤强。

3）港池水深的大小

在同等条件下，水深越大，泥沙回淤越多的现象是众所周知的。

由实际回淤资料统计，天津港泊位处的淤强较同一港池处的淤强大 1.3 ~1.6 倍。究其原因，除悬沙均匀淤积外，尚有底部高浓度的含沙层或浮泥层，在重力作用下，流入较港池深的泊位区域所致。详细分析天津港的回淤强度与水深资料发现，回淤强度与水深明显呈自然指数形式增加。

2.2.3.2 港池淤强分布计算式

根据以上影响港池淤强主要因素和淤积泥沙水力特性试验值，进行了各因素影响程度的分析，确定出各系数，得出现状下天津港港池回淤强度计算式为：

$$P_{港} = \frac{\alpha\omega st}{\gamma_0}\left(1 - \frac{L_x}{L_0}\right)^{2.2} \exp\left[\frac{1}{2}\left(\frac{A}{A_0}\right)^{0.5} + 0.2(h - \bar{h}_0)\right]$$

式中：$P_{港}$——计算港池泊位的回淤强度(m)；

t——计算淤积时间(s)；

s——港口口门断面在 t 时段内的输沙量(kg/m^3)；

A——计算港池周边的浅滩面积(m^2)；

A_0——计算港池面积与 A 之和(m^2)；

$\bar{h}_0$——港池周边的平均水深(m)；

h——计算港池的设计水深(m)；

ω——泥沙沉降速度(m/s)；

γ_0——淤积物干重度(kg/m^3)；

L_x——计算区域离口门的航道里程(m)；

L_0——口门处的航道里程(8800m)。

对港内水域面积固定的天津港而言，$\alpha\omega st/r_0$ 对所有港池是同一常数。同时目前港内的深水面积约 9.7km^2，局部港池的水深增加，对全港区的平均水深影响很小，因此，各港池的淤强大小，主要取决于 L_x、A、h 三个要素。从定性上分析，天津港港内淤强分布规律为：距口门越近(L_x 越小)，淤积强度(P)越大，港池的设计水深(h)越深，淤强也越大；计算港池周边浅滩面积越大淤强越大，这完全符合天津港多年来的实际回淤情况。

目前，天津港深水面积已连成一片，起有泥沙中转作用的原始浅滩面积主要分布在港口口门附近和东突堤北港池东侧。由于历史发展原因，近几年港口扩建的10～15 万吨级大型泊位大都靠近口门附近，尤其是南疆港区的大型散货泊位，离口门最近，所以成为天津港目前淤积最严重的区域。最外侧码头的泊位年回淤强度均达 3.7m 以上。依据港内淤积规律，目前建设中的南$_{11}$20 万吨级矿石码头其泊位的淤积强度必将成为现港口范围内全港最严重的区域(因为 L_x、A、h 三个因素都处于最不利的条件)。经计算，南$_{n}$ 矿石码头泊位的年回淤强度为 4.04m，港池为 2.92m，年总淤积量达 40 万 m^3。随着今后继续向外扩建，南$_{12}$、南$_{13}$等最严重回淤区域也随之改变。

2.2.4 航道泥沙淤积的基本规律

天津港自开港以来，航道进行了多次扩建，已由当初的 5000 吨级逐步扩建成目前的 15 万吨级，今后还计划扩建成 20 万甚至 25 万吨级。历次扩建的航道尺度如表 2-20 所示。表中 h 为理论深度基准面下水深，b 为航道底部宽度(h、b 单位均用 m 表之，下同)。根据天津港航道特殊状况，将 0 +0 ~2 +6 航段称为闸东航道，2 +6 ~5 +0 航段称为过渡段，5 +0 以外称为主航道。

天津港航道历次扩建工程状况

表 2-20

建设年份(年)		航道吨级	0+0~2+6		2+6~5+0		5+0~以外		全长(km)
			h	b	h	b	H	b	
1950—1952		5000	6.5	60	6.5	60	6.5	60	18.5
1965		5000	6.5	60	7.0	60	7.0	60	19.2
1977—1984	一期	10000	6.5	60	8.0	60/120	8.0	120	21.5
	二期	10000	6.5	60	11.0	60/150	11.0	150	27.0
1996—1997		50000	6.5	60	11.0	60/180	12.0	180	28.6
2000—2002	一期	100000	6.5	60	11.0	60/210	13.9	180	31.5
	二期	100000	6.5	60	11.0	60/210	14.8	210	34.8
2003—2005	一期	150000	6.5	60	11.0	60/260	14.8	260	34.8
	二期	150000	6.5	60	11.0	60/310	17.4	310	39.6

2.2.4.1 外航道淤积强度分布

多个港口的实践证明,要较精确地预测新建或扩建航道的泥沙淤积强度与数量,必须利用港口所在海域的水文泥沙资料,建立相应的淤积计算经验关系式,再按设计航道的尺度作预测计算的方法是最可靠的方法。天津港外航道自开港以来,进行过5次扩建,不论其尺度如何变化,淤积程度总是口门附近最大、向外呈逐渐减轻的趋势。这一不变的淤强分布规律,必然有其原因所在,分析研究这一规律的必然性,就能建立起外航道的淤积强度分布的计算式。

1)影响航道淤强因素的分析

泥沙淤积现象是一种十分复杂的自然现象,受气象、波浪、潮流、余流、航道尺度、泥沙的物理、化学特性与水力特性等因素的影响。但同一海域中,上述很多因素是相同的,所以分析天津港沿航道纵向自然条件的差异,就可搞清楚影响天津港航道淤积强度的主要因素,主要有:

(1)自然水深(h_1)。

天津港是坐落在海底高程仅为 -2.0~2.0m 浅滩上的人工港,港口口门(即外航道的起点)的海底高程约为 -16.0m,向外逐渐增深,至29+0增至 -12m,平均海底坡度为1/2000,通航所需水深完全靠人工开挖而成的。对于同一航道尺度,底面高程是水平的,所以水深越浅,开挖深度越大,水深越深,开挖深度相对减小。这一相对开挖深度(h_1/h_2)与航道的实际淤积强度分布成正比关系,它是影响航道淤强的主要因素之一。

(2)航道内的水流速度(u)。

由挟沙理论可知,水体的挟沙能力与水流速度成 2 ~ 3 次方的关系,它对航道中的泥沙淤积关系十分重要。天津港外航道的多次水文全潮测验资料表明,涨潮流速大于落潮流速的性质始终不变,且开挖深度越大,流速减小的程度越显著。这一流速变化程度的大小与航道的实际淤积状况亦成正比关系。实际经验证明,对细颗粒泥沙而言,当水流速度达到一定量级(不淤流速 u_μ),即水体中的悬浮泥沙始终悬浮在水体中,只随潮流漂移,并不落淤,只有当实际水流速度小于 u_μ 时,才逐渐沉落下来。因此,(u/u_μ) 比值必然是影响淤强的重要因素。

(3)水体含沙量(ρ)。

众所周知,水体含沙量的大小是影响淤积强度最直观的因素之一。多年来的实测成果表明,尽管天津港外航道两侧水体的含沙量逐渐减小,但其沿外航道的分布规律与外航道实际淤积程度的分布规律完全一致,自口门向外呈快速度下降的趋势,至 14 +0 附近向外,减少趋势呈缓慢下降的分布规律。因此,正确掌握航道纵向各里程的含沙量数值,是预测航道工程实施后淤积情况的关键因素。

(4)航道宽度(b)。

航道内的泥沙淤积是由涨、落潮潮流挟带的泥沙通过航道时沉落下来造成的。这种沉落现象是连续不断发生的,当一部分泥沙沉落后,水体中的含沙量相对减少;按(3)的分析,淤强必定降低。所以当航道宽度较大时,水流通过航道断面各部位的沉落数量是有差异的。以往天津港航道的计算式均未考虑航道宽度变化的影响,15 万吨级航道设计宽度已达 310m,应考虑其对淤强的影响。

(5)泥沙特性。

泥沙特性(包括物理特性、化学特性与水力特性)对淤强的影响程度有其自身的规律。天津港航道内的淤积物 d_{50} 约为 0.0038mm,这类淤泥质细颗粒泥沙在盐水条件下形成絮凝状态的性质会影响其沉降速度(ω)、不淤流速(u_μ)等水力特性,进而影响航道的淤积分布。泥沙物理特性和化学特性对水力特性的影响关系十分复杂,目前尚难从理论上得到解析,只能配置相拟条件,通过室内试验加以确定。

根据天津港回淤泥沙的多次环形水槽试验成果,绘出了 $\omega = f(v\rho)$ 的关系曲线图,如图 2-18 所示。

2)回淤强度分布的经验关系式

由上述分析可知,影响外航道泥沙回淤强度的主要因素有航道的水深 h、底宽 b、航道内流速 v、航道水体的含沙量 ρ 以及泥沙特性参数 d_{50}、ω、u_μ,有些因素是随时间和航道的里程而变化的。因此,在某一时段 t_i 内航道中的回淤强度 P_i 可表示成这些变量的函数:

$$P_i = f(h \cdot b \cdot \nu_i \cdot w_i \cdot d_{50} \cdot t_i \cdot u_\mu) \tag{2-1}$$

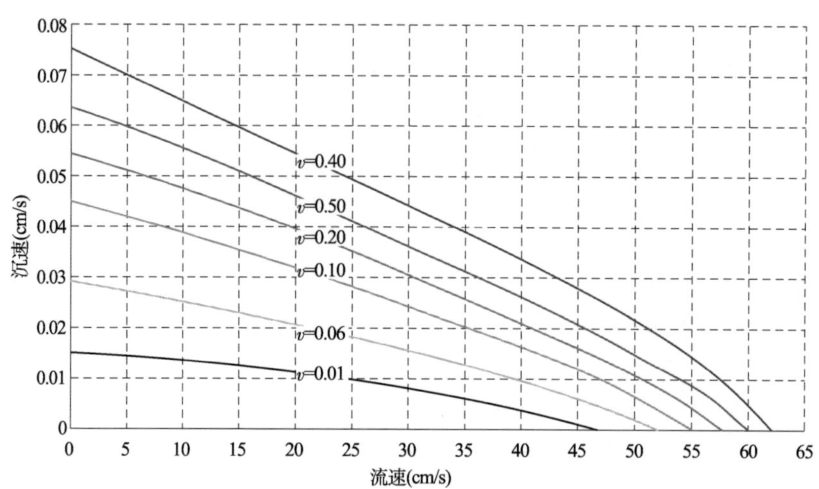

图 2-18 天津港淤泥沉速与流速、含沙量的关系曲线图

考虑到回淤强度 P_i 与 ρ_i、ω_i、t_i 和 h_1/h_2、b_1/b_2、v_i/u_μ 成正比，因而 t_i 时段内沉落到航道单位床面上的泥沙重量 G 的表达式可写成如下形式：

$$G=\alpha\omega_i\rho_i t_i\left[1-\left(\frac{h_1}{h_2}\right)^3\right]\left[1-\left(\frac{v_i}{u_\mu}\right)^b\right]\left[\frac{b_1}{b_2}\right]^c \tag{2-2}$$

将式(2-2)改换成床面上单位面积的落淤厚度(即回淤强度)，则上式改为：

$$p=\frac{G}{r_0}=\frac{\alpha\omega_i\rho_i t_i}{r_0}\left[1-\left(\frac{h_1}{h_2}\right)^3\right]\left[1-\left(\frac{\bar{v}}{u_\mu}\right)^b\right]\left[\frac{b_1}{b_2}\right]^c \tag{2-3}$$

考虑到航道淤积是双向的，即涨潮时段，水体由航道南侧通过航道过程中泥沙逐渐沉落下来的，而落潮时段，水体由航道北侧流经航道过程中泥沙逐渐沉落下来的，南、北两侧的含沙量并非相同，且涨潮历时与落潮历时也不相等，故理论上航道的回淤量应分涨、落潮段分别计算，然后求之和得出总回淤强度。则按式(2-3)，全潮的泥沙落淤强度为：

$$P=\rho\uparrow+P\downarrow=\frac{\alpha\omega\uparrow\rho\uparrow t\uparrow}{r_0}\left[1-\left(\frac{h_1}{h_2}\right)^\alpha\right]\left[1-\left(\frac{v\uparrow}{u_\mu}\right)^b\right]\left[\frac{b_1}{b_2}\right]^c+$$

$$\frac{\alpha\omega\downarrow\rho\downarrow t\downarrow}{r_0}\left[1-\left(\frac{h_1}{h_2}\right)^a\right]\left[1-\left(\frac{v\downarrow}{u_\mu}\right)^b\right]\left[\frac{b_1}{b_2}\right]^c \tag{2-4}$$

式中：“↑”表示涨潮，“↓”表示落潮。

经 2002 年 12 月天津港外航道南、北两侧含沙量纵向分布实测结果，$\rho^\uparrow$ 与 $\rho^\downarrow$ 基本相同。若航道内的流速采用涨、落潮段的流速平均值 $\bar{u}=1/2(v^\uparrow+v^\downarrow)$ 表示，则(2-4)可简化为：

$$P = \frac{\alpha\omega\rho t}{r_0}\left[1 - \left(\frac{h_1}{h_2}\right)^a\right]\left[1 - \left(\frac{\overline{u}}{u_\mu}\right)^b\right]\left(\frac{b_1}{b_2}\right)^c \qquad t = t^{\uparrow} + t^{\downarrow} \tag{2-5}$$

利用1994—2000年期间航道的实际尺度与各航段实际维护疏浚的工程土方量和有关变量的试验资料，采用待定系数法，分别确定出 $a=3$、$b=3$、$c=0.065$。即外航道的回淤强度计算经验关系式为：

$$P_{航} = \frac{\alpha\omega\rho t}{\gamma_0}\left[1 - \left(\frac{h_1}{h_2}\right)^3\right]\left[1 - \left(\frac{\overline{u}}{u_\mu}\right)^3\right]\left[\frac{b_1}{b_2}\right]^{0.065} \tag{2-6}$$

式中：$P_{航}$——年平均回淤强度(m)；

t——年历时(s)；

ρ——航道水域的平均含沙量(kg/m^3)：

h_1、h_2——航道扩建前、后的水深(m)；

b_1、b_2——航道扩建前、后的底宽(m)；

ω——回淤泥沙的沉降速度(m/s)；

u_μ——回淤泥沙的不淤速度(m/s)：

γ_0——泥沙干重度(kg/m^3)，$r_0 = 1750\exp[0.42\ln(d_{50})]$；

α——泥沙沉降概率，由水文统计理论得 $\alpha = 0.67$。

3)计算式精度的验证

要确定计算式(2-6)可靠性与计算精度，必须对其进行验证计算。为此，利用1994—1998年时期实际维护疏浚工程统计的以 $1.4t/m^3$ 计方的淤积强度进行验证计算，当时航道的水深 -12m，底宽为180m，含沙量分布资料采用表2-13的值。

首先，应用式(2-6)和相当的水文资料、航道尺度及泥沙特性值，计算得航道不同里程的回淤强度 P 值(表2-21)。

航道 $h = -12$m、$b = 180$m 的淤强计算结果 表2-21

计算点	9+0	10+0	11+0	12+0	13+0	14+0	15+0	16+0	17+0	18+0	19+0	20+0
P	2.01	2.30	2.15	2.06	1.57	1.10	0.81	0.43	0.21	0.15	0.11	0.06

然后用航道里程的实际维护疏浚量(1994—1998年的平均值)进行对比分析，得表2-22结果。

航道淤强与淤积量验证计算表 表2-22

项目 / 航段	回淤强度(m)			淤积量(万 m^3)		
	计算	实际	相对误差(%)	计算面积	计算	实际
9+0~10+0	2.15	1.97	-9.1	180×1000	38.70	35.46
10+0~11+0	2.22	2.12	-4.7	180×1000	39.96	38.16

续上表

航段 \ 项目	回淤强度(m)			淤积量(万 m^3)		
	计算	实际	相对误差(%)	计算面积	计算	实际
11 +0 ~ 12 +0	2.10	1.92	+9.3	180 × 1000	37.80	34.56
12 +0 ~ 13 +0	1.81	1.88	−3.7	180 × 1000	32.58	33.84
13 +0 ~ 14 +0	1.33	1.49	−10.7	180 × 1000	23.94	26.82
14 +0 ~ 15 +0	0.96	1.06	−9.4	180 × 1000	17.28	19.08
15 +0 ~ 16 +0	0.62	0.54	+14.8	180 × 1000	11.16	9.72
16 +0 ~ 17 +0	0.32	0.13	+146.2	180 × 1000	5.76	2.34
全航道	1.44	1.39	+3.6	180 × 1000 × 8	207	200

由验算结果可见,计算点的淤强相对误差一般小于 10%,说明本淤强计算式完全可用于航道扩建工程的预测计算。16 +0 ~ 17 +0 航段,相对误差较大,究其原因是由于实际淤强较小,船舶通航易扰动,落于泥沙重新掀动悬浮的比例较大,这部分量未计入实际维护工程量所致。实际上在 1994—1998 年的 5 年间,16 +0 ~17 +0 航段只在 1998 年进行过一次维护疏浚工程,其余 4 年均未维护。靠船舶扰动能保持通航的水深。就口门至 17 +0(17 +0 以外不作维护疏浚)需维护的外航道全程航段平均强度比较,计算值为 1.44m,实际值为 1.39m,计算值稍大(5cm),相对误差仅 3.6%。全程回淤量计算值为 207 万 m^3,实际值为 200 万 m^3,两者完全一致。

2.2.4.2　内航道淤积强度计算

内航道两侧均已成为深水港池,所以其淤积程度主要离口门的距离有关,经分析验算,可采用下式求得航道各里程上的淤积强度:

$$P_{内} = P_{口门}\left(1 - \frac{L_x}{L_o}\right)^{2.2}$$

式中:$P_{内}$——内航道计算点的年平均淤强(m);

$P_{口门}$——口门处的淤积强度(m);

L_o——口门处航道里程(m);

L_x——计算点距口门的航道里程(m)。

由外航道计算式求出口门处的淤积强度后,就能便捷地计算出内航道不同里程的回淤强度。

2.2.4.3　各吨级航道淤积强度分布与淤积量

根据上述导得的内、外航道淤积强度分布的经验关系式和实测水文泥沙资料及其室内试验得到的淤积泥沙的物理与水力特征值,对各吨级内外航道的淤强分布进行预测计算,其结果如表 2-23 所示 。

各吨级航道回淤强度分布预测表 表 2-23

航道里程	自然水深 h_0	5 万吨级 $h=12m$ $b=180m$	10 万吨级 $h=14.8m$ $b=210m$	15 万吨级 $h=17.4m$ $b=310m$	20 万吨级 $h=18m$ $b=320m$	25 万吨级 $h=19m$ $b=320m$
2 +0	—	0.08	0.09	0.09	0.09	0.10
3 +0	—	0.20	0.21	0.21	0.21	0.22
4 +0	—	0.35	0.36	0.37	0.38	0.39
5 +0	—	1.05	1.08	1.09	1.11	1.13
6 +0	—	1.52	1.56	1.58	1.60	1.64
7 +0	1.2	1.81	1.83	1.88	1.91	1.95
8 +0	1.6	1.94	1.99	2.02	2.06	2.10
9 +0	2.0	2.24	2.29	2.32	2.36	2.41
10 +0	2.7	2.14	2.16	2.20	2.24	2.28
11 +0	3.1	1.99	2.02	2.04	2.12	2.21
12 +0	3.7	1.77	1.78	1.91	1.94	2.02
13 +0	4.1	1.55	1.57	1.61	1.62	1.66
14 +0	4.4	1.13	1.16	1.17	1.17	1.22
15 +0	4.8	0.79	0.84	0.88	0.88	0.91
16 +0	5.3	0.39	0.41	0.48	0.49	0.53
17 +0	5.8	0.19	0.22	0.24	0.25	0.28
18 +0	6.3	0.10	0.12	0.12	0.13	0.15
19 +0	6.8	0.06	0.06	0.06	0.10	0.12
20 +0	7.4	0.04	0.04	0.05	0.05	0.06

根据天津港航道维护施工的实际经验,凡年淤积强度小于 10cm 的航段,无需维护疏浚,靠船舶的扰动和水流作用就能维护通航设计水深。由表 2-23 所示的年淤强分布和航道尺度,可计算出不同吨级航道年淤积量(表 2-24)。

不同吨级航道年淤积量 表 2-24

航道吨级	标准尺度			全航道	
	h(m)	b(m)	L(km)	$\overline{P}$(m)	年淤积量(万 m^3)
5 万吨	12.0	180	28.6	1.19	321
10 万吨	14.8	210	34.8	1.22	384
15 万吨	17.4	310	39.6	1.26	586
20 万吨	18.2	320	44.0	1.28	614

2.2.5 航道边坡问题的研究

2.2.5.1 概述

航道建设工程设计时,根据通航船舶确定必要的航道底面高程与底面宽度外,尚需合理确定设计边坡。边坡值取得是否合理,直接关系到建设工程费用和航道的稳定性以及维护工程数量等重要问题。如取值太缓,不仅大幅增加建设工程费用,而且还将增加建成后的维护疏浚量;取值太陡,航道不稳定,易发生塌方事故,影响船舶正常通行。为此研究边坡的取值问题,对港口建设生产都具有重要的意义。由于航道边坡的稳定性与开挖土层的土质条件、开挖深度、航道内的波、流动力条件等有关,各海域的自然条件差异很大,交通部至今尚无确定航道边坡的规范(标准),各港口航道建设工程设计时均以当地的土质条件为依据分析确定。

天津港航道的设计边坡问题,建港以来,尚未进行过较系统的研究,故 1996 年以前扩建工程设计时,一直沿用 20 世纪 50 年代的实测边坡的资料,即内航道(口门 8 +8 以内,有掩护)采用 1:5,外航道(无掩护)采用分段标准,8 +8 ~ 12 +8 段取 1:10,12 +8 ~ 17 +8 段取 1:15,17 +8 以外取 1:20。1996 年,5 万吨级航道扩建工程设计时,设计单位以挖泥施工能采用高精度的卫星定位系统为由,将外航道的设计边坡一律改为 1:5。这一改变,减少了大量的基建土方工程量,但其合理性受到专家和工程人员的质疑。所以在 2000—2002 年期间,组织有关技术力量,对天津港航道的设计边坡取值进行了研究,并获得了《天津港航道稳定边坡的观测研究》等成果,为确定设计边坡提供了科学依据。

2.2.5.2 设计边坡与自然稳定边坡

设计边坡与自然稳定边坡的概念是有差异的。如图 2-19 所示的航道设计断面,是人工开挖的水下渠道,底宽 b_0,开挖深度 h_0 是根据通航船舶吨位、尺度和自然水深条件按《规范》确定的。为使开挖断面保持稳定状态,由底向上断面宽度按一定比例逐渐增大,至海底面处宽度达 B,则航道的设计边坡 m 由下式决定:

$$m = \tan\alpha = \frac{B - b_0}{2h_0}$$

边坡 m 的意义是水深(垂向)增加一个单位时,断面一侧的宽度(水平向)增加 m 个单位。可见 m 越大,边坡越缓,开挖工程量越多。m 值的大小是设计人员根据开挖土层的地质条件等确定的。确定的基本原则是尽量使开挖土方量减少且断面保持稳定,在土体自重和波、流动力作用下各土层不发生塌方现象。

自然稳定边坡是按设计断面开挖完成后,在海洋动力和船行波的作用下,经长期

的冲刷或淤积过程后最终演变而成的稳定断面的边坡，用 m_0 表之。如图 2-20 所示是天津港航道自然稳定断面的典型代表，其边坡与设计边坡比较明显存在下列差异：

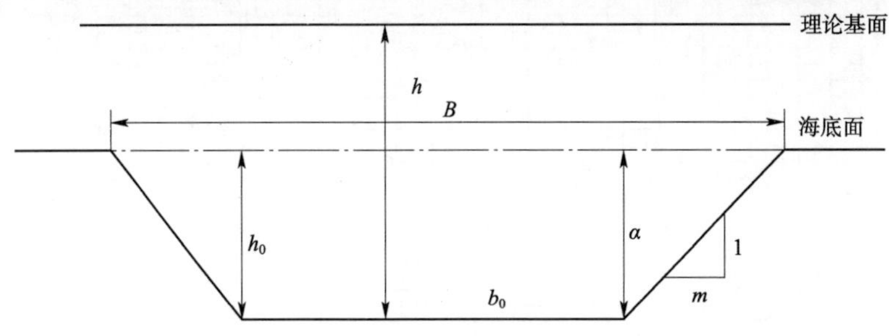

图 2-19　航道设计断面图

(1)表层(或上层)边坡明显变缓，坡脚处一般出现淤积状态。

(2)由港内向港外 m_0 值越来越大，而设计边坡只有一个边坡值。

(3)用整个断面的平均边坡比较，自然稳定边坡必缓于设计边坡。

由此可知，天津港 1996 年以前采用的由内向外逐渐变缓的航道设计边坡，实际上是参照自然稳定边坡值确定的，并非是根据土质条件确定设计边坡，所以明显存在偏缓现象。

2.2.5.3　航道稳定边坡的观测分析

天津港航道是淤积性航道，为保障港口的正常航行，及时掌握水深状况，每年每月都进行常规的水深测量，其比尺一般为 1:5000。因此，可通过这些常规水深图了解分析航道实际边坡的情况，只是测图比尺小，边坡值的统计误差较大。

为较详细了解掌握航道边坡的实际状况，2000—2002 年研究期间，按航道里程专设了 9+0、10+0、11+0、12+0、14+0、15+2、15+4、15+6、15+8、16+2、16+4、16+6、16+8、18+0、20+0、23+0、26+0 共 17 个固定断面，对航道全程边坡进行了两度对比测量，测量精度按 1:500 比例尺标准进行，测量范围延伸到南、北边滩各 100m，直到航道开挖基本不受影响的自然滩面。断面图(图 2-20)的水平比尺 1:1000，垂直比尺 1:100。此项工作由交通部天津水运工程科学研究所勘测设计院完成。

第一次测量时间为 2000 年 12 月，当时航道吨级为 5 万吨，水深 -12m，底宽 180m。这一航道尺度是 1996—1997 年期间建设完成的，到测量时已时隔 3 年，断面边坡已处于完全稳定状态，边坡上“阶梯形”开挖施工的残留形式在波、流作用下已不明显，边坡大致呈圆滑曲线，所以能较好地代表天津港航道的实际边坡状况。

N
航道中线
9+000
S
260
200
100
0(距离m)
100
200
260
深
度
(m)
2
4
6
8
10
12
14
N
航道中线
10+000
S
N
航道中线
11+000
S
N
航道中线
12+000
S
N
航道中线
14+000
S

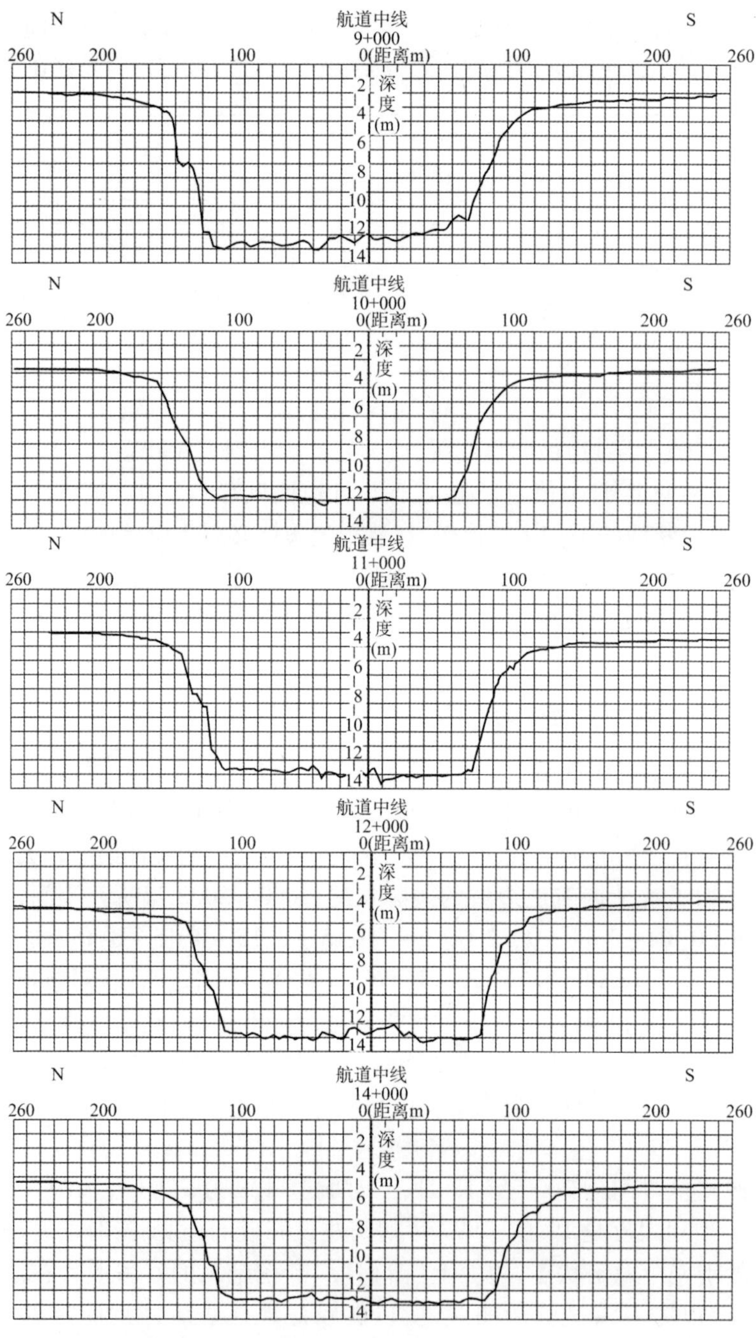

图 2-20

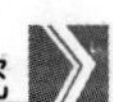

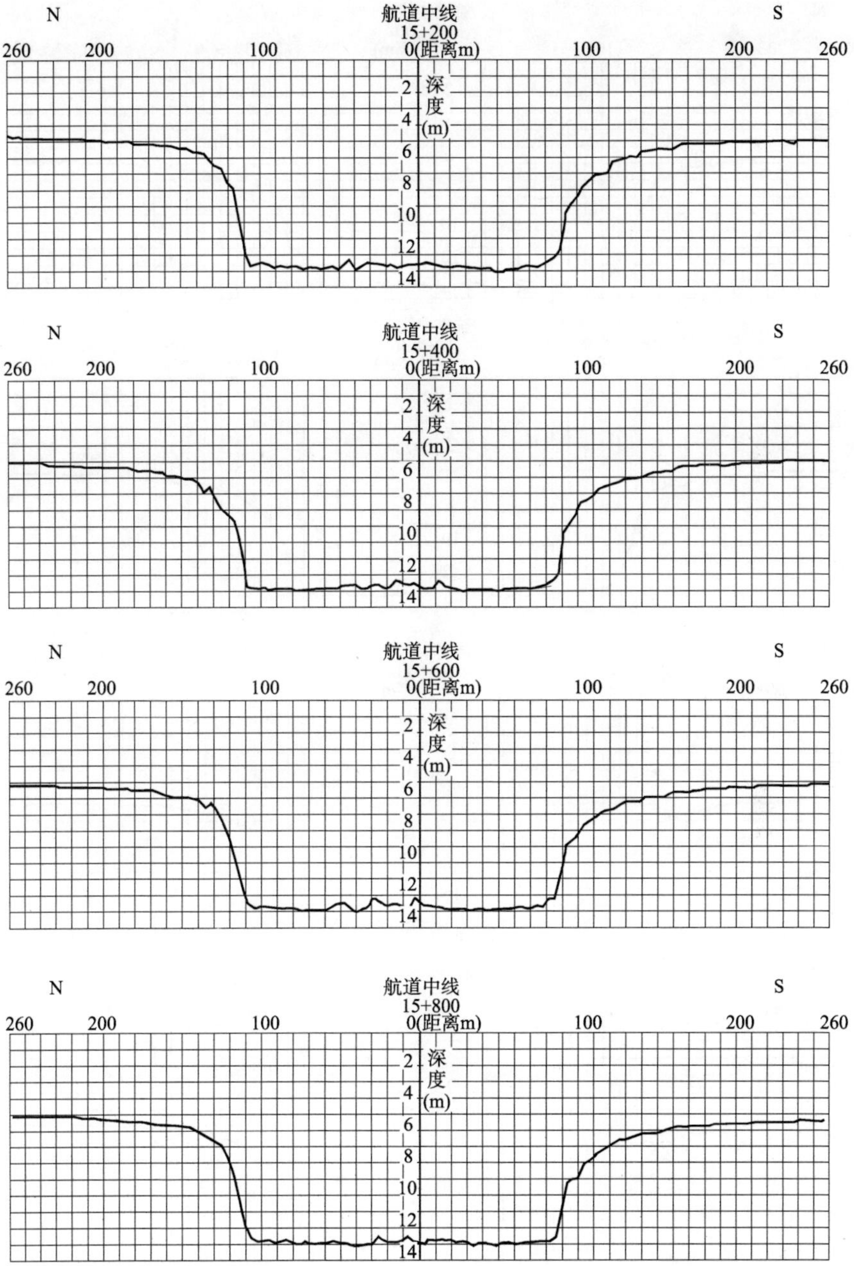
N
航道中线
15+200
0(距离m)
S
260
200
100
100
200
260
深度(m)
2
4
6
8
10
12
14
N
航道中线
15+400
0(距离m)
S
260
200
100
100
200
260
深度(m)
2
4
6
8
10
12
14
N
航道中线
15+600
0(距离m)
S
260
200
100
100
200
260
深度(m)
2
4
6
8
10
12
14
N
航道中线
15+800
0(距离m)
S
260
200
100
100
200
260
深度(m)
2
4
6
8
10
12
14

图 2-20

N
航道中线
16+200
S
260
200
100
0(距离m)
100
200
260
深
度
(m)
2
4
6
8
10
12
14
N
航道中线
16+400
S
260
200
100
0(距离m)
100
200
260
深
度
(m)
2
4
6
8
10
12
14
N
航道中线
16+600
S
260
200
100
0(距离m)
100
200
260
深
度
(m)
2
4
6
8
10
12
14
N
航道中线
16+800
S
260
200
100
0(距离m)
100
200
260
深
度
(m)
2
4
6
8
10
12
14

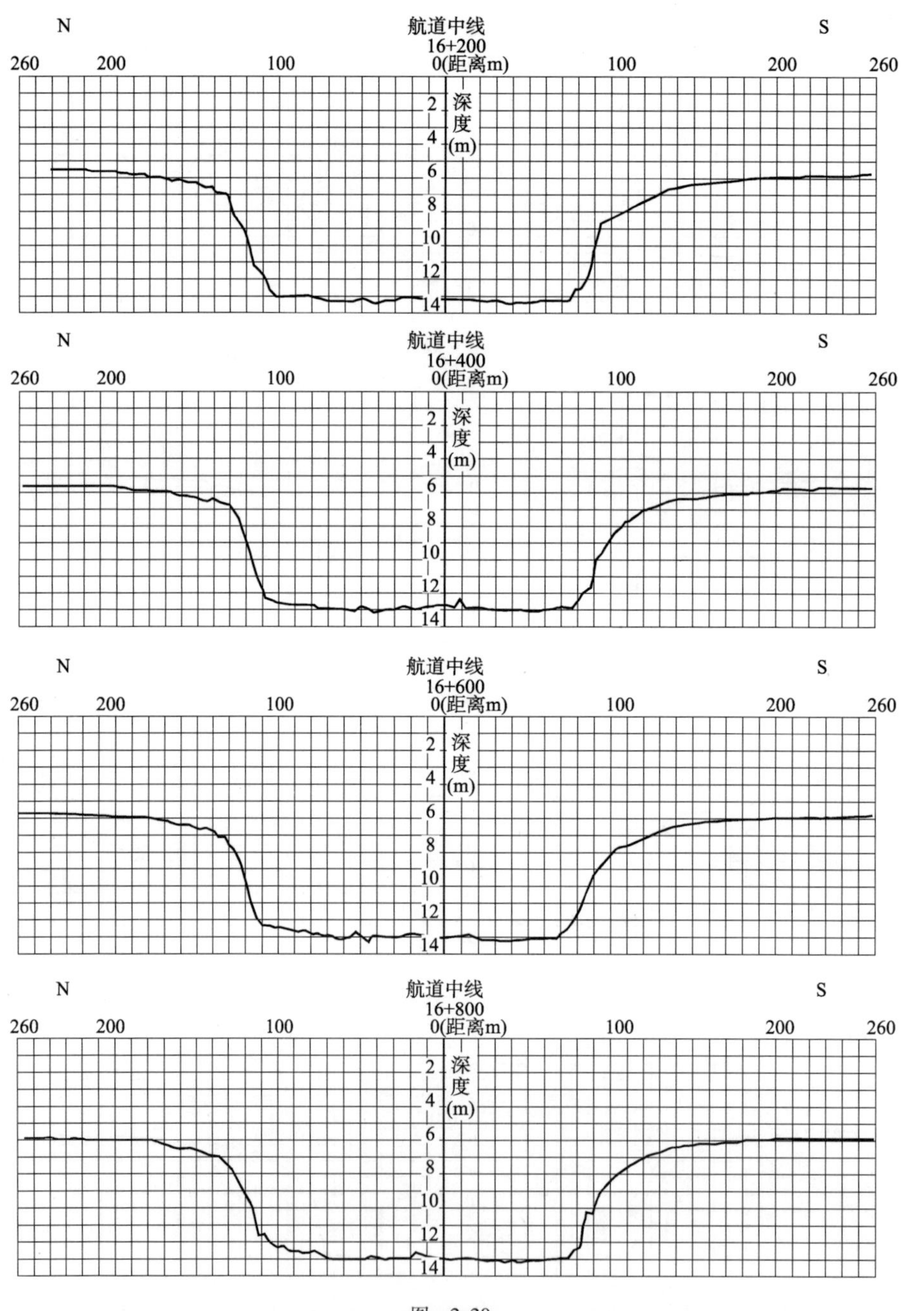

图 2-20

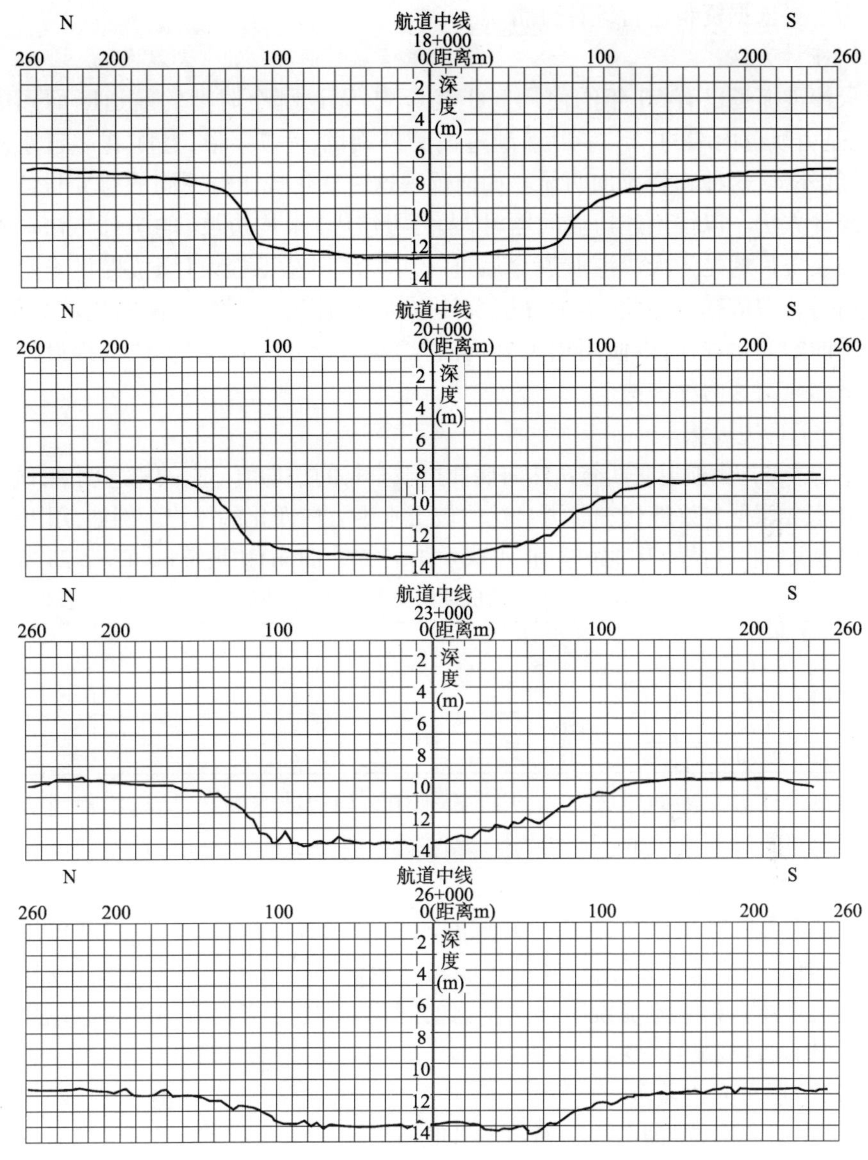

图 2-20 航道稳定断面图

第二次测量时间为 2002 年 6 月。断面形态与第一次测量结果大致相同,但因本次测量时 10 万吨级(水深 -14.8m、底宽 210m)开挖工程刚刚完成,航道底面凹凸不平,边坡上明显存在《阶梯形》施工残留形式,个别处还存在倒坡现象,边坡线呈折线状,因此,用其代表天津港航道自然稳定边坡值精度较差,故以第一次测量成果为主要依据资料进行统计分析。

1)统计方法

天津港航道已有50年的使用与扩建历史,无论哪个时期的航道断面图的形态,总是由航道内端的"U"字形逐渐过渡到外端的"一"字形,且随着航道水深增加,长度外延,这种趋势更加明显。如何反映这一变化规律?不同的研究目的有不同的统计方法。以往论述边坡问题时,人们习惯用"平均边坡"的统计方法。本次研究的主要目的是为天津港航道今后进一步增深拓宽工程设计时,提供确定设计边坡值的合理依据。为此,采用分层统计方法,统计出各开挖层面的边坡数值,分析其垂向的变化规律,以便用相关分析法,建立回归方程式,供扩建工程设计时使用。下面介绍这两种方法。

(1)平均边坡法。

平均边坡即由航道底面至自然海底面边坡全长的平均值。它的概念明确,统计方法简单,其结果能较好地代表航道自然边坡沿水平方向变化的规律。例如,用1996年初航道测深资料统计的万吨级航道(水深-11m、底宽150m)边坡资料如表2-25所示。

天津港万吨级航道的实测平均边坡值　　表2-25

航道里程	南边坡	北边坡	平　均
8+0~9+0	1:6.5	1:5.1	1:6
9+0~15+4	1:8.7	1:10.5	1:10
15+4~20+0	1:19.9	1:18.9	1:19
20+0~27+0	1:20	1:24.6	1:22

以往论述天津港的边坡问题,几乎都采用平均边坡的概念,所以沿航道纵向边坡的变化总是逐渐变缓的。此外,南、北两侧边坡值虽稍有差别,其纵向变化的规律是一致的。

天津港万吨级航道是1984年建成的,至1996年测量时已有10余年的维护使用历史,航道边坡已十分稳定,其结果能较好地说明边坡由内向外的变化规律(即平面变化规律),但它不能说明垂向变化的规律,因此平均边坡的概念难以用于航道增深时的边坡取值问题。

(2)分层单元边坡法。

"分层单元边坡"即由海底面向下沿航道断面垂向分成若干单元,然后统计出各单元的边坡值。这种统计法是海底面作为起始面,全航道不同断面起始高程不同,但相同单元处于相同开挖层次,若全线航道土质条件相似,则可直接说明航道不同开挖层次的边坡变化规律,从而可预测倾斜海底面航道开挖不同层面边坡取值标准。如表2-26、表2-27所示分别是5万吨(2000年12月)和10万吨级(2002年6月)航道实测断面图以每米为单元的统计结果。

天津港5万吨级航道(不同开挖层次)实测边坡统计表

表2-26

里程	9+0		10+0		11+0		12+0		14+0		15+0		16+0		18+0		20+0		23+0		26+0	
层次 \ 边坡	m_S	m_N	m_S	m_N	m_S	m_N	m_S	m_N	m_S	m_N	m_S	m_N	m_S	m_N	m_S	m_N	m_S	m_N	m_S	m_N	m_S	m_N
1	1:120	1:114	1:126	1:116	1:132	1:117	1:125	1:117	1:118	1:113	1:116	1:112	1:126	1:110	1:104	1:102	1:117	1:114	1:122	1:145	1:138	1:141
2	1:18	1:10	1:13	1:5	1:12	1:10	1:14	1:4	1:11	1:17	1:22	1:14	1:18	1:134	1:39	1:25	1:20	1:14	1:21	1:15	1:32	1:31
3	1:8	1:2	1:8	1:4	1:10	1:3	1:12	1:2	1:12	1:4	1:9	1:5	1:11	1:5	1:14	1:10	1:17	1:7	1:30	1:8		
4	1:6	1:2	1:5	1:4	1:4	1:3	1:4	1:4	1:5	1:6	1:10	1:3	1:5	1:5	1:6	1:4	1:15	1:5				
5	1:4	1:3	1:3	1:6	1:4	1:8	1:4	1:3	1:6	1:2	1:3	1:2	1:6	1:3	1:11	1:8						
6	1:5	1:11	1:3	1:5	1:3	1:5	1:3	1:6	1:3	1:5	1:2	1:3	1:2	1:9								
7	1:5	1:2	1:3	1:4	1:3	1:1	1:3	1:4	1:2	1:3	1:2	1:3										
8	1:3	1:1	1:4	1:4	1:3	1:1	1:3	1:4	1:8	1:5												
9	1:11	1:1	1:7	1:10	1:3	1:6	1:2															
10		1:5																				
11																						

注：m_S-南边坡；m_N-北边坡。

天津港 **10** 万吨级航道(不同开挖层次)实测边坡统计表

表 2-27

里程 / 边坡 / 层次	9 +0		10 +0		11 +0		12 +0		14 +0		15 +0		16 +0		18 +0		20 +0		23 +0		26 +0	
	m_S	m_N	m_S	m_N	m_S	m_N	m_S	m_N	m_S	m_N	m_S	m_N	m_S	m_N	m_S	m_N	m_S	m_N	m_S	m_N	m_S	m_N
1	1:117	1:126	1:118	1:96	1:144	1:137	1:115	1:131	1:130	1:145	1:110	1:118	1:110	1:121	1:132	1:102	1:130	1:116	1:128	1:140	1:135	1:142
2	1:117	1:11	1:6	1:6	1:3	1:2	1:4	1:2	1:10	1:5	1:8	1:17	1:18	1:17	1:47	1:31	1:19	1:14	1:13	1:8	1:25	1:20
3	1:8	1:10	1:1	1:9	1:10	1:7	1:4	1:2	1:9	1:4	1:14	1:4	1:7	1:2	1:6	1:4	1:2	1:2	1:2	1:5	1:5	1:2
4	1:2	1:4	1:1	1:2	1:3	1:3	1:5	1:24	1:2	1:9	1:7	1:1	1:5	1:1	1:7	1:3	1:2	1:2	1:2	1:7	1:7	1:2
5	1:2	1:2	1:1	1:2	1:4	1:12	1:6	1:1	1:2	1:3	1:6	1:1	1:2	1:15	1:2	1:5	1:4	1:7	1:2	1:10	1:13	1:2
6	1:3	1:2	1:1	1:2	1:8	1:4	1:3	1:1	1:14	1:2	1:6	1:12	1:5	1:1	1:3	1:4	1:13	1:10	1:3	1:6		
7	1:1	1:2	1:1	1:3	1:3	1:2	1:1	1:1	1:10	1:8	1:10	1:2	1:12	1:1	1:8	1:13	1:17	1:5				
8	1:8	1:6	1:31	1:7	1:3	1:8	1:1	1:9	1:4	1:5	1:5	1:3	1:2	1:20	1:3	1:2						
9	1:2	1:7	1:3	1:9	1:14	1:2	1:6	1:2	1:2	1:3	1:3	1:4	1:3									
10	1:2	1:5	1:5	1:6	1:5	1:2	1:10	1:4	1:1	1:21	1:1	1:2										
11	1:2	1:3	1:5	1:2	1:2	1:2	1:2	1:9	1:10	1:3												
12	1:2	1:3	1:4	1:11	1:7	1:3																
13	1:2	1:2																				

注：m_S-南边坡；m_N-北边坡。

2)外航道垂向边坡变化的基本规律

由表 2-26、表 2-27 分层边坡资料可知,虽然受开挖方式的残留形式和断面底角处回淤、维护工程的影响,局部层次的边坡值有不合理现象外,总的来说,随着航道开挖层次的递增,其边坡变陡的趋势十分明显,这必然有其自身的规律。考虑到 2000 年 12 月测量资料是经过三年的自然演变过程,边坡处于稳定状况,代表性较好,所以以其作为主要依据进行分析。

为分析外航道边坡值随开挖深度的变化规律,将航道纵向各断面的同一开挖层次的实测边坡进行归类统计,各开挖层次的边坡值如表 2-28 所示。

各断面同一开挖层次的平均边坡值统计表 表 2-28

开挖层次	9 +0	10 +0	11 +0	12 +0	14 +0	15 +8	16 +8	18 +0	20 +0	23 +0	26 +0	平均
△ =1m	117	121	125	121	115	114	118	103	115	68	—	112
△ =2m	14	9	11	9	14	18	16	32	17	18	31	17
△ =3m	5	6	7	6	8	7	8	12	12	24	—	10
△ =4m	4	4	4	4	6	5	5	5	10	—	—	5
△ =5m	4	4	4	4	4	3	4	—	—	—	—	4
△ =6m	5	4	4	4	4	3	—	—	—	—	—	4
△ =7m	4	3	2	3	3	3	—	—	—	—	—	3
△ =8m	2	4	2	3	—	—	—	—	—	—	—	3

由表 2-28 结果可知,不同开挖层次的实际边坡变化规律已十分清楚,则由海底面向下,开挖层次越深,边坡越陡,开挖层次越浅,边坡越缓。从断面所在处的自然海底起算,每层开挖厚度为 1m,基本等距分布的 11 个观测断面相同开挖层次的平均边坡值为:

第一层次(1m 层) 平均边坡 1:112

第二层次(2m 层) 平均边坡 1:17

第三层次(3m 层) 平均边坡 1:10

第四层次(4m 层) 平均边坡 1:5

第五、六层次(5 ~6m 层) 平均边坡 1:4

第七、八层次(7 ~8m 层) 平均边坡 1:3

由上述变化规律,通过相关分析,得出回归方程式:

$$\overline{m} = \frac{22.68}{\Delta h_i}$$

式中:$\overline{m}$——不同开挖层次的平均边坡;

Δh_i——以米为单位的开挖层次数。

若用于外航道扩建工程的设计边坡计算,上式可改写成:

$$m = \frac{22.68}{h_i - h_0}$$

式中:h_0——海底面自然水深;

h_i——航道设计水深。

3)稳定边坡形成原因的分析

航道稳定边坡的形成是由多种因素作用的结果,开挖土层的土质条件、航道内的波、流动力条件以及断面实际开挖结果与维护工程的实施状况等均对最终形成的稳定边坡值有较大的影响。

(1)土质条件是形成航道边坡的关键因素。

天津港航道试挖于20世纪40年代,50年代以后,经6次扩建,建设成目前的15万吨级通航标准,外航道最大的开挖土层已达15m以上。要研究分析土质条件对航道边坡的影响,必须了解已挖除土层的土质状况。为此,利用中海石油渤海公司1996年《天津港航道修边及扩建工程土质调查的报告》中南、北边线上的9+0~27+0km钻探资料加以说明(图2-21、图2-22)。

由图2-21、图2-22可知,天津港主航道土层(包括已开挖了一部分)大致可以分为四个层次:

第一层,淤泥,褐灰色,呈流塑状,土质较均匀,夹有黑色的有机质和少量云母,层厚2.0~6.0m,分布高程-12.6~-4.0m。

第二层,淤泥质粘土层,褐灰色,呈软塑状,夹有沙团、贝壳和云母,层厚1.0~4.0m,分布高程一般为-16.0~-10.0m。

第三层,亚粘土层,灰色,呈软塑—可塑状,土质不均匀,砂、粘土混杂,夹有云母和大量贝壳,层厚2.6~3.5m,分布面积在-16.5~12.6m。

第四层,亚砂土粉砂层,全层未穿透,土质呈灰黄色,较松散,层顶高程在-14m以下。

各层次的土性指标如表2-29、表2-30所示。

由表中的各项土性指标的平均值看出,随着开挖深度的增加,土体的天然含水率、孔隙比、塑性指数、液性指数、压缩系数等逐渐变小,天然重度、内摩擦角、压缩模量等逐步增大。如图2-23、图2-24所示分别为航道南、北边滩线上土性指标随土层深度变化的规律,它表明土层越深、土体越硬,荷载强度越大。航道稳定边坡是只与土层深度有关的单一正比函数。由此充分说明,开挖土层的土质条件,是形成航道稳定边坡的最关键因素。

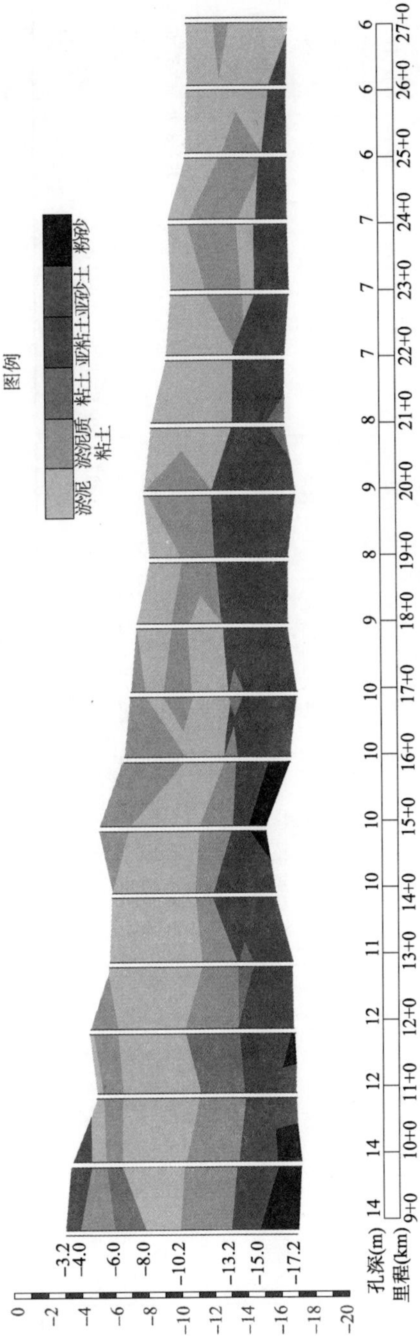

图 2-21 航道南线土质分布图

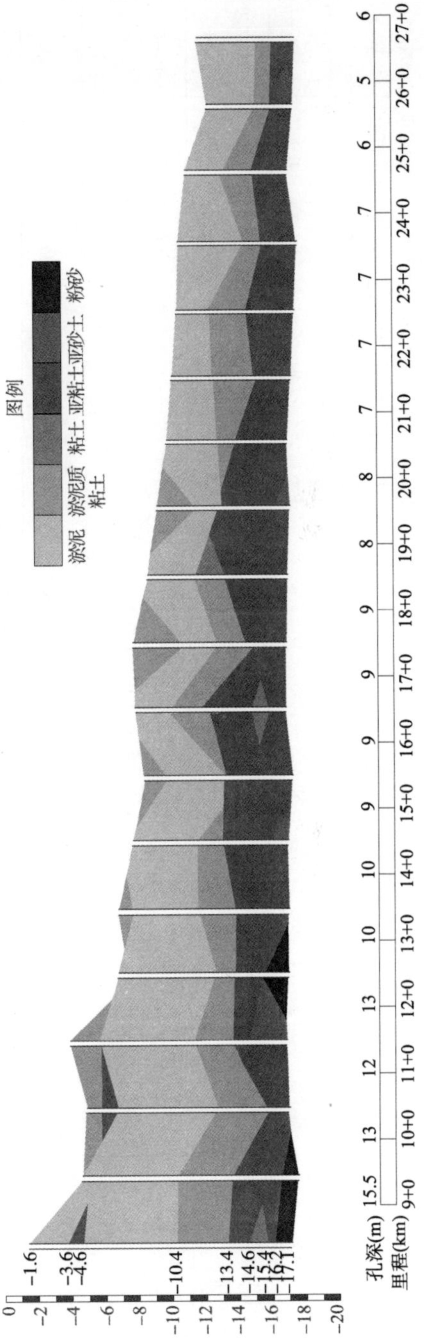

图 2-22 航道南线剖面图

航道南线土性主要指标试验值 表 2-29

层次	土名	层厚（m）	层顶高程（m）	天然含水率 W(%)	天然重度 r(kN/m^3)	孔隙比 e	塑土指数 I_p	液性指数 I_r	粘聚力 C(kPa)	内摩擦角 P(°)	压缩系数 a_{1-2}(MPa^{-1})	压缩模量 E_s(MPa)	附着力 F(kPa)
1	淤泥	2.0～5.8	-6.0～ 11.2	51.1～80.8 62.8	15.5～17.1 16.4	1.45～2.25 1.74	18.1～33.3 24.5	1.01～2.18 1.48	1.9～17.5 9.6	1.7～6.9 3.9	1.01～1.85 1.38	1.59～2.39 1.99	4.31～7.11 5.97
2	淤泥质粘土	1.0～4.0	-10.7～ 14.2	36.6～64.9 46.6	16.4～18.6 17.6	1.0～1.48 1.27	13.7～24.9 19.9	0.89～1.52 1.20	5.0～22.0 14.9	1.8～8.0 5.0	0.75～1.28 0.97	1.88～2.84 2.38	4.28～7.0 6.61
3	亚粘土	2.0～3.5	-12.2～ 16.5	19.7～39.6 29.5	17.8～20.3 19.1	0.61～1.19 0.85	6.7～16.7 11.6	0.61～1.62 1.16	7.0～13.5 10.5	6.8～16.7 11.5	0.14～0.65 0.41	3.04～11.6 5.4	3.45～6.04 5.08
4	亚砂土 粉砂	未穿透	-14.3～ 17.0	21.1～27.7 23.7	19.4～20.4 20.0	0.59～0.78 0.66	4.1～10.1 5.8	0.23～1.12 0.66	17.0～31.0 24	32.8～35.7 34.3	0.13～0.14 0.135	11.2～13.0 12.2	21.1～27.7 23.7

航道北线土性主要指标试验值 表 2-30

层次	土名	层厚（m）	层顶高程（m）	天然含水率 W(%)	天然重度 r(kN/m^3)	孔隙比 e	塑土指数 I_p	液性指数 I_r	粘聚力 C(kPa)	内摩擦角 P(°)	压缩系数 a_{1-2}(MPa^{-1})	压缩模量 E_s(MPa)	附着力 F(kPa)
1	淤泥	2.0～6.5	-4.3～ 12.3	52.8～83.7 63.2	15.0～17.3 16.2	1.50～2.38 1.72	17.3～28.7 24.9	17.3～28.7 24.9	5.0～15.5 11.8	1.1～6.8 3.4	1.02～2.05 1.39	1.37～2.33 1.55	4.31～7.11 5.97
2	淤泥质粘土	1.0～3.0	-10.0～ 15.8	36.1～50.8 45.3	16.5～18.5 17.7	1.02～1.47 1.25	13.0～24.1 18.7	1.0～1.65 1.25	8.0～18.0 12.8	1.0～7.9 4..87	0.78～1.48 0.99	1.69～2.69 2.33	4.28～7.0 6.61
3	亚粘土	1.8～3.5	-12.0～ 16.5	19.7～38.9 31.4	17.1～20.2 19.0	0.66～1.07 0.88	9.8～16.8 12.4	0.47～1657 1.12	11.0～34..0 16.6	3.43～27.9 9.7	0.19～0.78 0.36	2.27～8.76 3.86	3.45～6.04 5.08
4	亚砂土 粉砂	未穿透	-13.2～ 17.0	19.7～27.2 23.6	18.1～21.1 19.9	0.53～0.79 0.67	4.01～7.01 5.70	0.23～1.25 0.72	10.0～17.0 12.7	26.8～32.8 29.6	0.09～0.16 0.14	9.71～18.1 12.4	—

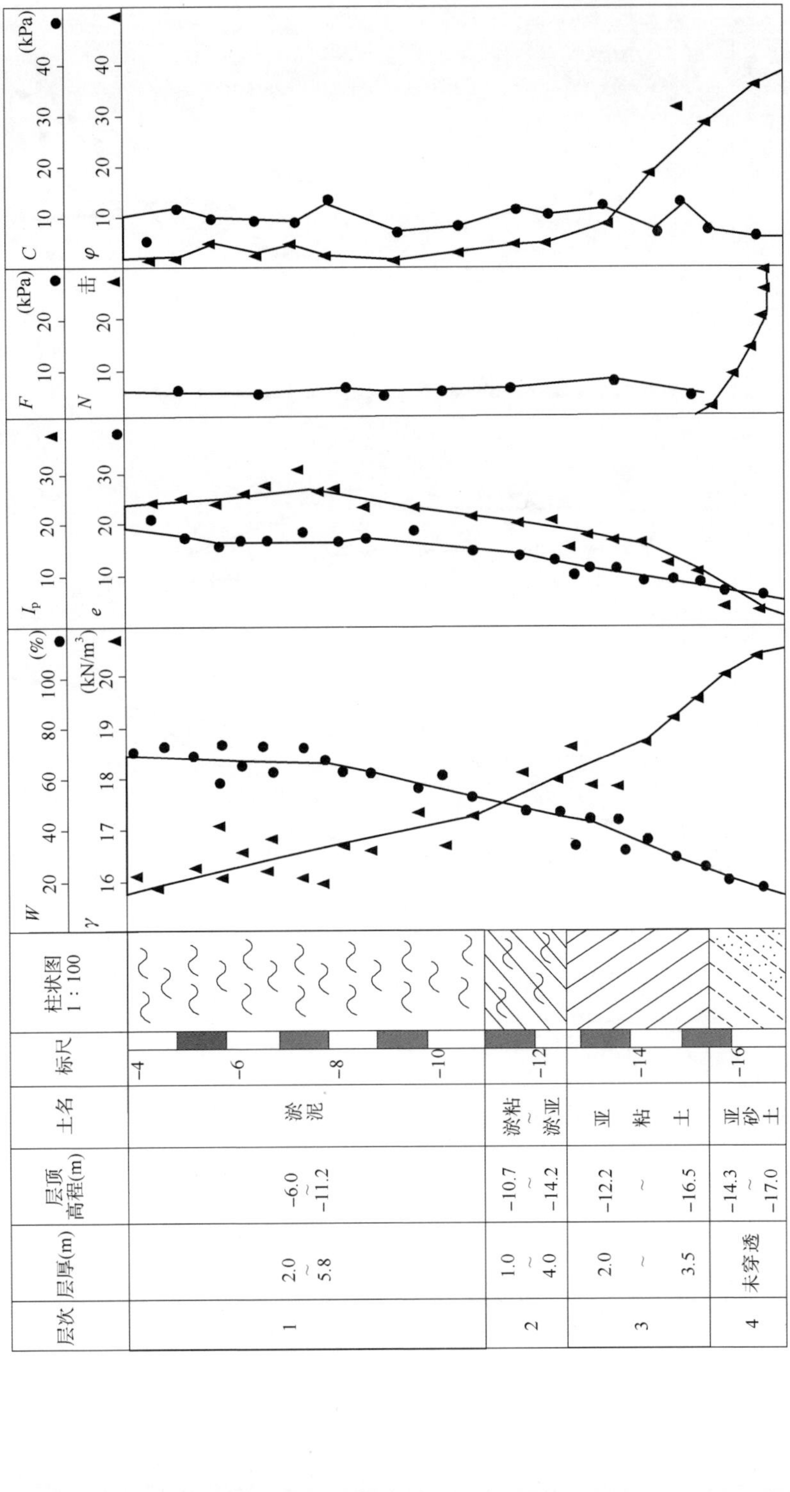
层次
层厚(m)
层顶高程(m)
土名
标尺
柱状图 1∶100
1
2.0 ~ 5.8
-6.0 ~ -11.2
淤泥
2
1.0 ~ 4.0
-10.7 ~ -14.2
淤粘 ~ 淤亚
3
2.0 ~ 3.5
-12.2 ~ -16.5
亚粘土
4
未穿透
-14.3 ~ -17.0
亚砂土
W (%)
γ (kN/m³)
I_p
e
F (kPa)
N 击
C (kPa)
φ

w-含水率；I_p-塑性指数；F-附着力；C-粘聚力；γ-天然重度；e-孔隙比；N-标准贯入击数；φ-内摩擦角

图 2-23 航道南线综合柱状图

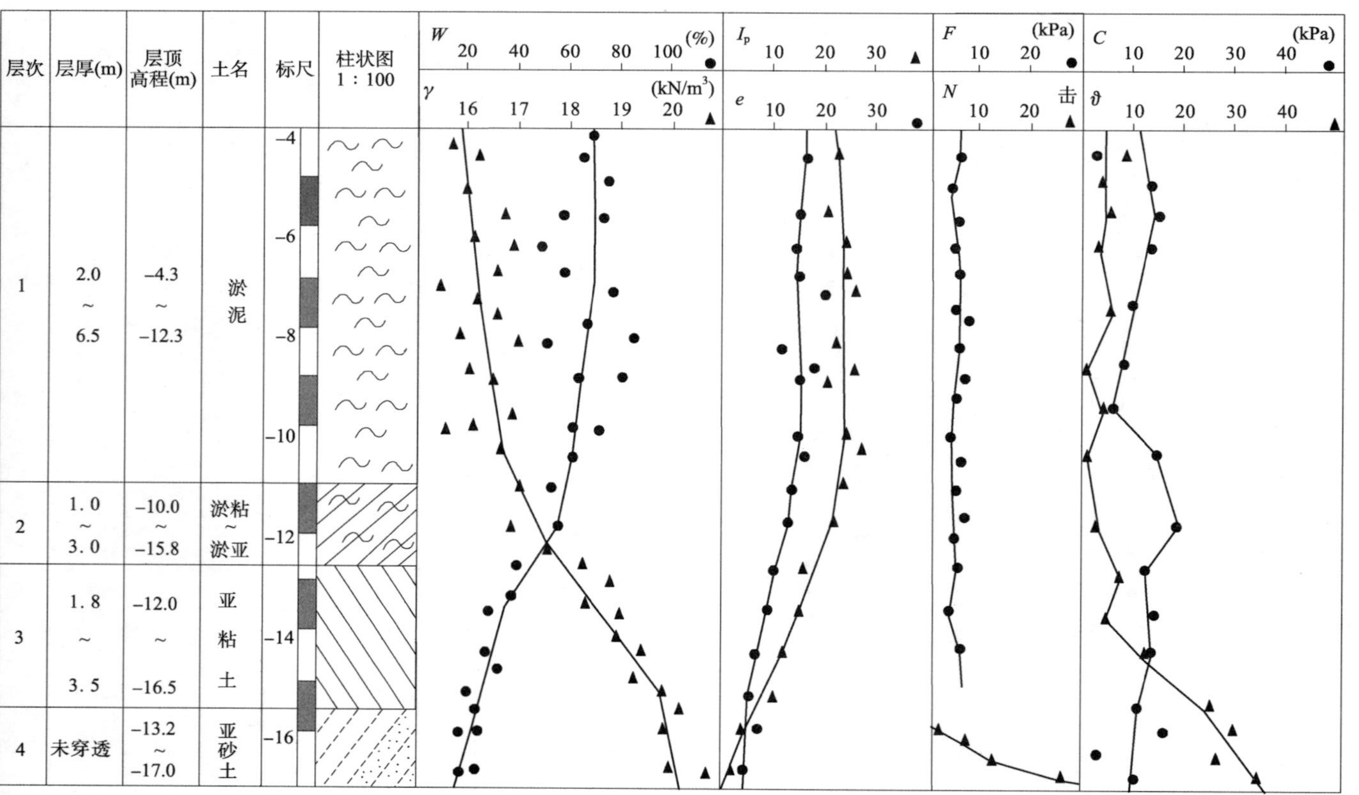

w-含水率；I_p-塑性指数；F-附着力；C-粘聚力；γ-天然重度；e-孔隙比；N-标准贯入击数；φ-内摩擦角

图 2-24 航道北线综合柱状图

(2)波、流动力对航道表层边坡影响明显。

①航道内波、流动力分布状况。

天津港航道所处海域属于潮流中等、波浪一般的海域。挖深以后,航道内的波、流动力进一步减弱。以下用实测资料作具体说明。

a. 潮流。

据1995年7月沿航道纵向5条垂线潮流观测结果,如表2-31所示。

航道纵向实测流速、流向表 表2-31

测站(位置)	平均流速(m/s)		最大流速(m/s)		平均流向(°)	
	涨潮	落潮	涨潮	落潮	涨潮	落潮
5号(8+8)	0.24	0.21	—	—	302	132
4号(11+7)	0.15	0.13	0.46	0.19	294	108
3号(13+6)	0.16	0.14	0.41	0.33	301	104
2号(15+4)	0.20	0.19	0.29	0.39	314	119
1号(17+0)	0.22	0.20	0.46	0.45	293	123

可见,外航道的涨潮潮段平均流速变化范围为0.15~0.22m/s,落潮潮段平均流速变化范围为0.13~0.19m/s,涨潮动力稍大于落潮动力,最大流速也不足0.5m/s,说明水流动力条件不强,且涨、落潮流向夹角在15°范围以内,基本属往复流动。

b. 波浪。

据1983—1984年灯塔站波浪观测资料统计,各级波高出现的次数与频率如表2-32所示。

灯塔测波站实测波况表 表2-32

波级(级)	波高(m)	次数(次)	频率(%)
0~2	$H<0.5$	508	52
3	$0.5\leqslant H<0.1$	430	44
4	$0.5\leqslant H<2.0$	38	4
5	$H\geqslant2.0$	0	0

灯塔站位置在航道里程24+0,水深为-10.0m,实测波高小于2.0m,波浪向内传播过程中,由于能量的损耗,波高还将进一步降低。

以上资料说明,天津港航道内的波、流动力条件都不强。

②波、流动力垂向分布的规律。

a. 潮流。

众所周知,由于受海底摩擦力的影响,潮流的垂向分布总是由表向底逐渐减小,这是水流垂向分布的最基本规律。但是不同海区或同一海区水深等条件的差异,由表向底递减的趋势是不同的。根据1996年12月(大潮)和1997年2月(小潮)4条垂线的实测资料分析,得到了天津港自然海域潮流衰减过程,如表2-33、表2-34所示。

天津港自然海域涨潮分层流速与垂线平均流速比值(单位:m/s)　表2-33

测站	水深(m)	大潮型			小潮型			平均		
		表	中	底	表	中	底	表	中	底
9601	7.4	1.11	0.93	0.93	1.47	0.90	0.65	1.29	0.93	0.79
9602	10.3	1.25	0.94	0.79	1.30	0.95	0.77	1.28	0.94	0.78
9603	15.4	1.16	1.02	0.81	1.10	1.06	0.85	1.13	1.06	0.83
9604	19.5	1.18	1.06	0.76	1.11	1.00	0.88	1.14	1.03	0.82
平均	13.1	1.18	0.99	0.82	1.24	0.98	0.79	1.21	0.99	0.81

天津港自然海域落潮分层流速与垂线平均流速比值(单位:m/s)　表2-34

测站	水深(m)	大潮型			小潮型			平均		
		表	中	底	表	中	底	表	中	底
9601	7.4	1.43	0.85	0.70	1.52	0.91	0.56	1.47	0.88	0.63
9602	10.3	1.40	0.90	0.71	1.26	1.02	0.73	1.33	0.96	0.72
9603	15.4	1.29	1.01	0.69	1.13	1.01	0.86	1.21	1.01	0.77
9604	19.5	1.20	1.03	0.76	1.16	0.97	0.87	1.18	1.00	0.81
平均	13.1	1.33	0.95	0.71	1.27	0.98	0.92	1.30	0.96	0.76

分析表2-33、表2-34的资料,可以得出:

各垂线无论是大潮型还是小潮型,无论是涨潮还是落潮,由表向底,流速分布均明显呈减弱趋势。这种减弱趋势,小潮型比大潮型快,落潮比涨潮快,说明流速越小,由表向底减弱趋势越明显。

航道开挖后,由于人工扩大过水断面面积,根据水流连续方程,其流速必然降低,因此,依据以上结果,航道内的潮流动力条件由表向底呈迅速递减趋势,由此可以得出潮流对航道边坡的作用主要限于上层边坡的结论。

b. 波浪。

波浪运动是水质点做周期性的一种运动。按微幅波理论,在水面其运动轨迹圆半径 $r=H/2$(H 为波高),随着水深的增加轨迹圆半径 r 按下式呈对数规律迅速递减:

$$r=\frac{H}{2}\mathrm{e}^{-\frac{2\pi Z}{L}}$$

式中:Z——水面起算的水深;

L——波长。

可见,当水深 $Z=L/2$ 处,水质点轨迹圆半径 r 只有水面处波浪水质点轨迹圆

半径的 1/23；当水深 $Z = L$ 时，r 仅为表面水质点轨迹圆半径的 1/535。

因为波高 $H = 2r$，换言之，水深 $Z = L/2r$ 处的波高为水表面波高的 1/23，水深 $Z = L$ 处的波高仅为水表面波高的 1/535。

当水深有限时，波浪运动受水底边界条件的影响，水质点运动轨迹成为椭圆形，椭圆的短轴为波高。随着水深的增加，水质点运动的轨迹椭圆越趋扁平，至底面边界处，轨迹椭圆线为一直线，水质点只作水平方向（长轴方向）的往复运动。

以上说明，随着水深的增加波高衰弱的趋势十分迅速，至底面、波动水质点只作水平方向的往复运动。由此可以断定，波浪对航道边坡的作用也主要限于表层边坡。

③波、流动力对航道边坡的影响。

波、流动力对航道边坡的影响范围与程度，可从下列诸方面论证分析。

a. 从实测边坡统计结果分析。

5 万吨级航道和 10 万吨级航道实测边坡统计结果（表 2-26、表 2-27），边坡随水深的变化，只有开挖的第一、二层次偏离相关曲线较大，尤其是第一层次，平均边坡达 1∶112，形成极缓边坡，且所有实测断面边坡值均超过 1∶100。无疑，这种极缓边坡状态的完成是由波、流动力作用的结果。

b. 最缓边坡断面位置不断向外延伸的特征分析。

随着天津港航道水深从开港初的 -6.5m 增至目前的 -17.4m，其航道长度也由 18.5km 延伸到 39.6km，累计向外延长了 21km。由不同时期实测航道水深图统计平均边坡的结果发现，最缓边坡总是出现在航道最外断面。例如 5000 吨级航道的最缓边坡断面为 18 +5，万吨级航道最缓边坡延伸到 27 +0，5 万吨级航道的最缓边坡又外移至 28 +6 处，10 万吨级航道的最缓边坡继续向外延伸到 34 +8。这一结果，一方面说明开挖深度越浅，形成的航道边坡越缓，另一方面也说明波流对航道断面的作用主要体现在表层边坡。

c. 从航道水深图的等深线平面形状分析。

由各时期的实测航道水深图可见，同一等深线的宽度总是由内向外逐渐增宽。例如 1997 年 8 月实测的外航道水深图，其 -10m 等深线宽度的增加趋势为：

航道里程（km）	10 +0	14 +0	18 +0	22 +0	25 +0
-10m 等深线宽度（m）	155	160	180	240	380

越向外，等深线的放宽率越大，明显呈喇叭状。这一现象实际上也表明，越向外，航道边坡越缓的事实。曾有人疑惑，越向外，水深越深，根据波、流垂向分布的规律，波、流动力对航道边坡的作用应该越弱，为什么反而形成边坡越缓的结果？究其原因，其实质就是越向外，自然水深越深，航道的开挖深度越小，因波、流动力对航道边坡的作用主要限于表层边坡，因此，对开挖深度较小的断面而言，波、流对

航道边坡的相对作用就越大,所以形成平均边坡越缓的必然结果。

此外,越向外海,自然潮流的流向与航道轴线的夹角越大,则水流归槽(进入人工开挖航道)的角度也就越大,增强了水流的冲刷能力,亦为越向外航道边坡越缓的原因之一。

2.2.5.4 合理设计边坡取值的建议

通过以上航道实测边坡的观测与水平方向、垂直方向变化规律的分析,对天津港航道今后扩建工程设计边坡的取值提出如下建议意见:

(1)天津港1996年以前外航道扩建工程采用的设计边坡:口门至12+8取1:10、12+8~17+8取1:15、17+8以外取1:20实际是航道自然稳定边坡沿航道纵向(平面)分布值。它是经海洋动力长期作用演变的最终结果,以其作为设计边坡值是不合适的,明显存在边坡偏缓的现象。

(2)航道的设计边坡应以航道开挖后边滩土体是否发生塌落现象为标准。而土体是否塌落的判别方法可采用圆弧滑动法计算各开挖层面土体内部所受的应力状态是否达到土体抗剪强度为标准。各开挖土层所受的切应力均小于土体抗剪强度,则边坡是稳定的。

(3)根据实际航道边坡垂向分布规律和波、流动力主要作用于开挖土层的表层等结论,今后天津港航道扩建工程边坡取值可用 $m=22.68(h_i-h_0)^{-1}$ 计算式计算(h_0-计算断面的自然水深,h_i-设计水深),求出各代表断面的 m 值,然后考虑施工方便,对不同航道段采用代表值,沿航道纵向采用变边坡的设计方法。如15万吨航道二期加深工程断面的设计边坡,可按航道里程实施下列设计边坡标准:

口门~13+0　　$m=1:2$

13+0~19+0　　$m=1:3$

19+0~24+0　　$m=1:4$

24+0以外　　$m=1:5$

(4)若采用更为简单而又合理的设计边坡取值方法,建议天津港航道取值标准为:$h_i-h_0\geqslant 5$m,m 取1:4或1:3;$h_i-h_0<5$m,m 取1:5。

2.2.6 强淤现象的基本规律

强淤现象是指某一时期内港口发生比正常情况下明显增大的泥沙回淤现象。发生强淤现象后,港口的水深若按目前使用的高频回声仪所测水深,则普遍达不到设计水深的标准,进行维护疏浚工程的效率又极低。因此,强淤现象对港口的生产造成极坏的影响,应研究其规律,尽量减少对港口生产造成的损失。

大,达 33cm,泊位处强淤厚度比港池更明显,北港池 37 ~ 40 号泊位同期产生 60 ~ 91cm 的回淤厚度。外航道也普遍发生 20 ~ 50cm 的回淤厚度(图 2-25)。

(2)1998 年 10 ~ 12 月间,多偏北大风,港内发生强淤现象,东突堤北港池(南港池施工)、石化港池(即现南 4 港池)淤积厚度分别达 1.22m、1.77m,但外航道强淤现象并不明显。

(3)1999 年 11 月,三港池以外普遍发生 30 ~ 40cm 强淤现象,与 1998 年强淤现象类似,以东突堤北港区和南 4 港区的淤积厚度最大。北港区淤厚 50cm、泊位淤厚 70cm,南 4 港池淤厚 60cm,泊位淤高 134cm。

(4)2002 年 1—4 月期间,天津港又发生十分显著的强淤现象。由 2002 年 3 月水深图与 2001 年 12 月的水深图比较,全港区增加的淤积体达 133 万 m^3;4 月的水深图与 3 月水深图比较,全港区又增加淤积体 195 万 m^3。两次合计,本强淤期共淤积的体积为 328 万 m^3。当时 25 ~ 26 段 15 万吨级深水泊位刚改造完成,南疆的南$_{7-8}$深水泊位也刚竣工使用,所以这两处回淤厚度最大,达 3 ~ 4m。

(5)2003 年 10 月受一场 NE 向大风作用后,25 ~ 26 泊位、32 泊位与南$_{7-8}$、南$_{9-10}$及航道 6 + 0 ~ 口门段发生了淤厚 40 ~ 50cm 的强淤现象。

2.2.6.2 强淤现象的淤积形态

正常淤积,人工开挖水域普遍发生,深水处回淤快,浅水处回淤慢,逐渐向平衡海底趋近。这种淤积过程,主要由潮流挟带泥沙进入回淤区域,以悬沙落淤的形式为主,沙量少,过程缓慢。而强淤现象是在短期间内风浪掀动的大量泥沙,一部分随潮流进入回淤区落淤,更多的泥沙随水体底部高浓度含沙层或浮泥层以异重流形式潜入回淤区域。这种异重流运动是由密度差和重力引起的,由高处向低处扩散流动,因而从回淤区域最深处开始淤积,然后淤积面逐渐升高,随之相对较浅处亦发生淤积。淤积面升至多高(即淤积到什么深度),要视泥沙多少而定。风浪起动泥沙越多,淤积面升得越高(水深越浅),强淤现象越显著。因此,发生强淤现象时,淤积区海底面几乎是水平的。1999 年 11 月强淤期的北港池 39 号泊位、港池实测断面图形态是典型的淤积形态(图 2-26)。据此,有的专家将强淤现象称之为“有显著填平海底作用”的一种淤积现象,强淤过程海底面呈趋平—升高—密实—变形模式变化。

2.2.6.3 强淤层的自然密实过程

强淤期过后,回淤层泥体自然密实,淤积层面逐渐降低,水深明显增深。淤积层越厚,返深深度越大。图 2-22 中海堤面的变化清楚说明了这一现象。10d 内,泊位增深了 40 ~ 50cm,港池增深了 10 ~ 30cm,还将继续慢慢增深。若按标准重度计,

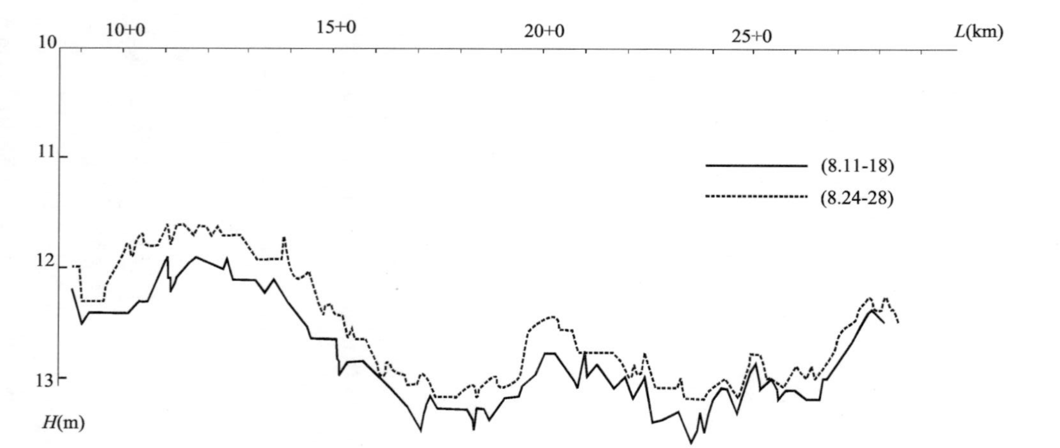

航道里程	9+0～10+0	10+0～11+0	11+0～12+0	12+0～13+0	13+0~14+0	14+0~15+0	15+0~16+0	16+0~17+0	17+0~18+0	18+0~19+0	19+0~20+0	20+0~21+0
平均淤强(m)	0.22	0.48	0.35	0.32	0.29	0.36	0.27	0.17	0.19	0.24	0.23	0.30
最大淤强(m)	0.50	0.60	0.50	0.40	0.50	0.60	0.50	0.20	0.50	0.40	0.40	0.40

图 2-25　1997 年 11 号台风外航道强淤厚度实测分布图

"有显著填平海底作用"的一种淤积现象，强淤过程海底面呈趋平—升高—密实—变形模式变化。

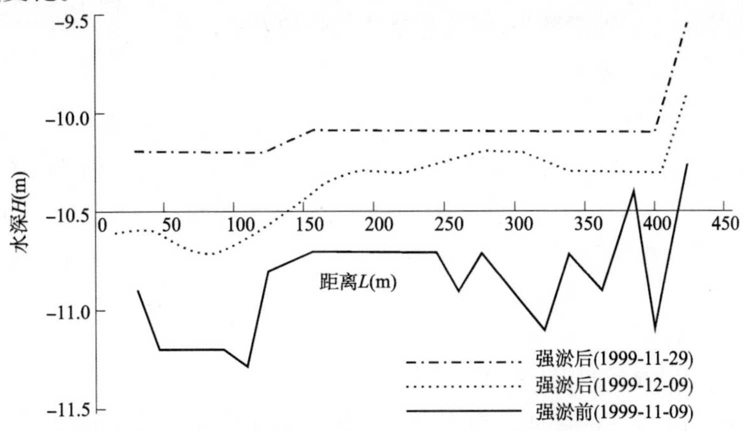

图 2-26 北港池 39#泊位与对应港池断面水深图

2.2.6.3 强淤层的自然密实过程

强淤期过后，回淤层泥体自然密实，淤积层面逐渐降低，水深明显增深。淤积层越厚，返深深度越大。图 2-22 中海堤面的变化清楚说明了这一现象。10d 内，泊位增深了 40 ~ 50cm，港池增深了 10 ~ 30cm，还将继续慢慢增深。若按标准重度计，总计返回深度为淤积厚度的 1/3 ~ 1/2。

以上分析的强淤现象特点，可将强淤现象过程归为如下模式：大风浪抛沙—人工开挖海底面趋平升高—淤积层密实—海底面降低变形复原，降低幅度为回淤厚度的 1/3 ~ 1/2。充分认识这一过程，对强淤现象本质的认识、适航水深的使用、备淤深度的确定、维护疏浚计划的安排和相应对策的实施等均有重要的意义。

2.2.6.4 强淤现象对港口维护使用的影响

由于强淤现象短期见回淤厚度大且淤泥层的重度小，给维护使用造成一定困难。例如石化南 4 泊位，1998 年 9 月的水深为 -13.7m，10—12 月强淤期后，12 月底的水深为 -9.8m，淤厚 3.9m，虽经密实后水深会有所增加，但要满足通航水深 -12.0m 的标准，短期内难以实现。此时已进入休挖期（天津港受气候条件影响，以往通常每年的 1—2 月份不作维护疏浚工程，对施工船舶、吹泥管线进行维修），安排维护疏浚施工困难，因此，对泊位的使用带来一定的影响。这种影响随着局部水深的增大，影响越大。它不仅是维护数量多少的问题，而主要是维护的厚度问题。石化 4 泊位是当时全港最深区域，设计水深为 -13.5m，按正常要求，发生强淤时，对其维护使用已有相当大困难。而今 10 万 t 级码头泊位的设计水深为 -16.4m，若发生1998年10—12月同样程度的淤强现象时,其淤积厚度可达5m以上,必将产生更大的影响。当然,这种影响随着港内同样的深水泊位数量的增加,回淤厚度随之降低,影响也就随之减小,但这需要相当长的发展过程。

2.2.6.5 强淤现象的对策

因强淤现象是由特殊的天气条件造成的,天津港今后依然会发生强淤现象。随着局部大型泊位的建成,发生强淤时,其淤积厚度更为显著。如25~26段,南$_{7\text{-}8}$泊位刚刚建设完成时,2002年发生的强淤现象,该两处回淤厚度达3~4m,这是由强淤现象的淤积规律决定的。因此,应研究对策,使强淤现象带来的危害减少到最小程度。

主要对策有:

(1)调整维护疏浚计划与维护方式。

发生强淤时,淤积物的自然重度小,在重力作用下,能从高处向低处自由流动,此时若进行维护疏浚工程,不但疏浚效率低,而且淤积面也很难降低(因为有邻近区浮泥流入补充),难以达到期望的水深标准。因此,强淤期间的维护计划应作调整,一般应暂时停止施工,待强淤期过后密实一段时间(如半个月)再恢复施工,这可提高疏浚的效率,降低疏浚的费用。此外,如果在"弱淤期"有意安排提高港内的水深标准(特别深水处周边),则可降低局部深水处强淤厚度,减小强淤造成的影响程度。

(2)开发使用适航水深技术。

强淤形成的回淤层重度小,易流动,其中一部分厚度可作为水深使用,而不会影响船舶航行和作业的安全性。这一淤泥层的厚度通称适航厚度,可作水深使用。关于适航水深资源的开发利用,国内外已有很多先例,天津港也在试用。如1998年10—12月发生强淤后,石化4泊位水深淤至-9.8m,不满足通航水深-12m的要求,但未进行维护疏浚,直到1999年9月才进行维护,9个月中每月均有吃水超过11.0m的船只进港靠舶作业,并未受到影响,并提前完成了生产任务。适航水深的使用,不仅可作为强淤现象的应变对策,而且可为企业直接创造良好的经济效益。

(3)采用工程措施,拦截、降低强淤程度。

根据强淤期底部高浓度泥沙流潜入港内深水处的途径,可采用相应的备淤沟、备淤坑等拦截方式,防止泥沙进入深水泊位,减弱强淤现象对码头作业的影响。更彻底的措施是减少进港沙量,例延伸南、北防波堤至水深较深、含沙较小的地段,以减少进港沙量,这不仅可大大降低强淤期的淤积厚度,也能大幅度地减少全港年回淤数量。

2.3 天津港回淤程度的演变与评价

2.3.1 港口回淤状况演变过程的简析

一个港口的回淤状况与港口所处的泥沙环境、港口规模及其维护疏浚方式等多种因素有关。天津港建港初期出现过的严重回淤状况，一度成为后来港口建设发展的制约因素之一。随着港口周边泥沙环境的改善、港口规模的逐渐扩大和多项减淤措施的实施，港口的泥沙回淤状况发生了根本性的变化，当初年回淤厚度达5～6m 的闸东航道和一、二码头港区，目前已成为清水区域，基本处于不淤状态，全港年平均淤积强度已由开港初期 4.5m 降到了 0.68m，泥沙问题已不再是天津港向大型化发展的制约因素。但天津港毕竟是在浅滩上开挖出来的人工港，周围广大浅水海域床面泥沙在波、流的共同作用下，尚存在较活跃运动，特别在偏北强浪、大潮汛期间，这种泥沙运动甚至达到了非常激烈的程度。此外，受限于历史发展的条件，港口码头的布置基本上是由内到外、由小到大的发展过程，这与泥沙淤积“外重内轻”的规律有矛盾，造成近年局部大型泊位出现年回淤强度达 3.0m 以上的现象。为客观评价目前天津港的回淤程度及其历史演变过程，必须对历史回淤状况的演变作一分析。

本书第一部分中，曾根据港口发展情况和泥沙问题研究的主要内容及方法，分五个阶段进行了回顾，因此，港口历史泥沙回淤状况的变化仍按这五个阶段加以说明。由于各阶段码头数量、吨位不同，相应的人工开挖的港池、泊位与航道的面积各异，因此应求出各时期港口的人工开挖面积。考虑到 2000 年以后航道连年进行扩建工程，无实际维护疏浚量资料，将历史回淤状况分析限制期间定为 1952—1999 年。根据表 2-35（天津港各码头的规模与建成年份）、表 2-36（天津港港池泊位长度及面积统计）和表 2-20（天津港航道历次扩建工程状况），可分别计算港池、泊位与航道各历史时期开挖面积及全港总开挖面积。

天津港各码头的规模与建成年份（1952—1999 年）　　表 2-35

码头编号	泊位水深（m）	建成年份（年）	备　注
客 1、客 2	−8.1	1986	客运码头区
客 3	−8.1	1993	
1 号、2 号、3 号	−11.0	1945	一、二码头区；1952 年重新修复，1993 年又进行了改造
4 号、5 号	−10.5	1945	

续上表

码头编号	泊位水深(m)	建成年份(年)	备　注
6号、7号、8号、9号、10号、11号	-9.0	1978	一港池,现水深-11.5m
12号、13号	-11.5	1977	一港池西侧
14号	-8.5	1961	二港池,现水深-11.0m
15号、16号、17号	-9.0	1961	
18号	-10.0	1961	
19号、20号	-10.0	1980	三港池,现水深-11.0m
21号	-11.0	1981	三港池
22号、23号、24号	-10.0	1980	
25号、26号	-10.0	1981	四港池,现水深-16.5m
27号、28号、29号	-12.0	1985	四港池,现水深-15.2m
30号、31号	-10.5	1990	东突堤南港池
32号	-12.0	1990	东突堤北港池,现水深-15.2m
33号	-12.0	1990	东突堤南港池
34号	-10.0	1990	
35号、36号、37号、38号、39号、40号	-11.5	1993	东突堤北港池,现水深-15.2m
南2	-12.4	1998	南疆石化码头
南3	-10.5	1992	
南4	-19.5	1992	

天津港港池泊位长度及面积统计(1952—1999年)　　表2-36

区域	泊位编号	泊位长度(m)	泊位(m^2)	对应港池(m^2)	合计(m^2)
客运码头区	66m	66	3303	10990	14293
	客1	130	6507	21609	28117
	客2	130	6507	21587	28094
	客3	130	6507	21597	28104
合计	—	—	22824	75783	98607
一、二码头区	1	199	19871	23118	42989
	2	199	19871	23060	42931
	3	199	19865	23089	42955
	4	205	20506	23774	44280
	5	215	21524	24947	46470

续上表

区域	泊位编号	泊位长度(m)	泊位(m^2)	对应港池(m^2)	合计(m^2)
合计	—	—	101637	117988	219625
一港池区	6	180	17997	199574	276592
	增6	180	17988		
	7	182	7615		
	8	182	8026		
	9	176	7758		
	10	176	8805		
	11	176	8829		
合计	—	—	77018	199574	276592
二港池区	12	252	25223	214095	303742
	13	264	22427		
	14	193	6976		
	15	189	8562		
	16	182	8250		
	17	182	9105		
	18	182	9105		
合计	—	—	89647	214095	303742
三港池区	供油码头	170	8500	206763	277796
	19	179	8952		
	20	188	7209		
	21	203	9676		
	集装箱码头	200	11262		
	22	177	7787		
	23	176	8819		
	24	176	8829		
合计	25	—	71033	206763	277796
四港池区	25	229	11558	—	11558
	26	229	7951	—	7951
	27	299	24396	38726	63122
	28	299	29744	101760	131503
	29	298	29980	83939	113918

续上表

区域	泊位编号	泊位长度(m)	泊位(m^2)	对应港池(m^2)	合计(m^2)
合计	—	—	103629	220425	328054
南港池区	30	200	20089	44855	64944
	31	270	26992	49168	76160
	32	298	29801	41037	70838
	33	174	17406	17547	34954
	34	193	19285	13954	33239
合计	—	—	113574	166562	280136
东港池区	—	—	—	362394	362394
北港池区	工作船码头	81	8089	42848	50937
	35	187	18731	57579	76310
	36	187	18752	55896	74648
	37	187	18742	55797	74538
	38	187	18680	55757	74438
	39	187	18679	55753	74431
	40	187	18737	55640	74377
合计	—	—	120410	379270	499679
石化港池	南2泊位	261	26082	96360	122442
	南3泊位	193	19351	53783	73134
	南4泊位	308	30900	149183	180083
合计	—	—	76334	299325	375659
其他	一突堤前	253	38279	—	38279
	二突堤前	154	7903	15157	23060
	油港池前沿	—	—	21354	21354
	三突堤前	248	12536	8964	21500
	局工作船码头	157	40348	—	40348
	集装箱南调头圆	—	—	13658	13658
合计	—	—	99066	182055	281121

依据历年的挖泥量资料统计出各时期的年平均挖泥量，最终求得不同时期的年平均回淤厚度(表2-37)。

天津港不同历史时期的全港年平均回淤厚度　　表 2-37

序号	统计年份(年)	年平均挖泥量(万 m^3)	港内总水域面积(km^2)	人工开挖面积(km^2)			年平均回淤厚度(m)	回淤厚度降低率(%)
				港池泊位	航道	合计		
1	1952—1958	530	18.0	0.16	1.01	1.17	4.53	0
2	1959—1974	549	18.0	0.85	1.15	2.00	2.74	40
3	1975—1985	768	15.0	1.08	2.07	3.15	2.44	47
4	1986—1993	613	13.0	1.78	4.15	5.93	1.03	78
5	1994—1999	519	10.0	2.94	4.69	7.63	0.68	84

通过以上分析,对天津港泥沙回淤状况的历史演变可得到如下两点结果:

(1)各年度、各时期的实际挖泥量有多有少,其中20世纪70~80年代最多,但各时期的平均回淤量差别不大,在519万~768万 m^3 间变化,平均为596万 m^3,简单说在600万 m^3 左右。

(2)随着深水港域面积的不断扩大,单位面积上的平均淤积厚度呈明显的逐渐下降规律。20世纪50年代全港平均淤厚4.5m,到90年代平均淤厚只有0.68m,下降84%。究其原因,除海河等泥沙来源被截后周边环境明显改善外,还因50年代的港池、航道全部处于淤积状态,而到90年代全港约有40%的深水区域不需要维护疏浚,只有60%区域处于淤积状况,所以全港平均淤积厚度就大大降低。如果按照实际淤积面积计算平均淤积厚度,则平均淤厚约为1.2m。

2.3.2 港口回淤程度的分类与分类标准

要评价港口的回淤程度,首先必须根据所有港口的回淤情况进行分类。目前尚未见统一分类的标准,但在泥沙研究论文和港口设计等文献中常常用"严重回淤"、"回淤"、"轻淤"、"微淤"、"不淤"等叙述港口泥沙回淤的情况,这些词汇实际上是对港口回淤状况定性的描述,在此不妨首先借用这些词汇,将港口的回淤程度分为不淤港、微淤港、轻淤港、回淤港及严重回淤港五类,各类的港口的基本含义为:

"不淤港":港口基本上无泥沙来源,长年无需作维护疏浚,如秦皇岛港等。

"微淤港":港口只有极少淤积,基本上不需作维护疏浚,如北仑港等。

"轻淤港":水体含沙量较少,有一定淤积,需定期进行维护疏浚,如广州港等。

"回淤港":水体含沙量较大,回淤现象明显,需经常维护疏浚才能保障港口的使用,如上海港等。

"严重回淤港":泥沙来源丰富,淤积强度大,有"骤淤"现象,进行大量的维护疏浚也难以保障港口的正常使用,如黄骅港等。

然后研究选择合理的分类指标与标准,并按指标达到的程度,评定出港口的回淤程度。

考虑到港口的回淤程度应随港口规模和使用水深不同而变,同一回淤强度对小型港口或使用水深较小的港口是严重的,而对大型港口或使用水深较大的港口来说可能属于一般的回淤程度,故回淤程度的分类指标不宜采用绝对量值,而应采用相对量值。天津港属于大型港口,其使用水深完全靠人工开挖出来的,采用回淤强度与开挖水深(即使用水深)之比值(简称淤强水深比)作为评价不同历史时期回淤程度的统一指标是合理的。经分析研究,天津港的泥沙回淤强度与水深呈自然指数的正比关系:

$$P_i = P_o e^{\alpha(h_i - h_o)}$$

式中:P_o——起始水深 h_o 时港口年平均回淤强度(m);

P_i——港口水深增至 h_i 时,年平均回淤强度(m);

α——系数,天津港约为0.2。

我们首先取自然数 e^x(x 分别取0、1、2、3)的百分数作为淤强水深比的分类界线划分港口的回淤程度类型,即:

淤强水深比(%)	港口回淤程度类
$<e^0$	不淤港
$e^0 \sim e^1$	微淤港
$e^1 \sim e^2$	轻淤港
$e^2 \sim e^3$	回淤港
$>e^3$	严重回淤港

因为 e=2.718,用 e 的0、1、2、3次方代入,则各类回淤程度分类标准改为:

淤强水深比(%)	港口回淤程度类型
<1.0	不淤港
1.0~2.7	微淤港
2. ~7.3	轻淤港
7.3~20.0	回淤港
>20.0	严重回淤港

2.3.3 各历史时期港口回淤程度的总体评价

按照各类回淤程度的分类标准,可对天津港各历史时期回淤程度进行评价。首先根据当时水深图算出全港平均的使用水深,然后根据各历史时期的回淤强度与使用水深求得淤强水深比,依据淤强水深比标准就可评价港口的回淤程度。评价结果如表2-38所示，天津港在20世纪50~70年代属于严重回淤港口，80年代为一般性的回淤港口，90年代初期起开始进入回淤港阶段。

天津港各历史时期回淤程度评价表　　表2-38

评价时期(年)	回淤强度(m)	使用水深(m)	淤强水深比(%)	回淤程度	备注
1952—1958	4.53	6.5	70	严重回淤	由于历史上无统一计方标准，此表中回淤强度用回淤厚度替代
1959—1974	2.74	7.0	39	严重回淤	
1975—1985	2.44	8.0	30	严重回淤	
1986—1993	1.03	10.0	10	回　淤	
1994—1999	0.68	11.0	6	轻　淤	

2.3.4 现状各港区回淤程度的评价

按照各港区的回淤强度与设计水深，计算出不同港区的淤强水深比，就可评价各港区的回淤程度，评价结果见表2-39(考虑到有的区域港池泊位的淤强差异较大，所以单独作出评价)。

各港区回淤程度评价表　　表2-39

评价港区	使用水深(m)	回淤强度(m)	淤强水深比(%)	回淤程度
客运码头区	8.0	0.06	0.8	不淤区
一、二码头区	10.0	0.07	0.7	不淤区
一港池	9.0	0.15	1.7	微淤区
二港池	10.0	0.35	3.5	轻淤区
三港池	11.0	0.68	6.2	轻淤区
四港池	14.8	2.08	14.0	回淤区
25~26泊位	16.5	4.50	27.3	严重回淤区
27~29泊位	15.2	3.70	24.3	严重回淤区
东突堤南港池	12.0	1.80	15.0	回淤区
东突堤北港池	14.8	2.30	15.5	回淤区
南1港池	14.8	1.45	9.8	回淤区
南1泊位	16.3	2.50	15.3	回淤区
南2~南4港池	11.0	1.60	14.5	回淤区
南5~南6港池	11.0	1.80	16.4	回淤区
南9~南10港池	14.8	2.80	18.9	接近严重回淤区
南11港池	14.8	2.92	19.7	严重回淤区
南11泊位	16.3	4.04	24.8	严重回淤区

2.3.5 15万吨级航道回淤程度的预评价

因2000年天津港开始建设10万吨级航道，至2002年完成，接着2003年开始建设15万吨级航道，目前正在建设之中，所以10~15万吨级航道实际回淤状况尚未掌握,无法对实际回淤程度作出评价。在此,根据航道淤积规律公式计算的15万吨级淤积强度分布,对各里程上的回淤程度作出预评价,供港口建设和水深维护工程设计、施工时参考(表2-40)。

15万吨级航道回淤程度的预评价 表2-40

评价里程	使用水深(m)	回淤强度(m)	淤强水深比(%)	回淤程度
2+0	6.5	0.09	1.4	微淤区
3+0	11.0	0.21	1.9	微淤区
4+0	11.0	0.37	3.4	轻淤区
5+0	17.4	1.09	6.3	轻淤区
6+0	17.4	1.58	9.1	回淤区
7+0	17.4	1.88	10.8	回淤区
8+0	17.4	2.02	11.6	回淤区
9+0	17.4	2.32	13.3	回淤区
10+0	17.4	2.20	12.6	回淤区
11+0	17.4	2.04	11.7	回淤区
12+0	17.4	1.91	11.0	回淤区
13+0	17.4	1.61	9.3	回淤区
14+0	17.4	1.17	6.7	轻淤区
15+0	17.4	0.88	5.1	轻淤区
16+0	17.4	0.48	2.8	轻淤区
17+0	17.4	0.24	1.4	微淤区
18+0	17.4	0.12	0.7	不淤区
19+0	17.4	0.06	0.3	不淤区
19+0以外	17.4	≤0.05	≤0.3	不淤区

评价结果航道回淤程度可分为:

0+0~3+0微淤区、4+0~5+0轻淤区;

6+0~13+0回淤区、14+0~16+0轻淤区;

17+0以外为微淤区或不淤区。

2.4 适航水深的开发与应用

2.4.1 适航水深的概念

所谓适航水深(Nautical Depth),即在原高频回声仪所测水深加上其反射面以下能确保船舶安全航行与仃泊作业的小重度回淤层下界面之水深。小重度回淤层之厚度称为适航厚度,如图2-27所示。《水运工程测量规范》(JTS 131—2012)中已列入有关适航水深的内容。

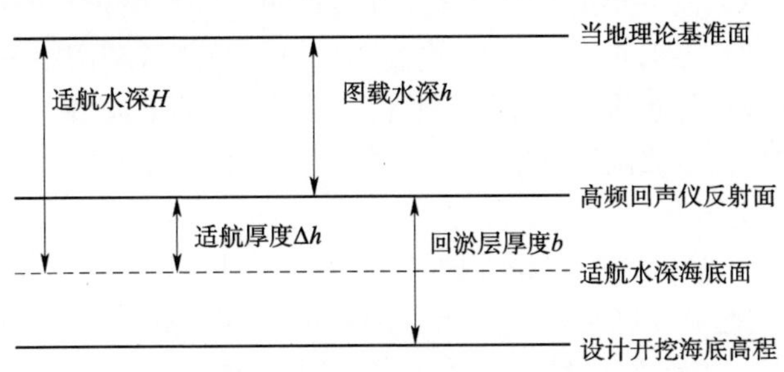

图2-27 适航水深概念示意图

目前港口水深测量通用的高频(100~210kHz)测深仪,其反射面为水与淤泥的交界面,经大量实测资料证实这一反射面淤泥重度约为1.05kg/m³。因此,作为港口使用依据的图载水深(h)是指当地理论基面至重度1.05kg/m³淤泥面的距离。经国内外众多淤泥质港口泥沙回淤层特点的研究成果表明,在淤泥重度较小时,它具有与水类似的流动特性,船舶航行与停泊作业过程中船底龙骨不会受损害,对操作性能也无明显影响,可作为水深使用,以增大港口使用水深($H=h+\Delta h$),为港口带来可观的经济效益。

2.4.2 天津港适航水深资源开发的重要意义

任何一种资源的开发都是为了获取经济效益,适航水深资源的开发也不例外。淤泥质港口较多的欧洲,在这一领域处在世界领先地位,不仅有大量的理论研究成果,而且有实船试验的经验,在适航水深的勘测手段上也研制成先进的现代化仪器。我国关于适航水深问题,天津港、连云港、上海港、宁波港、广州港等都有过研究,但真正开始试用的只有天津港。

由于天津港现阶段存在淤积分布不均匀等问题,因此,开发适航水深资源的意义十分重要,具体体现在以下三方面:

1)提高维护疏浚效率

无论哪种疏浚船舶,都是淤积物浓度越高,疏浚效率越好。实际需挖除的淤泥层,由表向下浓度逐渐增高,天津港航道、港池泊位淤泥重度一般由表层的1.05kg/m³~1.50kg/m³范围变化,回淤时间越长,重度越大,单位体积内含沙数量越多(其关系见表2-41),挖除泥沙越多,则疏浚工程的效率越好。

淤泥的湿重度 γ 与含沙量关系　表 2-41

湿重度 γ(t/m^3)	1.05	1.10	1.20	1.25	1.30	1.40	1.50
含沙量 ρ(kg/m^3)	79	159	317	397	476	635	794

天津港以自然回淤一年的平均重度 1.4t/m^3 作为回淤量计算的标准重度，所以淤积层平均湿重度不足 1.4t/m^3 时，疏浚效率相对较差。若利用小重度淤泥层作为适航水深使用，可避免“疏浚浑泥汤”现象发生，以提高疏浚的效率。特别是小重度淤泥层厚度大的大型泊位或港口发生强淤积现象时，使用适航水深效率更为突出。

2）增加码头使用率

众所周知，码头泊位进行水深维护时，码头就不能靠泊作业。有的港池进行维护疏浚（如吸扬式挖泥船施工），也会阻止船舶的出入，影响船只靠泊，所以维护疏浚与靠泊作业是一对矛盾体，维护次数越多，码头使用率越低。根据天津港多年维护疏浚实况，有的区域（如 18 +0 以外航道）不需维护，有的区域（如一、二港池）几年维护一次，有的区域（如东突堤南、北港池）每年都需维护，甚至一年维护两次，还有些大型泊位（如南疆港区最外侧码头的港池、泊位）若按高频回声仪测深标准，连续不断的维护也难以达到通航设计水深的标准。也就是说，靠近口门附近的大型泊位使用率极低。如小重度淤泥层作为适航厚度使用，就可避免这种现象的发生，码头的使用率将大大提高。

同理，港口发生强淤现象时，实际经验证明按高频回声仪测深标准，发生强淤的区域都不足通航作业的设计水深，出现大批码头不能靠泊使用，若应用适航水深，船舶照常靠泊作业。例如 1998 年 10—12 月发生强淤现象，当时南疆四港池的淤积厚度分别达 1.77m，实际水深只有 -9.8m，明显不足设计水深 -13.5m，但一直到 1999 年 9 月才作维护，也始终未影响码头的正常使用。

3）增加大型船舶趁乘潮延时

在港口日常生产运营中，常会遇有实际吃水大于港口设计水深标准的船只要求入港，此时引航员会利用乘潮水位引船进港。天津港的航道长，需要有较长的乘潮延时，故乘潮水位值降低，有些大型船舶需大潮汛进港，延长在锚地的滞留时间，造成港口的经济损失。如能将航道内淤泥层小重度部分作为适航水深使用，即可增大相应的通航水深，有利于超大型船舶入港作业。例如 1997 年 11 号台风途经天津港时，短期内航道普遍产生了 0.5m 的强淤现象，若利用 0.5m 通航水深，就可增长乘潮延时约 3h。

总之，天津港适航水深资源的开发利用，在延长港区水深的维护周期，提高维护疏浚工程的效率，降低强淤现象对船舶出入港口的影响，提高大型泊位的使用率，延长乘潮延时等方面都有十分重要的意义，将会给港口带来巨大的经济效益。

2.4.3 天津港适航水深标准参数的确定

2.4.3.1 适航水深标准参数的选择

港口航道、港池中的淤泥,有多种物理、力学、水理、流变等工程地质性质,不同的工程领域选用最有代表性的如粒径、含水率、相对密度、含沙量、湿(干)重度、孔隙比、稠度、通水性、抗剪性、压缩性、导热性、流变特性等参数来分析研究淤泥的基本性质与变化规律。上述各参数有的可直接测定,有的通过计算得到,它们之间都存在一定关系。适航水深问题是研究船舶底部与淤泥层的作用(剪切或扰动),所以各国的学者和工程师们多用淤泥的流变参数如淤泥的粘性系数、屈服应力等来研究适航水深问题。而这些流变参数与淤泥的粒径、重度、粘性土含量、含水率(或含沙量)及其环境中所含的离子种类与数量有关。淤泥湿重度(以下简称重度)可直接测定,且方法简便,故目前世界上研究、应用、勘测适航水深时均取重度(或密度)为参数(表 2-42)。天津港于 20 世纪 50 年代研究浮泥特性时也采用了重度作为参数,所以关于适航水深的标准参数理所当然地选择淤泥的重度。

国内、外适航水深下界面采用的参数与标准值 表 2-42

国　家	港口名称	参　数	标准值(t/m^3)
荷兰	鹿特丹欧罗港	淤泥重度	1.20
比利时	泽布勒赫港	淤泥重度	1.151 ~ 1.347
泰国	苏里南港	淤泥重度	1.23
法国	波敦	淤泥重度	1.20
德国	埃母登	淤泥重度	1.22 ~ 1.24
法属圭亚那	卡宴	淤泥重度	1.27
委内瑞拉	马拉开波	淤泥重度	1.20
法国	南特—圣纳泽尔	淤泥重度	1.20
印度	科契	淤泥重度	1.17
中国	上海港—铜沙航槽	淤泥重度	1.25
中国	连云港	淤泥重度	1.25 ~ 1.30
中国	蛇口三突堤航道	淤泥重度	1.20

2.4.3.2 天津港适航水深重度标准的确定

重度的定义是单位体积淤泥的重量,其单位为 t/m^3 或 g/cm^3。天津港在适航水深研究过程中,曾采用多种方法确定适航水深下界面的淤泥重度值。

(1)测定三爪铊测深面淤泥重度,确定适航水深下界面的淤泥重度。

因为三爪铊测深面是20世纪50年代研究淤泥层中浮泥界面的重要成果,根据浮泥具有流动性的特点,即可认为淤泥层中的浮泥厚度就是适航厚度。因此,可通过现场三爪铊测量界面上取样测定泥样的重度值方法确定适航水深下界面淤泥重度标准。

1999年5月—2000年4月期间,共陆续取得现场三爪铊测深面上样品967个,测定重度,其变化范围在1.24~1.32t/m³,其中85%样品重度值为1.30t/m³,由此,天津港适航水深下界面淤泥重度标准可取1.30t/m³。

(2)由淤泥的流变特性确定适航水深下界面淤泥的重度。

天津港在研究适航水深问题时曾做过2个样品的流变试验,并获得如图2-28所示的低剪切率时初始刚度与重度的关系和如图2-29所示的高剪切力率时动力黏度与重度的关系。可见在淤泥重度较小时,不论是低剪切率还是高剪切率,粘度变化均较缓慢,当淤泥重度到某一临界值,粘度随重度的变化都快速增加。应用比利时泽布勒赫港经验,这个临界重度可作为适航水深下界面淤泥的重度标准,查图2-28、图2-29所示结果,淤积的临界重度均为1.25t/m³左右。

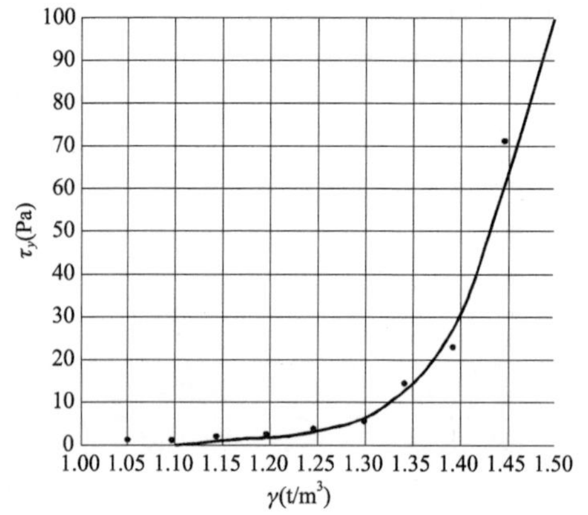

图2-28 天津港淤泥初始刚度 τ_y 与重度 γ 间的关系

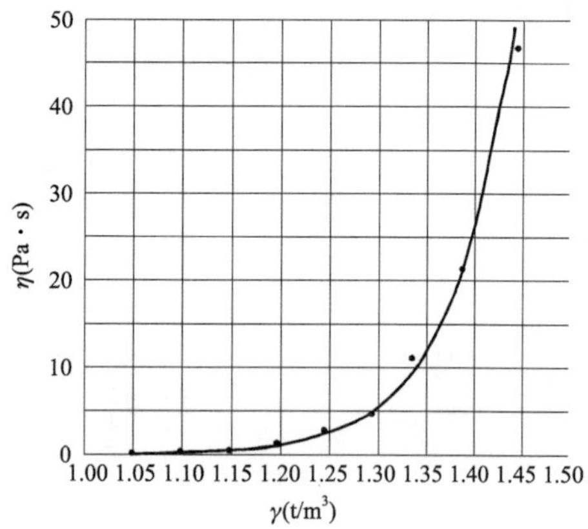

图2-29 天津港淤泥动力粘度 η 与重度 γ 之间的关系

(3)通过船模试验确定适航水深下界面淤泥重度试验采用两种船型(U型和V型),每种船型用两种运动速度,测定模型船在不同淤泥重度中运动所受的阻力(R_i),绘出相对阻力 R_i/R_o(R_o:模型船在水中以同样速度运动时所受的阻力)与淤泥重度的关系曲线,如图2-30~图2-33所示。

可以看出,无论何种船型以何种速度运动,在淤泥重度较小时,相对阻力 R_i/R_o 的变化都很缓慢,当淤泥重度达到某一临界值后,R_i/R_o 随 r 的变化十分迅速。查图可得到临界重度值变化范围为1.20~1.25t/m³。

(4)天津港适航水深下界面淤泥重度标准的确定。

全面分析以上三种方法确定的结果，并参照类似港口的标准值，天津港适航水深下界面的淤泥重度宜取 1.20～1.30t/m³，从提高船舶航行安全性考虑，天津港适航水深下界面淤泥重度取 1.25t/m³ 较合适。

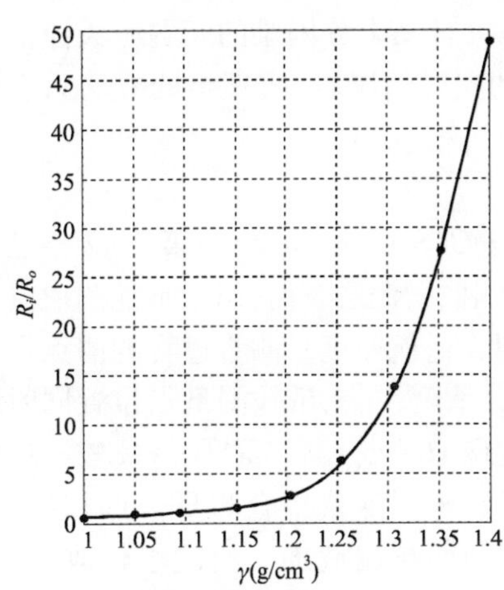

图 2-30　U 型船航速 0.2m/s 时，$R_i/R_o-\gamma$ 关系曲线

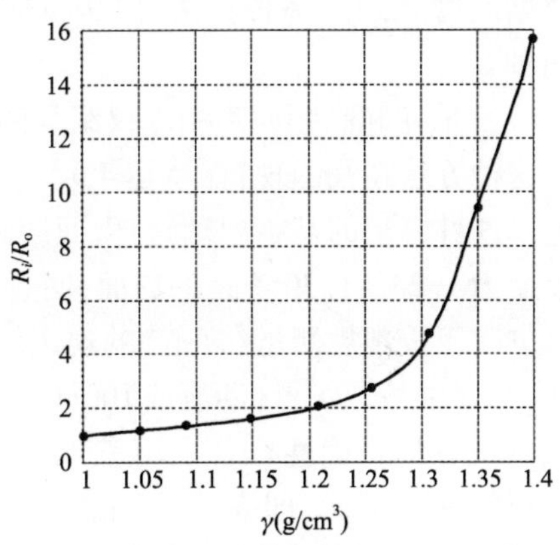

图 2-31　U 型船航速 0.4m/s 时，$R_i/R_o-\gamma$ 关系曲线

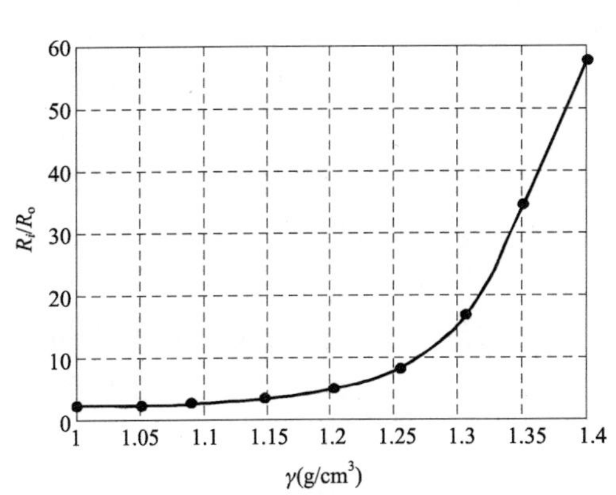

图 2-32　V 型船航速 0.2m/s 时，$R_i/R_o-\gamma$ 关系曲线

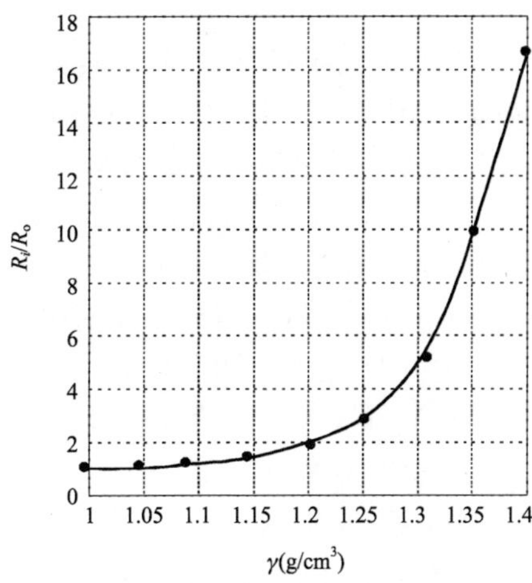

图 2-33　V 型船航速 0.4m/s 时，$R_i/R_o-\gamma$ 关系曲线

2.4.4 适航水深测量与绘图方法

2.4.4.1 适航水深测量

确定了港口适航水深合理的标准重度值以后,如何测定港池、航道各水域标准值的界面(即适航水深的海底面)是急需解决且又十分困难的问题。天津港在研究期间曾试用过多种方法,但从目前使用的实际情况看,较理想的方法只有以下两种。

1)三爪铊和高频回声测深仪组合测量法

这种方法在我国现行《水运工程测量规范》(JTS 131—2012)中第7.12条已有规定。这种方法的基本原理是:由回声测深仪测取淤泥层表面,用三爪铊测取淤泥层重度为1.24~1.30t/m^{3}的界面,两者之差即为适航厚度。测量过程的测点定位和水位改正按常规测量《规范》的规定。为确保精度,在三爪铊测量点位置同时取泥样(每个泊位取5点,港池按100m×100m范围取一点)测定重度,以校核三爪铊测深点位置的正确性。若采用三爪铊与双频回声测深仪组合测量,可同时获取淤泥层的三个层面,即表面、适航水深海底面和回淤层底面。通过水位改正,得到当地理论基面下的常规(图载)水深及适航水深以及测点处的回淤层厚度。如能获取较长时间段的现场实测资料,这不仅为分析测量区域的常规水深及适航水深变化规律提供了重要依据,也为分析研究测区泥沙回淤规律提供了宝贵的资料。

天津港于2002年3月开始,正式采用三爪铊与回声测深仪的组合方法对25~29泊位、南疆1~10泊位及相应调头圆进行了实际测量,提供了泊位下界面淤泥重度为1.24~1.26t/m^{3}的适航水深图和距码头前沿5m、10m、30m的适航水深断面图,绘图比尺为1:2000,供业务部门试用。

由于三爪铊测量靠熟练的人工操作,所以对局部深水泊位面积较小的水域实用性较好,方便快捷,准备工作简单,但不宜进行大范围的测量。

2)SILAS走航式测量系统

SILAS测量系统是荷兰SILAS公司的专利产品,主要由振动式密度计(Densitume)和数据采集处理器(SILAS)两大部分组成。该系统能连续测定淤泥层各界面的密度值,精度达±1%。目前在荷兰、德国、法国等都得到了较好应用。我国交通部天津水运工程勘察设计院已引进了全套产品,并在天津港适航水深研究过程中取得了实际应用的成果与经验。

该系统利用双频(或低频)回声测深仪向泥层发射信号,高频声波到达水—

泥交界面，随即反射，故能确定泥面位置（水深），这与通用水深测量原理相同。而低频声波能穿透泥层，在穿越淤泥层过程中，有部分声波反回，反回声波的强度与淤泥界面重度有关，重度越大，反射波强度越强。低频声波直至穿越整个淤泥层达到未开挖的原土层后，能量基本消失。因此，能连续不断采集到淤泥层各界面上的反射波强度。若将室内事先率定好的反射波强度与淤泥重度的关系（图 2-34）输入处理系统，便可确定出适航标准淤泥重度界面的位置，一次可成淤泥层表面、适航厚度界面、开挖层界面的可视图像（图 2-35）。该系统现场操作包括定位、测深、测船航速、水位改正等均与通常高频回声仪测深相同，操作便捷、精度较高，可同时计算出测点或测线上常用水深、适航水深、回淤层厚度及是否存在重大障碍物等。因此，该系统应用范围广泛，可用于局部重点水域的测量，更利于大范围水域的测量。但该系统在天津港的试测过程中尚存在问题，还不能在实际中应用，需进一步了解和掌握该系统的结构原理与操作使用方法。

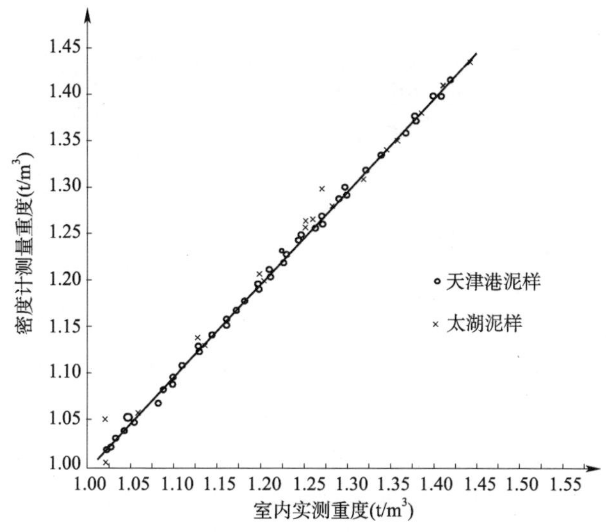

图 2-34 Densieude 密度计率定曲线

2.4.4.2 适航水深图的绘制方法

适航水深外业测量采集到的各测点坐标、水深、适航厚度以及相对应测时的潮位等原始数据，按照现有《水运工程测量规范》（JTS 131—2012）、《海图图式》等标准，进行合适的处理后便可得到适航水深图。适航水深图与常规水深图稍有区别，根据天津港几年来的实践，适航水深成图时应注意下列几方面内容：

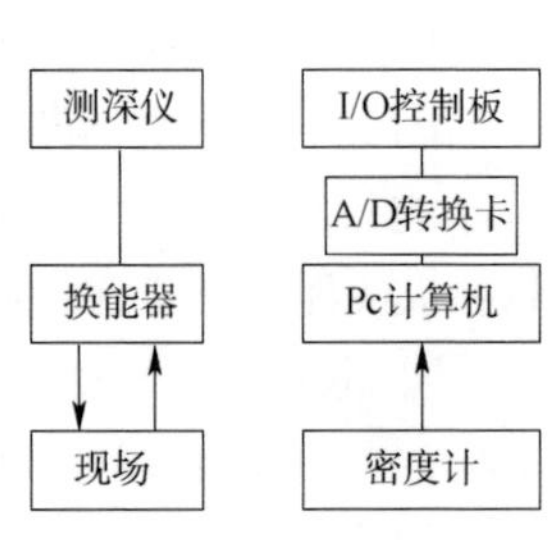

SILAS系统结构要示意图

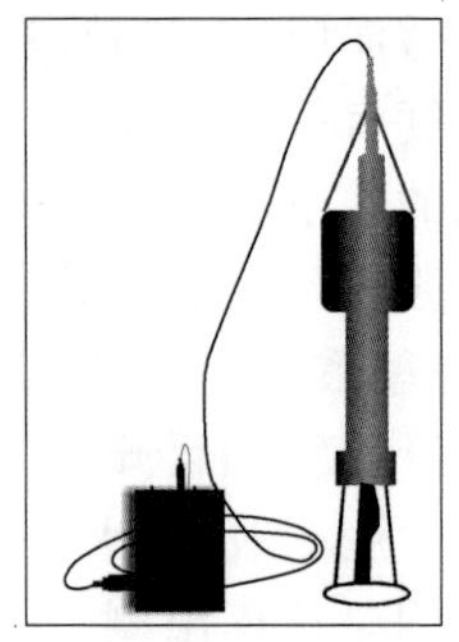
Dcnsitunc音叉振动密度计

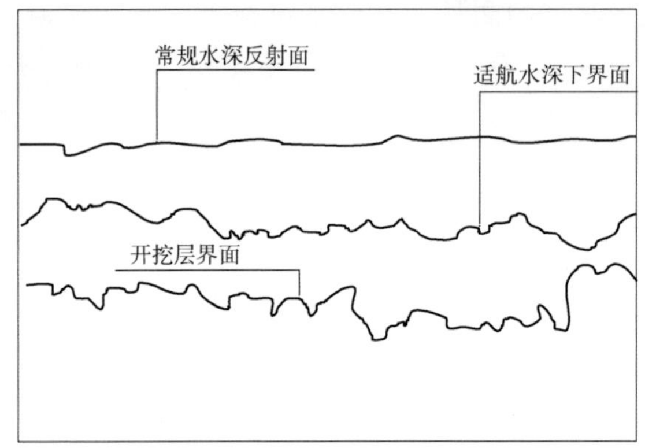

图 2-35　SILAS 走航式测量系统

1)图廓整饰

可采用自由正分幅,只注出四角坐标,使用通用网格和工程图图廓注记方法,应特别注明本适航水深图对应淤泥层下界面的重度值。

2)适航水深图标注方法

适航水深图标注内容包括适航水深和适航厚度两部分,用不同的颜色或字体表示出来以便区分。如果能做到用颜色来区别当然是最理想的,但目前多使用晒图机晒图,所以只能用字体来标记。例图上某点 16.5(1.2),左边 16.5 斜体字为适航水深值,右边括号内 1.2 直体字表示适航厚度,适航水深值与适航厚度实测点位相同,实测点位应在斜体注记整数位的中心。因为高频水深值精确到 0.1m(水位观测值精确到 0.01m),所以适航水深值和适航厚度注记到分米即可。由于图的脚注部分已说明了本图为适航水深,从图面清楚、美观考虑,不用另加特别标记(图 2-36)。

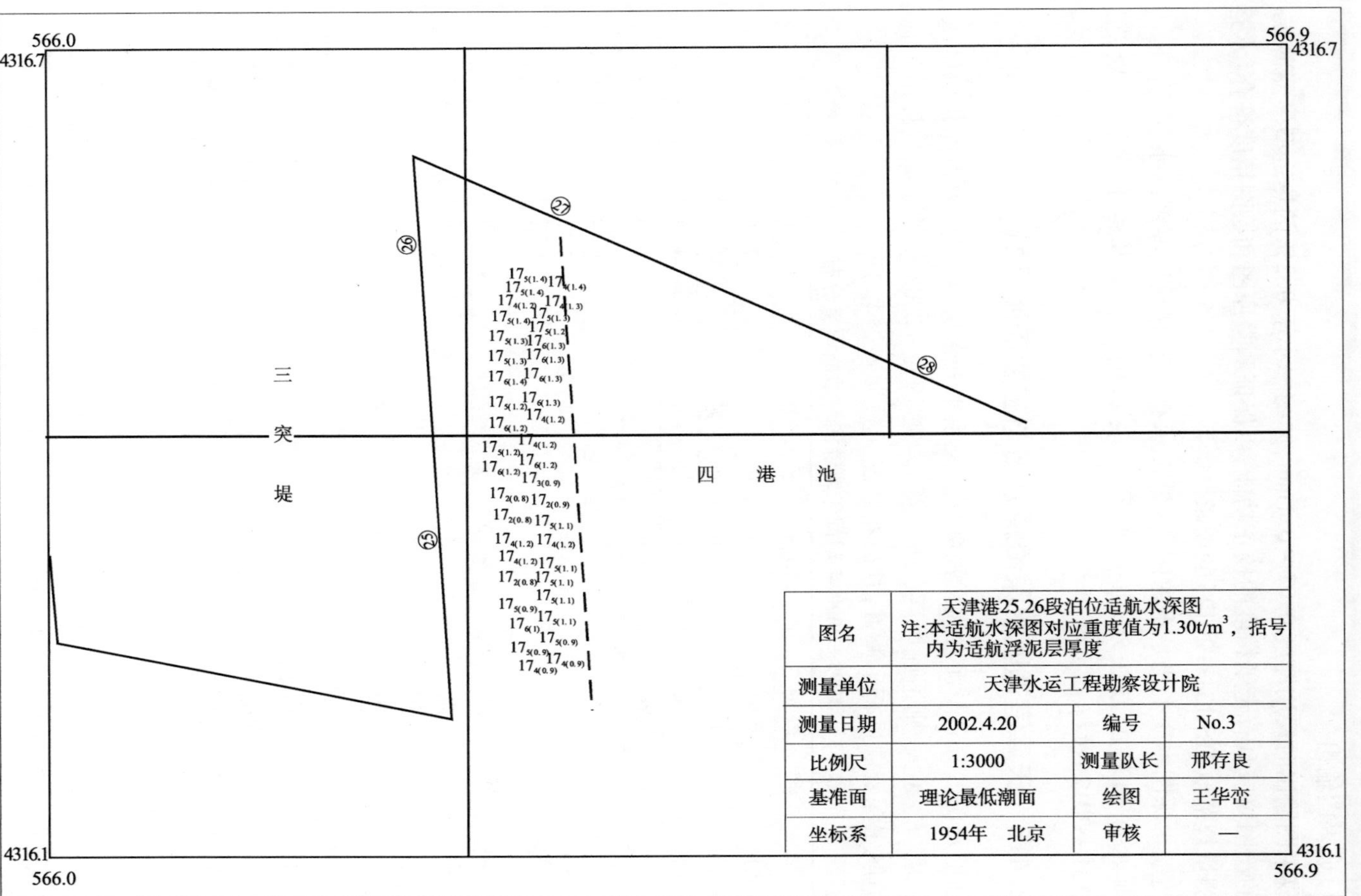

图 2-36 天津港 25～26 段泊位适航水深图

3)成果图输出

成果图输出时使用厚度0.07~0.1mm、伸缩率小于0.2%的热定型聚酯薄膜。使用的绘图仪应具有走纸精度的校正功能,以保证测量原图和绘图精度符合《水运工程测量规范》(JTS 131—2012)的要求。

适航水深图本质上仍是水深图,只是表示有适航浮泥层厚度的水深图。除上述适航水深图表示方法外,其他要素的表示仍根据《水运工程测量规范》(JTS 131—2012)执行。

2.4.5 天津港适航水深资源分布与主要应用区域

适航水深的分布与泥沙回淤强度分布关系十分密切,在水动力条件相似区域,回淤强度(P)越大,则适航厚度(Δh)越厚。在1999—2003年的研究过程中,对天津港适航水深资源进行了调查,其分布状况大致如表2-43所示。

1999—2000年期间天津港实测适航厚度分布 表2-43

区域	P(m)	Δh(m)	区域	P(m)	Δh(m)
三港池	0.64	0.24	东突堤航道	2.14	0.47
四港池	1.50	0.40	主航道5+0	1.25	0.31
南港池	1.30	0.37	6+0	1.58	0.39
北港池	1.40	0.39	7+0	2.00	0.59
石化港池	1.25	0.35	8+0	2.16	0.60
25~26泊位	4.60	1.82	9+0	2.16	0.57
27泊位	3.20	1.33	10+0	1.93	0.49
32泊位	2.70	1.80	11+0	1.89	0.46
南5泊位	1.96	1.70	12+0	1.80	0.49
南6泊位	2.10	1.65	13+0	1.62	0.41
南2~8泊位	2.70	1.80	14+0	1.30	0.37

必须指出,表2-43中Δh的分布是在1999—2000年度天津港的港口规模和进行维护疏浚状况下获得的,随着港口规模的变化和维护疏浚周期的改变,Δh的分布必然随之改变,因此,为有效地应用适航水深,必须经常性地进行观测。有关适航水深的测量周期,因随港口和港口各区域状况而改变,在实际应用的过程中,掌握Δh的变化规律后再研究确定。

《水运工程测量规范》中指出,只有当适航厚度(Δh)大于备注深度(Z_4)时才能使用适航水深。天津港港池、泊位设计备淤深度为0.4~1.0m,随吨级大小而变,各泊位使用时均应符合这一规定。内航道备淤深度为0.4m,外航道备淤深度为0.6m。根据现状下Δh分布状况,天津港适航水深主要应用区域是:

(1)发生强度现象时,主航道7+0~12+0,东突堤航道和港口口门附近的大型泊位与港池,如四港池、南港池、北港池、南疆港池等。

(2)正常状况下,适航水深应用主要是大型泊位,如25号~26号、27号、32号、南$_1$、南$_4$、南$_5$、南$_6$、南$_{7-8}$、南$_{9-10}$、南$_{11}$泊位以及相应的船舶调头区等。

2.4.6 天津港适航水深的试用效果

有文献说明,荷兰、比利时、法国等某些港口早已开始应用适航水深,并取得了良好的效益。天津港在适航水深研究过程中也十分注重实际应用问题,但因涉及船舶安全性和港口声誉等重大问题,所以在具体试用时特别谨慎,事先召开业务、海事等部门会议商讨,论证测量成果的可靠性后,有限度地进行试用。通过几年的应用实践,不仅取得了明显的经济效益(1999—2003年共获得经济效益约5768万元),也积累了一定使用经验。回顾试用的情况,大致可以分为两个阶段:

(1)第一阶段,即1999—2000年期间,港口发生强淤现象后,高频回声仪测深结果,部分港池、泊位的水深达不到设计通航水深的标准。如当时的南4泊位是全港水深最深区域,设计水深-13.5m,1998年年底发生强淤后,12月的实际水深只有-9.8m,淤积厚度达3.5m。基于对强淤回淤层特性的了解,充分利用小重度淤泥层对船舶佇泊或操作无明显影响以及回淤层自然密实、海底面变形的过程,使用适航水深,有意推迟维护疏浚时间,减少维护土方量,提高维护疏浚效率,节约维护费,提高码头的使用率,取得了较好的效果。1999—2000年期间,如石化南4泊位类似使用强淤厚度调整维护疏浚计划的情况如表2-44所示,共计减少维护土方量205万m^3,以单价6.2元/m^3,少支付维护费用1270万元左右。

1999—2000年调整维护疏浚计划状况表 表2-44

年度(年)	计划施工区域	调整计划内容	减少工程量(万m^3)	节约维护费用(万元)
1999	石化三、四泊位	推迟6个月维护	17.0	105.4
	北港池	推迟3个月维护	27.9	172.3
	四港池及泊位	减少一次维护计划	47.4	293.3
	南港池及泊位	减少一次维护计划	17.8	110.4
2000	四港池	减少一次维护计划	30.8	191.0
	南港池		10.1	62.6
	北港池		43.0	266.6
	石化港池		11.0	68.2
合计			205.0	1269.8

(2)第二阶段,即2001—2003年港口正式开始试用适航水深时期。2001年2月9—10月交通部在天津主持召开的《天津港深水航道与泊位适航水深应用可行

性研究报告》审查会上决定，为使适航水深在我国能真正开发使用，将天津港作为试验研究的基地，有条件地开始试用适航水深，以便为推广使用适航水深和编制适航水深应用技术规范提供依据。由此，天津港名正言顺地开始有计划、有目的地使用适航水深。2001—2003 年期间，在确保港口各泊位正常生产作业的同时，为港口节省了巨额的水深维护工程费用。三年中总计减少维护工程方量达 564 万 m^3，节省维护疏浚工程费用约 3418 万元。此外，因使用适航水深，提高了码头使用率，增加装卸作业时间，获得创收效益，三年中港口共创收约 1080 万元。各年度适航水深应用状况与经济收益情况如下：

①2001 年调整维护疏浚计划，节约维护费用如表 2-45 所示。

2001 年调整维护疏浚计划状况表 表 2-45

计划施工区域	调整计划内容	减少工程量(万 m^3)	节约维护费用(万元)
四港池	将维护推迟 4 个月	20.5	127.1
南港池	将维护推迟 4 个月	6.7	41.54
北港池	将维护推迟 4 个月	28.7	177.94
石化港池	将维护推迟 4 个月	5.5	34.1
南 5、6 港池	将维护推迟 3 个月	8.35	51.77
南 5、6 泊位	减少一遍挖泥	7.1	44.02
25～26 泊位	减少二遍挖泥	17.2	106.64
石化泊位	减少一遍挖泥	7.8	48.36
小计		101.85	631.47

②2002 年适航水深应用效益。

2002 年 4 月开始，25、26、27、28、29 泊位与南 2、南 3、南 4、南 5、南 6、南 7、南 8 泊位，高频水深长期浅于通航水深，通过适航水深试用，保证了码头正常作业。如按采用维护疏浚方式来始终保证上述诸泊位的高频水深大于通航水深所需的维护次数，与试用适航水深后的实际维护次数相比较，直接减少维护疏浚土方量约 224 万 m^3，涉及经费 1389 万元(表 2-46)。

2002 年使用适航水深减少维护土方状况表 表 2-46

区　段	面 积 (m^2)	节约维护量		节约经费 (万元)	备　注
		节约次数	工程量(万 m^3)		
25～26 泊位	35925	3	25.87	160.394	每次疏浚厚度 2.4m
27～29 泊位	69851	3	41.91	259.842	每次疏浚厚度 2.0m
南 2 泊位	20959	2	6.71	41.602	每次疏浚厚度 1.6m
南 3 泊位	13049	2	2.47	15.314	每次疏浚厚度 1.6m
南 4 泊位	30895	2	9.89	61.318	每次疏浚厚度 1.6m

续上表

区 段	面 积 (m^2)	节约维护量		节约经费 (万元)	备 注
		节约次数	工程量(万 m^3)		
南 5 泊位	25475	2	10.19	63.178	每次疏浚厚度 2.0m
南 6 泊位	33458	2	13.38	82.956	每次疏浚厚度 2.0m
南 7、8 泊位	61501	2	24.6	152.52	每次疏浚厚度 2.0m
南 9、10 泊位	44501	1	10.68	66.216	每次疏浚厚度 2.4m
25～29 调头圆	246525	1	34.51	213.962	每次疏浚厚度 1.4m
南 7、8 港池	144010	1	20.16	124.992	每次疏浚厚度 1.4m
南 9、10 港池	169569	1	23.74	147.188	每次疏浚厚度 1.4m
合计			224.11	1389.48	—

注：维护疏浚单价按 6.2 元/m^3 计。

上述泊位，因使用适航水深提高码头使用率创收情况见表 2-47，约创收 336 万元。

2002 年减少维护疏浚次数的码头创收效益表 表 2-47

泊位	减少维护次数和影响码头作业天数			码头每天作业效益			经济效益		
	总共减少维护次数	每次影响天数	总共减少影响天数	吞吐 (吨/d)	收入 (元/d)	创收 (元/d)	吞吐量 (万 t)	产值 (万元)	创收 (万元)
25～26 泊位	3	2.5	7.5	31755.52	529517.5	7422.18	23.82	397.14	55.82
27～29 泊位	3	2.5	7.5	2103TED	561500	96460	15772.5TED	421.13	72.35
南 2、3、4 泊位	2	2.5	5.0	9696.3	197500	127400	48.48	98.75	63.70
南 5、6 泊位	2	2.5	5.0	21818	452090	242125	10.91	226.05	121.06
南 7、8 泊位	2	2.5	5.0	21900	425600	47700	10.95	212.8	23.85
合 计	—	—	—	—	—	—	94.16 万吨 1.58 万 TED	1355.87	336.78

③2003 年适航水深应用效益。

随着港口的扩建，2003 年度适航水深应用的范围较 2002 年度有所增大，因此经济效益也相应有所增加。对比分析这两年的应用状况，可以看出 2003 年度主要增加了南$_1$15 万吨级原油泊位与相应调头圆的水域面积。此外，由于南$_{9-10}$回淤速度很快，高频测深结果年淤积厚度达 2.0m，按保障设计水深全年正常通航作业的要求计算，一年需进行多次维护工程，而应用适航水深，全年不作维护工程，经济效益十分显著。

2003 年度使用适航水深减少维护疏浚工程量和提高码头使用率所获经济效

益如表2-48、表2-49所示。

2003年使用适航水深减少维护土方状况表 表2-48

区 段	面 积（m^2）	节约维护量		节约经费（万元）	备 注
		节约次数	工程量（万 m^3）		
25～26泊位	35925	4	20.12	124.74	（1）各区域每次疏浚厚度均以1.4m计；（2）维护疏浚土方单价以6.2元/m^2计算
27～29泊位	69851	3	29.34	181.91	
南1泊位	33640	2	9.42	58.40	
南2泊位	20959	1	2.52	15.62	
南4泊位	30895	2	8.65	53.63	
南5、南6泊位	58933	2	16.50	102.30	
南7、南8泊位	61501	2	17.22	24.911	
南9、南10泊位	44501	5	31.15	193.13	
25～29泊位调头圆	214066	1	29.97	185.81	
南1泊位调头圆	260980	1	36.54	226.55	
南9、南10泊位调头圆	133264	2	37.31	231.32	
合计	964517	—	238.74	1397.52	

2003年减少维护疏浚次数的码头创收效益表 表2-49

泊位	减少维护次数和影响码头作业天数			码头每天作业效益			经济效益		
	总共减少维护次数	每次影响天数	总共减少影响天数	吞吐（吨/d）	收入（元/d）	创收（元/d）	吞吐量（万t）	产值（万元）	创收（万元）
25～26泊位	4	2.5	10.0	31755.52	529517.5	7422.18	31.76	529.52	74.22
27～29泊位	3	2.5	7.5	2103TED	561500	96460	15772.5TED	421.13	72.35
南1泊位	2	2.5	5.0	9696.3	197500	127400	48.48	98.75	63.70
南2、南4泊位	2	2.5	5.0	9696.3	197500	127400	48.48	98.75	63.70
南5、南6泊位	2	2.5	5.0	21818	452090	242125	10.91	226.05	121.06
南7、南8泊位	2	2.5	5.0	21900	425600	242125	10.95	5212.80	121.09
南9、南10泊位	5	2.5	12.5	21900	425600	242125	27.32	548.56	302.10
合 计	—	—	—	—	—	—	177.90万t 1.58万TED	2136.56	744.00

注：1. 码头作业效益为各有关港埠公司2002年提供数据。

2. 南1泊位与南9、10泊位按相应同类泊位计算。

3　2006—2015 年港口深水化条件下水沙运动特征

3.1　概　　述

2006—2015 年天津港不断加快进行港口扩建的步伐，期间，天津港南、北防波堤延伸工程、东疆港区、北港池、航道拓宽加深等工程也相继建设完成并投入使用。本章的港口深水化条件是指上述工程都已完成（部分现场测量是在 30 万吨级航道建设过程中开展的）的情况，边界条件如图 3-1 所示。

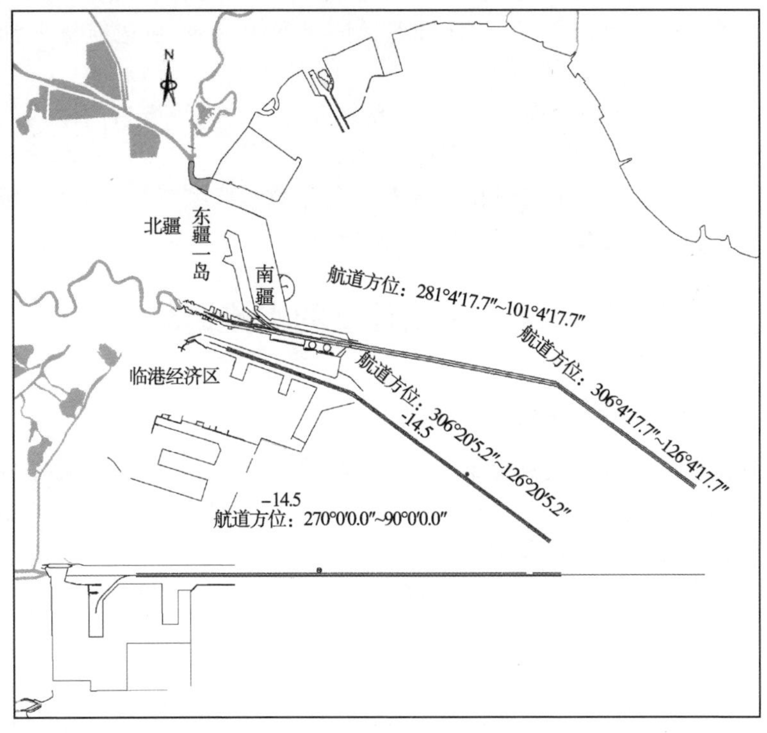

图 3-1　2015 天津港港区布置图

为研究天津港深水条件下的泥沙回淤规律，综合采用现场观测、物理模型和数学模型等多种手段，研究港口深水化条件下的水流运动特征、泥沙运动及港池航道泥沙回淤特征。

3.1.1 港口深水化条件下的水流运动特征

(1)在航道已建成25万吨级、正建设30万吨级航道的现状情况下，现场测量并研究深水航槽内的流速垂向分布和平面分布特征。

(2)结合最新水文全潮实测资料，通过清水潮流物理模型试验，研究港内的水流运动形态、流速分布特征。

(3)利用三维潮流数学模型，研究港内及外航道的水流运动特征。

3.1.2 港口深水化条件下的泥沙运移和港池航道回淤分析

(1)利用现场实测的含沙量资料和遥感卫片，分析悬沙运移特征，并采用潮流泥沙数学模型进行反演。

(2)依据现场实测资料分析边滩底质、航道回淤物以及水体中悬沙的泥沙组成。

(3)依据泥沙淤积观测资料，分析现状情况下的港池、航道航槽泥沙淤积分布、回淤量和回淤强度。

(4)通过定床泥沙物理模型试验，研究各方案下的天津港口门以内的港池和航道的泥沙淤积分布、淤积数量和淤积强度。

(5)利用二维波浪数学模型和三维潮流泥沙数学模型，研究港区水域各方案时的外航道年淤积厚度及淤积量，分析其淤积原因。

3.2 港口深水化条件下的水流运动特征

3.2.1 实测航槽内的潮流特征

目前航道已经基本建设成为30万吨级深水航道，为了了解深水化条件下的航道内水流运动特征，于2011年2月19—20日(冬季)和8月30—31日(夏季)，在天津港航道内布设了7条垂线进行了大潮型的水文全潮观测，测点及2次全潮流速矢量图如图3-2、图3-3所示，潮流特征值如表3-1~表3-3所示。本海区潮流的主要特征如下：

(1)从垂线平均流速矢量图可知，冬、夏两季基本一致；各测站呈明显往复流，外海涨潮呈NW向，落潮呈SE向，在近岸靠近河口及工程区域内的流向有所变化；流向基本与航道轴线走向平行。

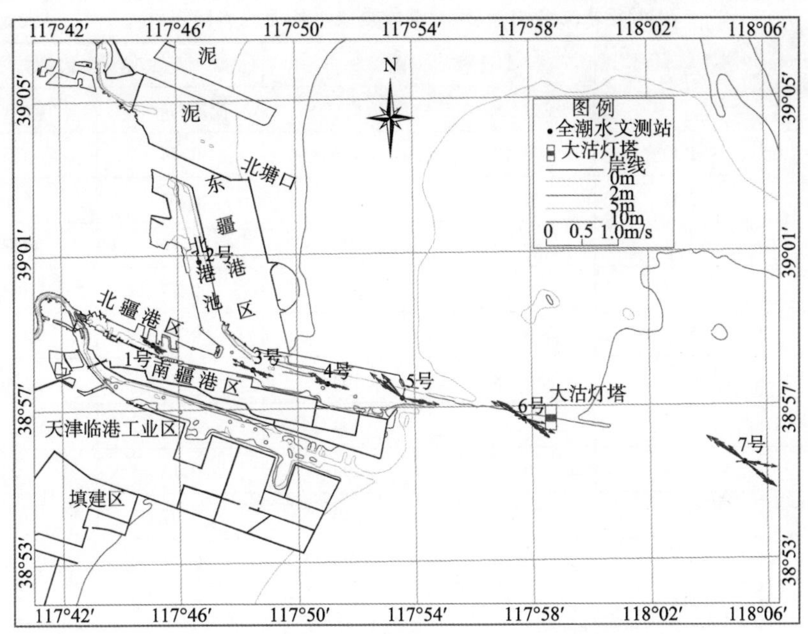

图3-2 冬季(2011年2月)测验施测海域大潮垂线平均流速矢量图

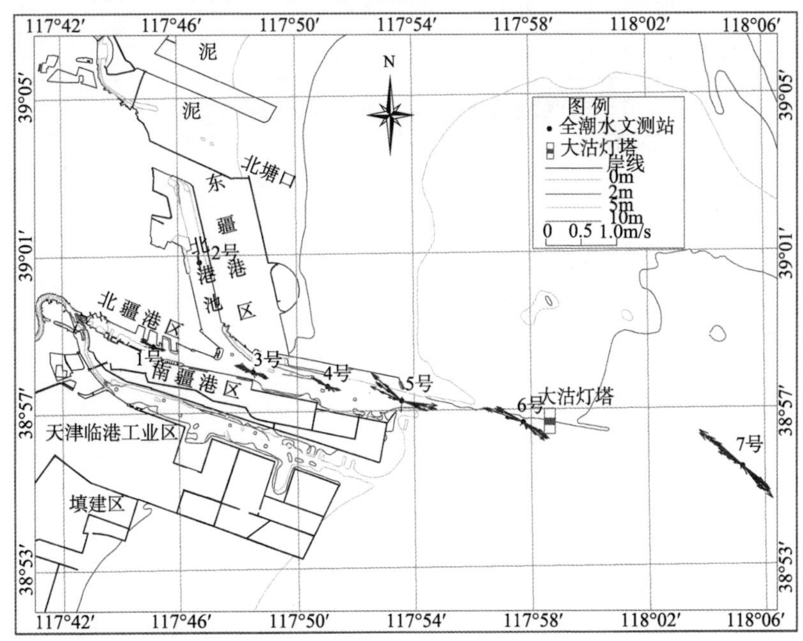

图3-3 夏季(8月)测验施测海域大潮垂线平均流速矢量图

2011年水文全潮涨、落潮潮段垂线平均流速流向统计　　表3-1

时间	站名	涨潮		落潮	
		流速(m/s)	流向(°)	流速(m/s)	流向(°)
大潮 2月19—20日	1号	0.13	300	0.14	128
	2号	0.07	347	0.07	170
	3号	0.16	292	0.16	113
	4号	0.15	291	0.17	104
	5号	0.30	310	0.26	101
	6号	0.28	303	0.28	120
	7号	0.34	304	0.36	122
大潮 8月30—31日	1号	0.13	295	0.12	108
	2号	0.08	346	0.07	173
	3号	0.16	293	0.16	111
	4号	0.14	297	0.11	109
	5号	0.33	303	0.31	104
	6号	0.31	291	0.26	125
	7号	0.43	306	0.37	133

2011年水文全潮涨、落潮垂线最大流速流向统计　　表3-2

时间	站名	涨潮					落潮				
		实测最大			垂线平均最大		实测最大			垂线平均最大	
		流速(m/s)	流向(°)	出现位置	流速(m/s)	流向(°)	流速(m/s)	流向(°)	出现位置	流速(m/s)	流向(°)
大潮 2月 19—20 日	1号	0.27	291	表层	0.22	306	0.26	115	表层	0.21	115
	2号	0.15	354	表层	0.13	348	0.13	175	表层	0.11	170
	3号	0.34	308	表层	0.32	298	0.32	104	表层	0.29	107
	4号	0.34	293	表层	0.31	298	0.34	106	表层	0.31	104
	5号	0.60	305	0.4H	0.57	307	0.56	98	表层	0.52	100
	6号	0.55	298	表层	0.52	297	0.54	120	表层	0.47	115
	7号	0.68	304	表层	0.65	303	0.64	128	表层	0.58	128

续上表

时间	站名	涨潮					落潮				
		实测最大			垂线平均最大		实测最大			垂线平均最大	
		流速（m/s）	流向（°）	出现位置	流速（m/s）	流向（°）	流速（m/s）	流向（°）	出现位置	流速（m/s）	流向（°）
大潮 8月 30—31日	1号	0.21	297	表层	0.20	302	0.19	102	表层	0.18	104
	2号	0.12	345	表层	0.12	349	0.12	170	表层	0.11	171
	3号	0.29	298	表层	0.27	290	0.25	105	表层	0.23	111
	4号	0.30	296	表层	0.26	298	0.25	114	表层	0.19	106
	5号	0.66	311	表层	0.57	311	0.56	103	表层	0.50	97
	6号	0.65	295	表层	0.60	289	0.50	127	表层	0.40	125
	7号	0.89	305	表层	0.78	308	0.69	135	表层	0.62	135

2011 年水文全潮涨、落潮垂线分层平均流速统计（单位：m/s）　　表 3-3

时间	测站	涨潮						落潮					
		表层	0.2*H*	0.4*H*	0.6*H*	0.8*H*	底层	表层	0.2*H*	0.4*H*	0.6*H*	0.8*H*	底层
大潮 2月 19—20日	1号	0.16	0.15	0.14	0.13	0.13	0.12	0.16	0.15	0.14	0.13	0.13	0.12
	2号	0.09	0.08	0.07	0.07	0.07	0.06	0.09	0.08	0.08	0.07	0.07	0.06
	3号	0.19	0.18	0.17	0.17	0.16	0.15	0.18	0.17	0.16	0.16	0.15	0.14
	4号	0.17	0.17	0.16	0.15	0.14	0.14	0.19	0.18	0.18	0.17	0.16	0.15
	5号	0.34	0.32	0.31	0.29	0.28	0.27	0.30	0.28	0.27	0.26	0.26	0.24
	6号	0.31	0.29	0.29	0.28	0.27	0.27	0.31	0.30	0.28	0.27	0.27	0.26
	7号	0.37	0.36	0.35	0.34	0.32	0.30	0.41	0.40	0.38	0.36	0.33	0.31
大潮 8月 30—31日	1号	0.14	0.14	0.13	0.12	0.13	0.12	0.13	0.13	0.12	0.12	0.11	0.11
	2号	0.09	0.08	0.08	0.08	0.08	0.07	0.08	0.08	0.08	0.07	0.08	0.07
	3号	0.18	0.16	0.16	0.16	0.16	0.15	0.17	0.16	0.16	0.15	0.15	0.14
	4号	0.17	0.15	0.15	0.14	0.14	0.14	0.14	0.12	0.11	0.11	0.10	0.09
	5号	0.39	0.35	0.34	0.31	0.31	0.29	0.37	0.32	0.32	0.31	0.30	0.27
	6号	0.34	0.33	0.31	0.31	0.31	0.29	0.33	0.31	0.28	0.24	0.22	0.17
	7号	0.50	0.48	0.45	0.44	0.40	0.36	0.44	0.42	0.38	0.35	0.34	0.32

（2）流速平面分布，以位于口门及口门外附近区域的测站即 5 号 ~7 号的流速最大，而港内的 1 号、3 号、4 号测站次之，北大港池中的 2 号测站最小。

(3)靠近口门附近的几个测点表现出涨潮潮段平均流速略大于落潮潮段平均流速,两次大潮口门附近5号~7号的平均涨潮流速为0.28~0.43m/s,平均落潮流速为0.26~0.37m/s;港内的1号~4号涨、落潮平均流速相差不明显,大多介于0.13~0.17m/s,而其中的2号流速更小,涨/落潮平均流速都仅为0.07m/s,潮流动力较弱。

(4)最大流速。冬、夏季大潮的垂线平均最大流速均出现在外海的7号测站,冬季出现在涨潮时段,为0.65m/s,流向303°;夏季也出现在涨潮段,为0.78m/s,流向308°。另外,冬、夏季大潮各层实测最大流速,也均出现在7号测站的表层,而且均为涨潮时段,分别为0.68m/s和0.89m/s。

(5)垂向分层流速。各层的潮段平均流速呈表层至底层逐渐递减的分布状态;垂线上流速梯度,落潮段大于涨潮段。

3.2.2 模型反演的现状条件下流场

物模和数模均选择2011年8月大潮作为计算潮型,对工程前后各方案流场进行了试验和计算。其中数模垂向上分成6层,从表层向底层依次划分为0.1H、0.2H、0.2H、0.2H、0.2H和0.1H(H为自然水深和潮位的总和)。如图3-4~图3-10所示分别为各区域的数模和物模的流场示意图,可以看出:

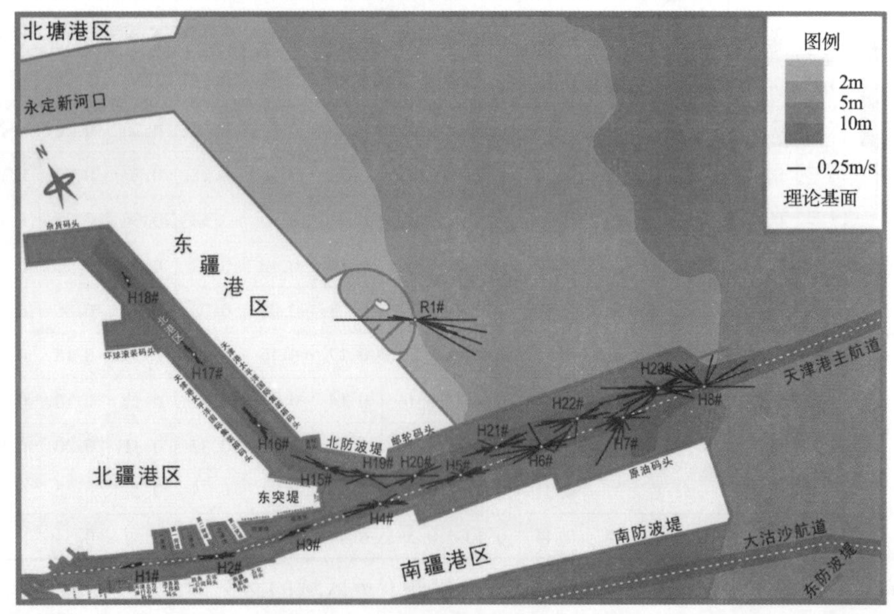

图3-4 现状下港内特征点矢量图(物模)

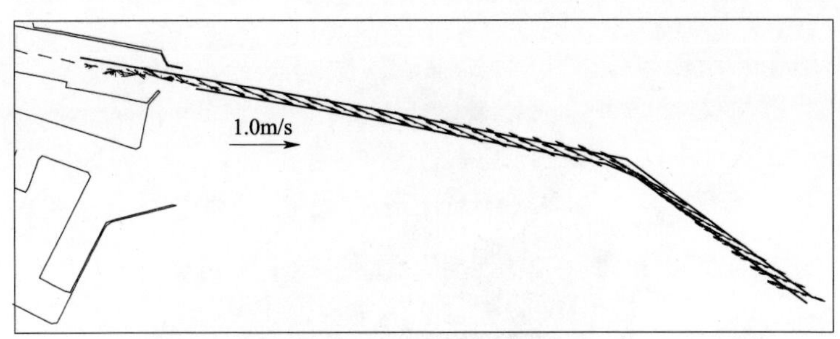

图3-5 航道垂线平均流速矢量图

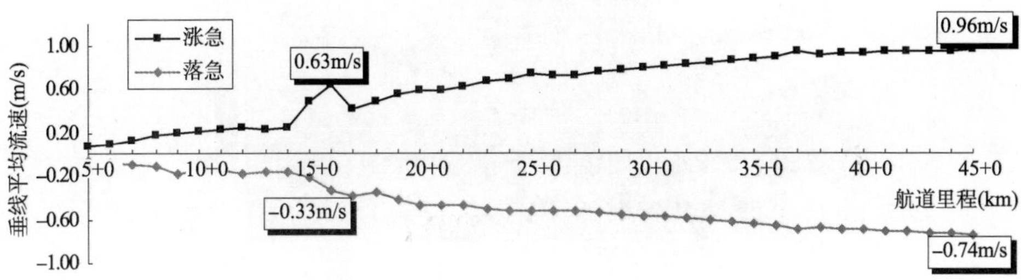

图3-6 航道涨、落急时刻流速沿程分布

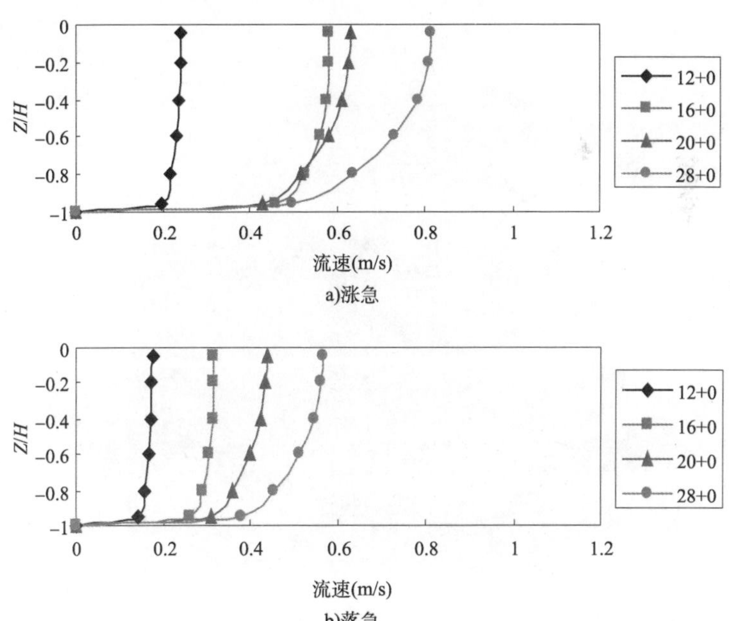

图3-7 航道不同里程涨、落急时刻流速垂向分布

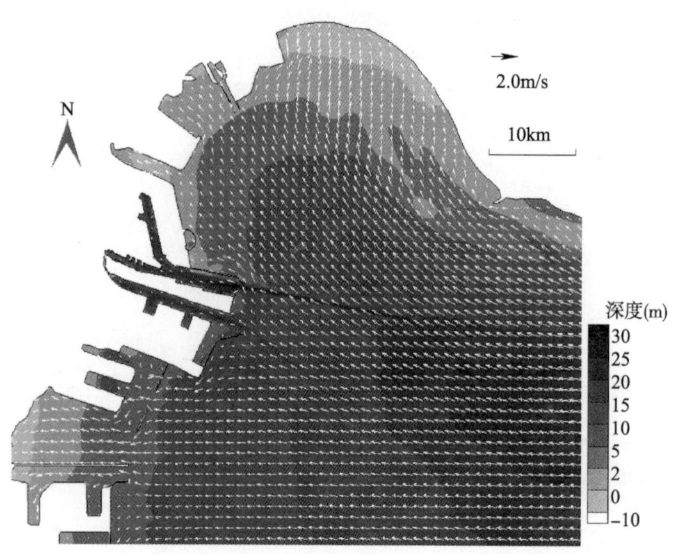

a)表层

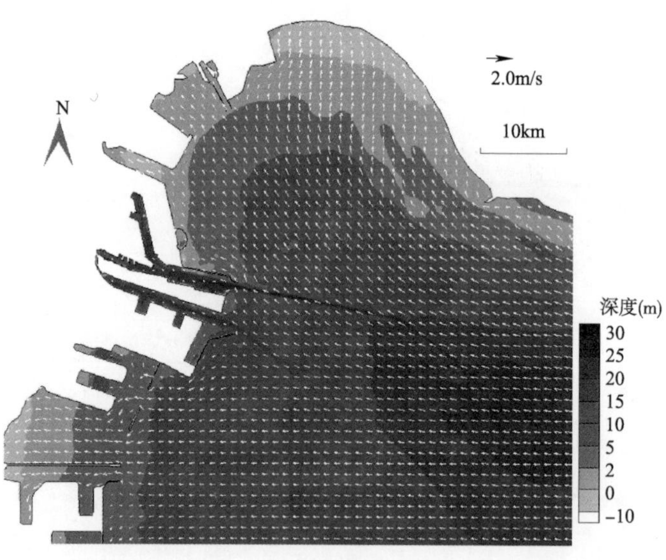

b)底层

图 3-8　现状大范围涨急时刻潮流场

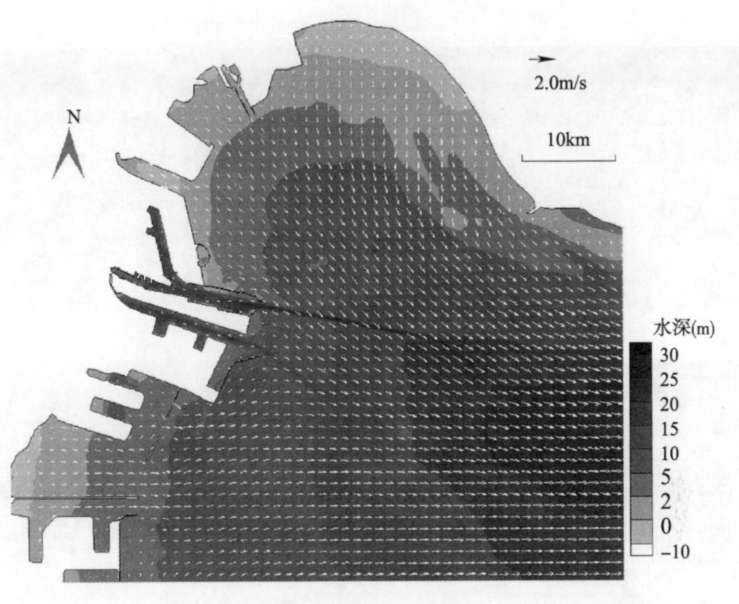

a)表层

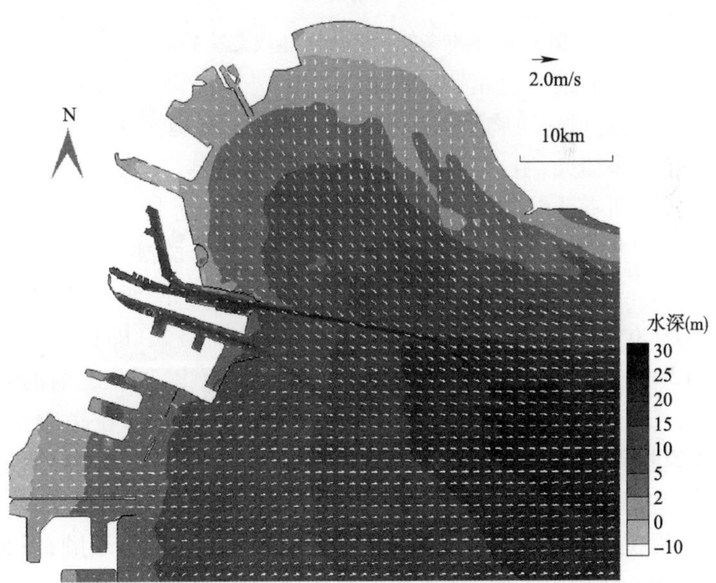

b)底层

图 3-9　现状大范围落急时刻潮流场

a)涨潮

b)落潮

图 3-10　现状条件下口门附近港域流态(物模)

(1)大范围流态:渤海湾潮流运动呈往复态,外部涨潮主流向 WNW,落潮主流向 ESE;近岸时,受港口建筑物的影响,水流呈现沿岸或建筑物边缘流动。水流穿越航道时,由于水深加大,阻力减小及水流归槽效应影响,水流运动方向呈现向航道轴线方向偏转,即有顺航道流动趋势。垂线上各层流态基本一致。

(2)天津港口门段:由于口门防波堤的阻水和挑流,涨潮水体在防波堤内侧形成一逆时针回流。随着涨潮的继续,回流范围逐渐扩大,回流强度也逐渐加大,回流最大流速约 0.65m/s,到高潮位时刻,回流范围达到最大,即覆盖天津港东端水域航道里程 12 +0 ~16 +0 段水域面积。落潮时水体流出,回流逐渐消失。

(3)船闸—东突堤段:航道内涨落潮水流基本是平顺的,在岸边受各突堤、码头影响,在建筑物附近会产生很多小的回流,如一、二和三港池内涨、落潮期间都有回流存在。这些回流范围、强度都不大。

由于东突堤位于两股水流的分叉口,涨潮时水流基本还算平顺,只是到东突堤后分成向北港池和港内两股水流;落潮时两股落潮流又交汇于此,在东突堤前会形成弱的回流区。

(4)北港池内:涨、落潮水流基本是平顺的,只是在挖入式港池内受建筑物影

响会形成很弱的回流。

(5)航道内:外航道内是明显的往复流,水流与航道斜交,17 +0 ~35 +0 段与航道轴线大概呈 25°夹角。航道转弯点处水流与航道夹角较小,但从转弯段向外,夹角逐渐增大,到航道末端,夹角约 17°。航道口门段 13 +0 ~17 +0 之间,由于口门回流影响,水流相对分散;12 +0 以内,水流平顺,基本顺航道流动。

(6)从流速分布来看:涨潮流速大于落潮流速,表层流速大于底层流速。口门段流速较大,从口门向里流速基本呈逐渐减小的趋势。涨急时刻,天津港口门表层流速在 0.4 ~0.8m/s,落急时刻流速在 0.4 ~0.6m/s。东突堤以内以及北港池内流速基本在 0.10m/s 以下。

外航道 17 +0 以外,流速呈逐渐增加的趋势,到航道末端最大流速为 0.96m/s;口门 16 +0 处受防波堤约束,流速较大,涨、落急流速分别为 0.63m/s、0.33m/s;16 +0 以内,流速呈逐渐减小的趋势。

3.3　港口深水化条件下的泥沙环境和回淤分析

3.3.1　水体含沙量分析特征

3.3.1.1　航槽内的实测水体含沙量

2011 年 2 月 19—20 日(冬季)和 8 月 30—31 日(夏季)在航道中进行 7 条垂线流速测量的同时,还开展了水体含沙量观测工作。根据 2 次大潮全潮实测含沙量资料对涨落潮平均含沙量、最大含沙量以及潮段平均含沙量垂向分布等进行统计,得出本海区含沙量的主要特征如下。

1)潮段平均含沙量

各测站涨、落潮段平均含沙量见表 3-4,冬季,涨潮时段的含沙量以口门外的 6 号、7 号最大,约为 0.1kg/m^3,港内 3 号 ~5 号为 0.03 ~0.06kg/m^3,而 1 号和 2 号的含沙量仅为 0.01 ~0.02kg/m^3,含沙量分布明显表现出口门外远大于港内,而港内也以远离口门的港池内端含沙量最小,由此可以判断,天津港环抱式港池中泥沙主要来自口门外,这部分悬沙随涨潮流进入口门后会沿程不断落淤,含沙量逐渐减小,特别是经历口门段的环流区域后,港内中段的含沙量仅剩为口门外含沙量的 50% ~60%,至港池最内端后含沙量变得很小,仅为口门外含沙量的 10% ~20%。落潮时的含沙量平面分布和数值基本同于涨潮时段。

2011 年各测站潮段平均含沙量统计(单位:kg/m³)　表 3-4

站名	大潮					
	冬季			夏季		
	涨潮	落潮	平均	涨潮	落潮	平均
1 号	0.019	0.017	0.018	0.147	0.242	0.195
2 号	0.010	0.010	0.010	0.044	0.052	0.048
3 号	0.032	0.031	0.032	0.046	0.030	0.038
4 号	0.061	0.062	0.062	0.008	0.009	0.009
5 号	0.044	0.061	0.053	0.014	0.010	0.012
6 号	0.103	0.094	0.099	0.024	0.017	0.021
7 号	0.099	0.103	0.101	0.022	0.020	0.021

夏季,除 1 号测站在施测期间受到航道内挖泥船作业的影响(见相关水文测验报告),涨落潮含沙量分别为 0.15kg/m³ 和 0.24kg/m³ 外,其余各点含沙量都很低,4 号 ~7 号的涨落潮含沙量均不超过 0.024kg/m³,2 号、3 号含沙量稍大,但也不超过 0.05kg/m³。

比较冬季和夏季两次测量结果可知,口门内外附近的 4 号 ~7 号测站的含沙量,冬季是夏季的 5 倍左右,但需要说明的是,含沙量的大小也与测量前及测量期间的风浪情况有很大关系。

2)最大含沙量

各测站的各层涨、落潮段最大含沙量特征值见表 3-5、表 3-6。

冬季测验各测站大潮垂线上测点最大含沙量特征值统计(单位:kg/m³)　表 3-5

项目/测点	涨潮			落潮		
	实测最大	垂线平均最大	垂线平均	实测最大	垂线平均最大	垂线平均
1 号	0.042	0.024	0.019	0.026	0.022	0.017
2 号	0.027	0.017	0.010	0.025	0.016	0.010
3 号	0.081	0.046	0.032	0.070	0.046	0.031
4 号	0.402	0.087	0.061	0.289	0.087	0.062
5 号	0.176	0.078	0.044	0.207	0.095	0.061
6 号	0.677	0.127	0.103	0.700	0.166	0.094
7 号	0.468	0.160	0.099	0.386	0.142	0.103

夏季测验各测站大潮垂线上测点最大含沙量特征值统计(单位:kg/m³) 表 3-6

测点＼项目	涨潮			落潮		
	实测最大	垂线平均最大	垂线平均	实测最大	垂线平均最大	垂线平均
1 号	0.942	0.399	0.147	0.938	0.443	0.130
2 号	0.616	0.125	0.044	0.624	0.108	0.031
3 号	0.210	0.116	0.046	0.083	0.047	0.030
4 号	0.138	0.019	0.008	0.110	0.023	0.036
5 号	0.077	0.021	0.014	0.042	0.016	0.036
6 号	0.188	0.040	0.024	0.088	0.025	0.056
7 号	0.155	0.032	0.022	0.250	0.041	0.062

冬季大潮涨、落潮实测最大含沙量均出现在 6 号测站落潮段的底层(H=22.5m),分别为 0.68kg/m³ 和 0.70kg/m³,夏季口门附近段实测最大含沙量仍出现在 6 号站,涨、落潮最大为 0.19kg/m³ 和 0.09kg/m³,而 1 号测站受到航道内挖泥船作业的影响,实测最大含沙量则达到 1.0kg/m³。

3)潮段平均含沙量垂向分布

各测站的涨、落潮段平均含沙量垂向分布见表 3-7、表 3-8。

冬季测验各测站潮段平均含沙量垂向分布(大潮)(单位:kg/m³) 表 3-7

时间	涨潮						落潮					
	表层	0.2H	0.4H	0.6H	0.8H	底层	表层	0.2H	0.4H	0.6H	0.8H	底层
1 号	0.016	0.018	0.018	0.020	0.020	0.024	0.015	0.016	0.018	0.018	0.018	0.019
2 号	0.006	0.007	0.010	0.010	0.012	0.014	0.008	0.006	0.008	0.010	0.013	0.015
3 号	0.023	0.023	0.026	0.034	0.037	0.053	0.022	0.019	0.025	0.032	0.040	0.058
4 号	0.036	0.040	0.046	0.051	0.073	0.154	0.027	0.036	0.046	0.057	0.077	0.165
5 号	0.042	0.040	0.041	0.042	0.047	0.057	0.041	0.046	0.054	0.063	0.074	0.097
6 号	0.045	0.041	0.046	0.055	0.083	0.536	0.051	0.043	0.047	0.059	0.121	0.354
7 号	0.052	0.065	0.074	0.095	0.136	0.192	0.040	0.055	0.070	0.094	0.159	0.237

夏季测验各测站潮段平均含沙量垂向分布(大潮)(单位:kg/m³) 表 3-8

时间	涨潮						落潮					
	表层	0.2H	0.4H	0.6H	0.8H	底层	表层	0.2H	0.4H	0.6H	0.8H	底层
1 号	0.054	0.072	0.099	0.115	0.188	0.466	0.079	0.099	0.145	0.217	0.364	0.687
2 号	0.012	0.016	0.017	0.022	0.056	0.211	0.012	0.013	0.017	0.022	0.067	0.269

续上表

时间	涨潮						落潮					
	表层	0.2H	0.4H	0.6H	0.8H	底层	表层	0.2H	0.4H	0.6H	0.8H	底层
3号	0.034	0.035	0.043	0.050	0.054	0.066	0.030	0.020	0.026	0.033	0.034	0.040
4号	0.005	0.004	0.004	0.005	0.010	0.030	0.005	0.004	0.005	0.007	0.011	0.028
5号	0.007	0.009	0.010	0.014	0.017	0.036	0.006	0.007	0.008	0.010	0.012	0.021
6号	0.005	0.010	0.015	0.020	0.030	0.082	0.007	0.010	0.011	0.015	0.022	0.048
7号	0.009	0.009	0.013	0.019	0.029	0.068	0.009	0.011	0.013	0.017	0.022	0.063

冬季测验期间,1号~3号测站的潮段平均含沙量呈底层略大、各层差异较小的分布状态;4号~7号测站的潮段平均含沙量呈底层明显大于其余各层,其余各层的差异较小。

夏季测验期间,各测站的潮段平均含沙量呈底层明显大于其余各层,其余各层由表层到0.8H递增。

3.3.1.2 泥沙运动遥感分析

本次分析采用的是Landsat－TM卫星遥感影像,时间范围覆盖2005—2012年不同时期。利用遥感技术反演水体的悬浮泥沙浓度的核心是建立海水光谱反射率与悬浮泥沙浓度之间的定量数学关系。采用遥感影像数据和准同步实测数据进行定量率定和拟合,得到了悬沙含量反演经验关系式,对所选遥感卫星影像进行含沙量反演,获得了不同时期、不同潮型工程海域表层悬沙含量分布特点。

分析这些遥感卫星图片和含沙量分布图(图3-11~图3-16)可知:

随着天津港的建设,至2005年(图3-11),北大港池开挖形成;2006年(图3-12)、2007年(图3-13)防波堤延伸,另外,位于东疆的人工沙滩环抱堤也建设完成,则天津港口门附近局部岸线走向发生了一些变化。泥沙运动主要与本海域的岸线走向以及潮流运动方向有关,人工沙滩附近岸线(蓟运河口以南)呈SSE走向,根据流速实测资料统计,该海区潮流基本属于往复流性质,涨潮呈NW向,落潮呈SE向。北侧近岸水域的较高浓度悬沙在SE向落潮流作用下沿岸下泄,运移到人工沙滩环抱堤口门和天津港口门附近,然后在涨潮过程中,这部分悬沙又随涨潮流进入港池而落淤。但在风浪较小时,近岸浅滩上没有大量泥沙悬浮,水体含沙量较小,水体较清澈。

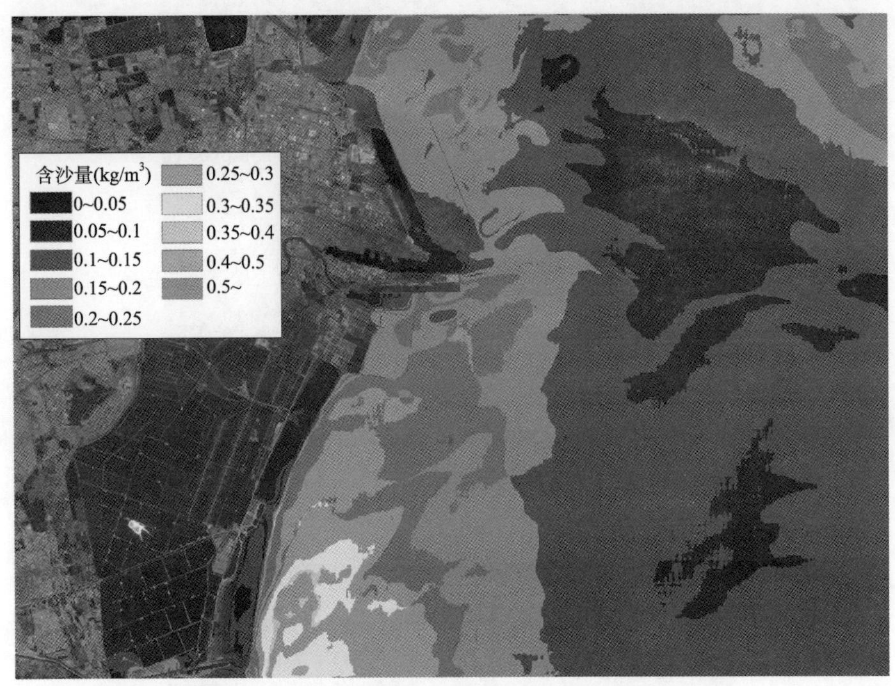

图 3-11 天津港附近海域遥感图像及悬沙分布(2005-04-13)

风况:4~5 级 WSW 潮型:中潮,落中

如图 3-14~图 3-16 所示则是 2010—2012 年成像的遥感图,可以看出,随着北侧的东疆港区建设完成、永定河口的整治、北塘港区、中心渔港乃至汉沽围堤的建设,天津港北侧岸线整体向海推进,则原来在风浪作用下能够提供大量悬浮泥沙的浅滩逐渐减小,该海域的悬沙泥沙来源减小,所以这几幅遥感图均显示出天津港北侧的含沙量较小的特征。但同时,天津港南侧仍出现了较大含沙量。其中图 3-14 显示在 2010 年,大量泥沙随落潮流从天津临港工业区、临港产业区和天津南港的围埝中泄出,造成了局部的高含沙浑水区。而图 3-15 和图 3-16 则显示天津港海域的大含沙量区域主要集中在天津临港产业区和天津南港间,而这股高含沙水体对天津港的港池影响相对较小。也就是说,近岸围垦工程的兴建减小了近岸浅滩的范围,使该水域波浪作用下悬浮泥沙量减少,总体上改善了天津港海区的泥沙环境,使近岸直接进入天津港环抱堤内的泥沙减少,并减少泥沙淤积量。

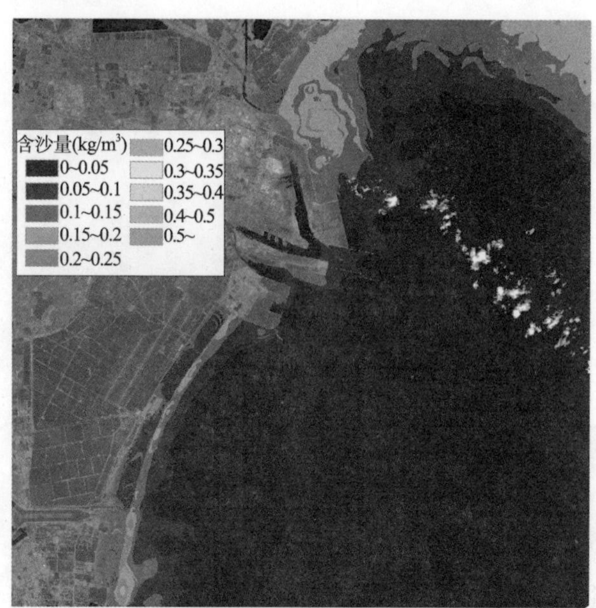

图 3-12　天津港海域遥感图像及悬沙分布(2006-09-07)

风况:4～5 级 N　潮型:大潮,涨初

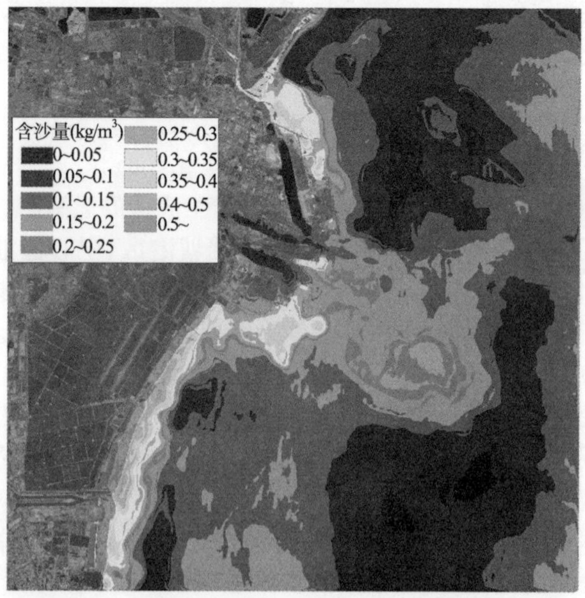

图 3-13　天津港海域遥感图像及悬沙分布(2007-12-07)

风况:4 级 W　潮型:大潮,涨初

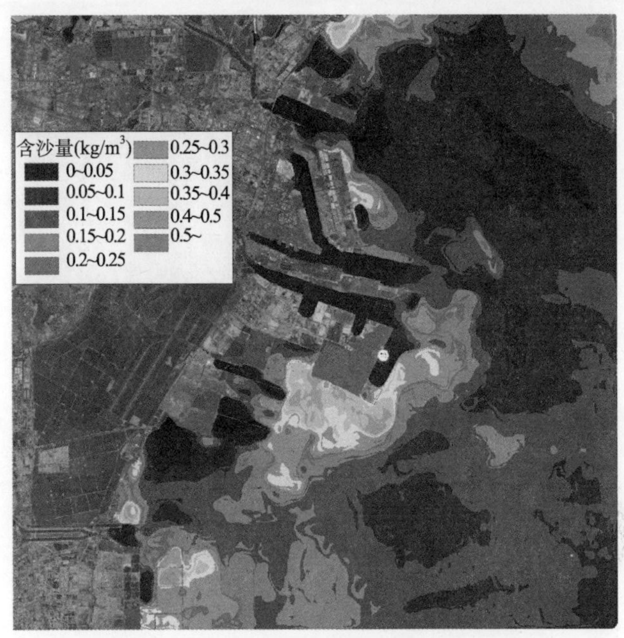

图 3-14 天津港海域遥感图像及悬沙分布(2010-11-13)
潮型:小潮,落中

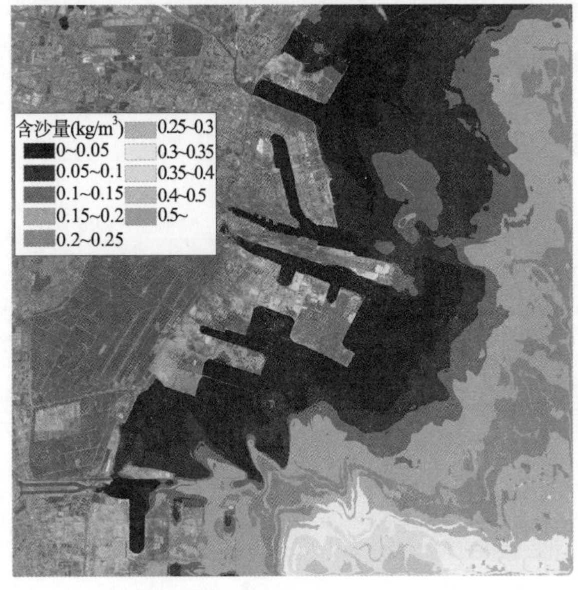

图 3-15 天津港海域遥感图像及悬沙分布(2012-1-3)
潮型:中潮,落初

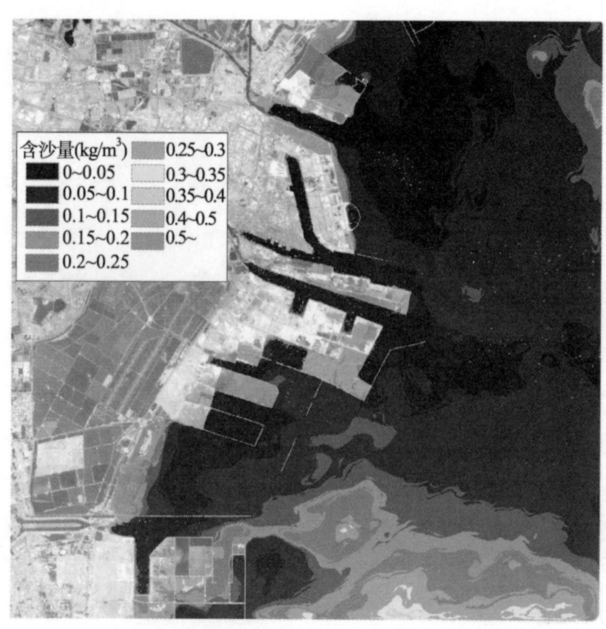

图 3-16 天津港海域遥感图像及悬沙分布(2012-4-8)

潮型:大潮,落末

3.3.1.3 模型反演的泥沙场分布特征

如图 3-17、图 3-18 所示分别为 2007 年边界条件下涨、落潮过程中表层、底层的含沙量分布图。如图 3-19、图 3-20 所示分别为现状边界条件下涨、落潮过程中表层、底层的含沙量分布图。

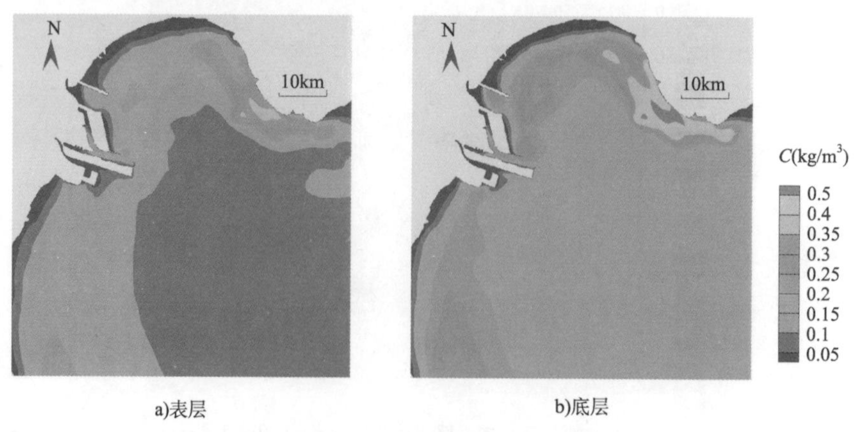

a)表层 b)底层

图 3-17 2007 年边界条件下涨潮过程中表、底层含沙量分布图

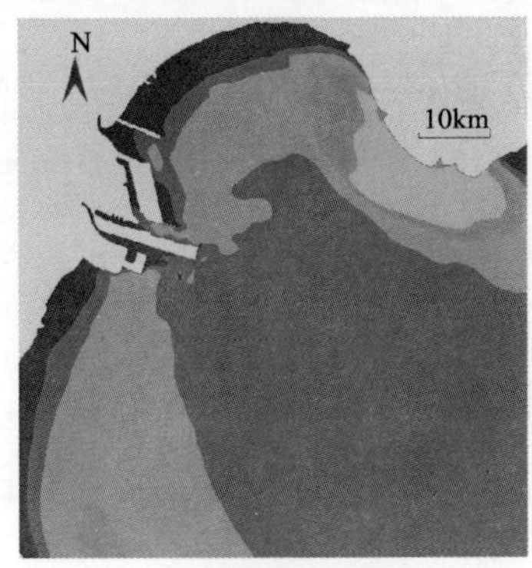

a)表层

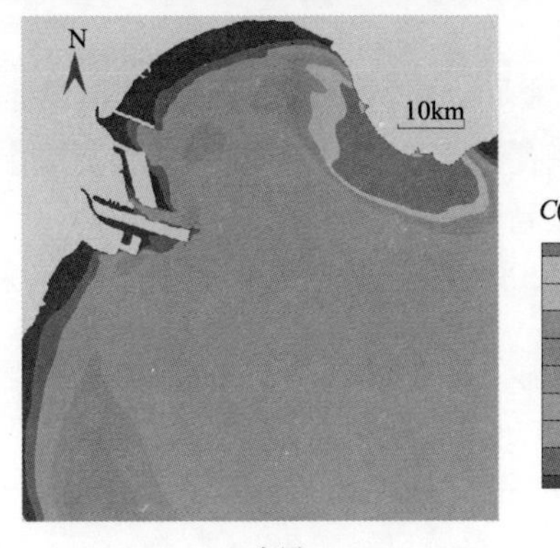

b)底层

图 3-18　2007 年边界条件下落潮过程中表、底层含沙量分布图

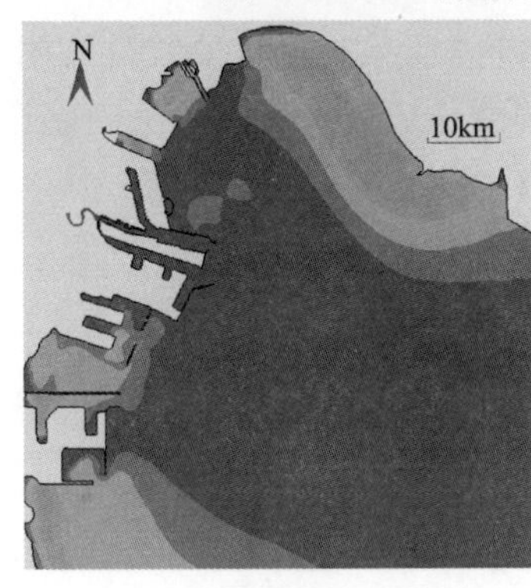

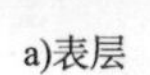

a)表层

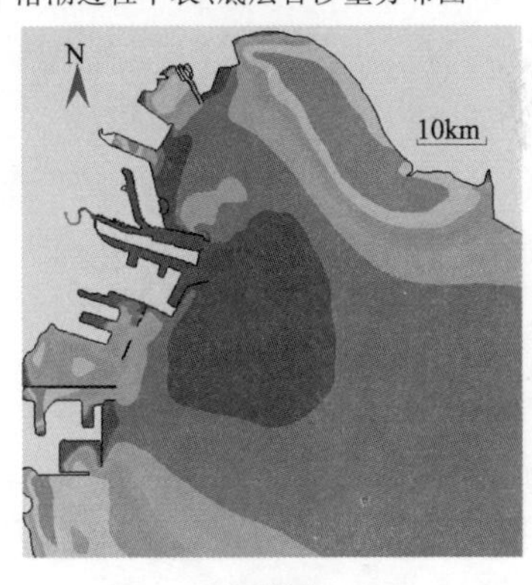

b)底层

图 3-19　现状涨潮过程中表、底层含沙量分布图

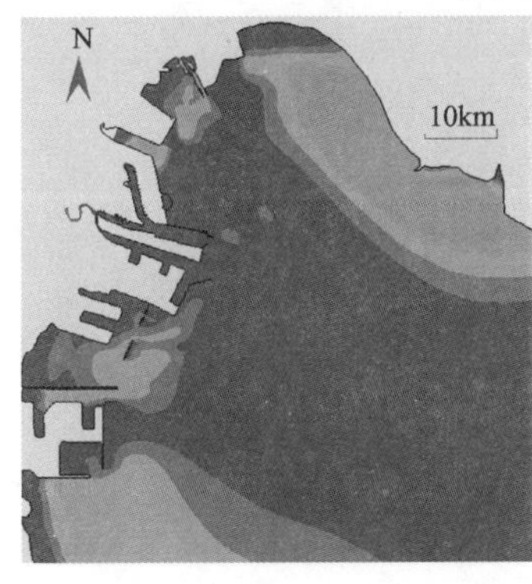

a)表层

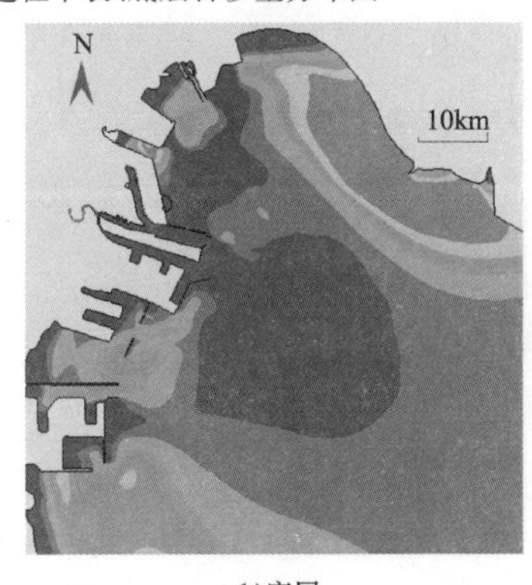

b)底层

图 3-20　现状落潮过程中表、底层含沙量分布图

从含沙量分布图可以看出:

(1)含沙量分布近岸高、外海低;临港工业区南侧以及永定新河口以北,由于有大片浅滩存在含沙量比较高,在潮流作用下有向天津港运动的趋势。含沙量分布底层明显高于表层。

(2)从2007年和2011年含沙量对比来看,由于天津港周边围垦造陆,近岸浅滩明显减少,海区含沙量也有所降低。2007年天津港海域无风天气下口门外含沙量数值在0.1~0.2kg/m^3;到2011年海域含沙量基本在0.10kg/m^3以下。至于垂线梯度,底表层含沙量比值在1.5~2.0倍,其中外海垂线梯度略小于近岸。

(3)天津港口门处的年平均含沙量现状情况下为0.12kg/m^3。

目前,天津港口门以内港池航道淤积的泥沙来源主要有三个:一是自口门进入港内的悬浮泥沙淤积;二是从口门进入先落淤到港内浅滩又中转至航道的泥沙,而最终落淤航道内的泥沙数量与浅滩和深水区面积的比例有关;三是港内航道的疏浚会造成的施工回淤。因此减淤措施之一就是要减少进入港池航道的泥沙,但这需要很好地结合天津港的规划进行,以减少工程费用。

3.3.1.4 港内泥沙来源

1)口门外来源

从大范围悬沙运动遥感分析可知,天津港近岸海域存在大片的浅滩,浅滩泥沙在风浪作用下悬浮起动,并随涨潮水体从口门进入港内落淤,这部分泥沙是天津港内泥沙淤积的主要泥沙来源。由于近年来天津近海围海造陆工程的大面积实施,近岸浅滩面积大大减小,浅滩泥沙的供给也在逐渐减小,总的来说天津港近海的泥沙环境逐渐改善。天津港防波堤头位置由-2m等深线延伸至-5m等深线处,口门的外移也相应减少了近岸边滩泥沙对天津港泥沙淤积的影响。

近些年来,两侧的海河口及永定新河口相继建闸,海河口外的临港经济区建设基本完成,永定新河口的北塘港区也在建设过程中,因此河口来沙正在逐步减少。另外,将来随着二港岛的建设,天津港北侧的浅滩将大幅减少,而且由于其取泥需要,也将进一步减少浅滩的泥沙来源;天津港南侧,由于临港工业区、临港产业区、天津南港的建设,新的岸线逐渐向外海推进,则天津港南侧的浅滩所提供的泥沙量也在逐渐减少。因此,从长远发展来看,天津港口门外来源于浅滩的泥沙将逐渐减少,则对港池航道特别是口门内港池的淤积影响也将越来越小。

2）口门内浅滩提供的泥沙

国际邮轮母港附近浑水带，在涨潮时段仅局限在母港码头前沿及东西两侧边滩，宽度为 150～400m，而在航道内则为清水，并未有浑水出现，这说明观测到的邮轮母港附近浑水带并非外海浑水随涨潮水体带入所致，而应当是港内浅滩泥沙再悬浮引起，即港内的浅滩也是一个主要来源。

目前天津港内浅滩主要有三处（图 3-21）：第一处分布在北港池北部的航道两侧，-5m 等深线以上的面积约 3.42km^2（表 3-9），北港池西侧滩面高程大部分在 2m（理论基面，下同）以上，仅在大潮时高潮位下才能淹没于水下，而航道两侧边滩的滩面高程介于 -5～2m，在高潮时可淹没于水下；第二处位于北防波堤南侧，该处浅滩宽度介于 420～450m，面积约为 2.50km^2，由西向东至口门处，滩面高程逐渐由 -0.8m 下降为 -4m 左右；第三处分布在邮轮母港东西两侧，-5m 等深线以上浅滩宽度介于 120～180m，面积约为 0.5km^2，东侧滩面高程为 1.3m，西侧浅滩滩顶高程为 1.7m，此处面积约占港内浅滩总面积 6.43km^2 的 7.8%。

图 3-21　目前天津港内浅滩分布

天津港内浅滩面积统计 表3-9

位　　置	邮轮码头西侧浅滩	邮轮码头东侧浅滩	北防波堤南侧浅滩	北港池北部浅滩	总　和
面积(km^2)	0.37	0.13	2.50	3.42	6.43
滩顶高程(m)	1.7	1.3	-0.8	2.4	—

天津港的北港池北部、北防波堤南侧及邮轮母港东西两侧均存在大片浅滩。在大风天风浪作用下,浅滩泥沙较容易悬浮起动形成浑水区域,浅滩上的浑水在涨、落潮流的作用下,会被带至邮轮码头前沿,导致码头前出现浑水带。北港池北部浅滩距离邮轮母港距离最远,且该处为港内弱流区,其浅滩泥沙较难被带至邮轮母港附近;北防波堤南侧浅滩与邮轮母港之间隔着母港东侧浅滩,且其滩面高程小于母港东侧浅滩,其对邮轮母港的影响也比东侧浅滩小;邮轮母港东、西两侧浅滩离邮轮母港最近,浅滩滩面高程也较高,泥沙在大风天更容易起动悬浮,其对邮轮母港的影响最直接,也最明显。因此,东、西两侧浅滩上的悬浮泥沙是形成浑水带的主要泥沙来源。大风天浅滩上泥沙悬浮形成浑水带向港池航道内扩散,会对港池航道回淤造成一定的影响,这种淤积是天津港内正常淤积的一部分,只要港池内浅滩不完全消除,这种情况就会一直存在。

为减少港内浅滩提供的泥沙,可以通过开挖减小浅滩面积来实现。但由于费用较高,也需要很好地结合规划和各港区的用途逐步实施。远规条件下南疆港区岸线前沿浅滩疏浚完成,且第二港岛规划方案中北防波堤内侧的大片浅滩被挖深成取泥区,都将减少港内的浅滩面积。

3.3.2 泥沙物质组成

3.3.2.1 航道回淤物颗粒分析

2011年2月19—20日(冬季)和8月30—31日(夏季)进行水文测验期间,在7个水文测站进行了表层沉积物取样。

所取样品全部进行了颗粒分析,如表3-10、表3-11所示为分析结果。所取样品的中值粒径,冬季为0.0043~0.0340mm,平均为0.0195mm;夏季为0.0048~0.0115mm,平均为0.0076mm,泥沙粒径夏季比冬季细。所取样品的分选系数,冬季在1.06~2.39间变化,平均为1.78;夏季在1.83~2.31间变化,平均为2.08,属于分选程度中常范畴。所取样品的沉积物质种类主要为四种,分别为砂—粉砂—粘土、粉砂、粘土质粉砂、粉砂质粘土。粘土的百分含量,冬季平均为28.6%,夏季平均为37.1%。

冬季测验表层沉积物颗粒分析成果　　表 3-10

取样时间:2011 年 2 月

样品号	名　称	粒级含量(%)			粒度参数		
		砂	粉砂	粘土	D_{50}(mm)	Qd_{φ}	Sk_{φ}
TG－1	粉砂质粘土　TY	15.4	36.5	48.1	0.0043	2.39	－0.77
TG－2	砂—粉砂—粘土　STY	22.2	43.9	33.9	0.0130	2.14	0.02
TG－3	粉砂　T	10.2	76.9	12.9	0.0308	1.06	0.51
TG－4	粉砂　T	10.5	73.4	16.1	0.0340	1.06	0.61
TG－5	砂—粉砂—粘土　STY	23.8	45.2	31.0	0.0246	2.13	0.82
TG－6	粘土质粉砂　YT	16.1	51.6	32.3	0.0150	1.88	0.35
TG－7	粘土质粉砂　YT	14.9	59.4	25.7	0.0149	1.80	0.14

夏季测验表层沉积物颗粒分析成果　　表 3-11

取样时间:2011 年 8 月

样品号	名　称	粒级含量(%)			粒度参数		
		砂	粉砂	粘土	D_{50}(mm)	Qd_{φ}	Sk_{φ}
XG－1	粉砂质粘土　TY	13.1	41.6	45.3	0.0048	2.01	－0.59
XG－2	粘土质粉砂　YT	11.7	47.3	41.0	0.0056	2.14	－0.04
XG－3	粘土质粉砂　YT	14.2	49.5	36.3	0.0075	2.25	－0.03
XG－4	粘土质粉砂　YT	12.1	56.1	31.8	0.0115	1.83	0.16
XG－5	粘土质粉砂　YT	14.9	48.3	36.8	0.0064	2.31	－0.31
XG－6	粘土质粉砂　YT	12.6	51.1	36.3	0.0073	2.10	－0.08
XG－7	粘土质粉砂　YT	13.4	54.3	32.3	0.0103	1.90	－0.02

3.3.2.2　边滩泥沙颗粒分析

2007 年 11—12 月,以天津港主航道为中心,北至蓟运河口,南至独流碱河的大范围内,布设了 19 条取样断面,每条断面自西向东为 1 ~ 9 个取样点,共采取表层样 155 个。所取样品全部进行了颗粒分析,分析结果如下。

1)沉积物中值粒径分布特征

样品分析结果表明,本区沉积物粒径偏细,各断面平均中值粒径在 0.0054 ~ 0.0078mm 间,19 条断面的平均中值粒径为 0.0062mm,粒径级差小,变化幅度不大

(表3-12)。

各断面沉积物平均中值粒径变化(单位:mm)　　表3-12

断面号	1	2	3	4	5	6	7	8	9	10
$\overline{D}_{50}$	0.0061	0.0057	0.0072	0.0063	0.0057	0.0055	0.0054	0.0078	0.0054	0.0057
断面号	11	12	13	14	15	16	17	18	19	平均
$\overline{D}_{50}$	0.0055	0.0064	0.0073	0.0068	0.0062	0.0063	0.0057	0.0070	0.0069	0.0062

从表3-12中的统计结果可知,北侧10条断面平均中值粒径为0.0061mm,南侧9条断面的平均中值粒径为0.0064mm,总体显示出南部和北部的粒径相当。

从沉积物中值粒径等值线图(图3-22)可以看出,本区沉积物粒径最细的区域分布在新港主航道以北,分布面积较大,另外在靠近锚地区航道以南也有大面积的分布;大于0.007mm粒径的区域表现为南侧多于北侧;南侧近岸分布面积较大;粒径最粗点为8~9号点,中值粒径为0.0192mm,样品中含有贝壳碎屑。

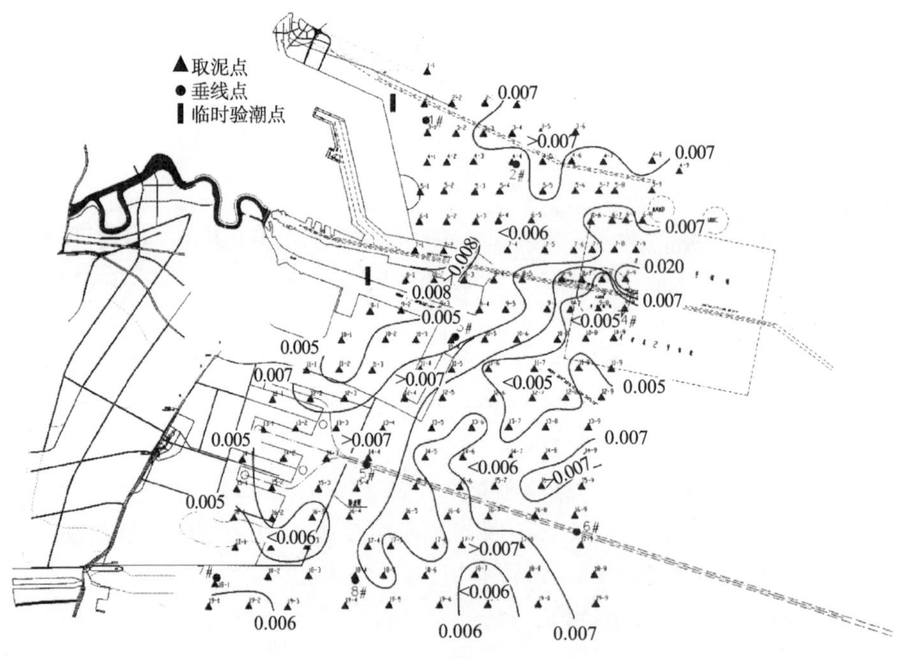

图3-22　天津港近海区沉积物中值粒径等值线图(单位:mm)

2）沉积物沉积类型分布

样品分析结果表明，本区表层沉积以粘土质粉砂为主，其中沙占 8.3%，粉沙占 49.4%，粘土占 42.3%。

粘土质粉砂的分布区域比较广泛（图 3-23 沉积物沉积类型分布图），在取样区南侧较北侧分布面积要多。

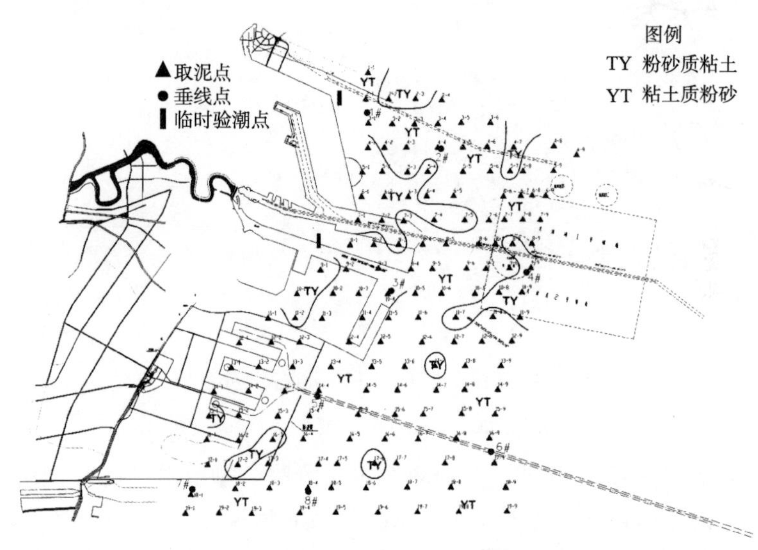

图 3-23　天津港近海区沉积物沉积类型分布图

粉砂质粘土主要分布在天津新港北侧近岸与锚地区，在南侧分布面积较少，多呈零散分布。

3）沉积物分选程度

分选系数表示粒径曲线的扩散方程，即颗粒大小的均匀性，反映沉积分选的好坏。若样品中粒级类型少，主要粒级百分含量高，则分选性就好，分选系数就小；反之，样品中粒级分布范围很广，主要粒级不突出，则分选程度就差，分选系数就大。

本海区的分选程度可分为三个等级，即分选程度好、分选中常和分选差。由沉积物分选程度分布图（图 3-24）可以看出，本区分选中常的区域分布面积最为广泛，分选系数在 1.7 左右；分选好的区域在局部区域零散分布，平均分选系数为1.21；分选差的区域仅在海河南近岸局部点分布，其分选系数为 2.27。

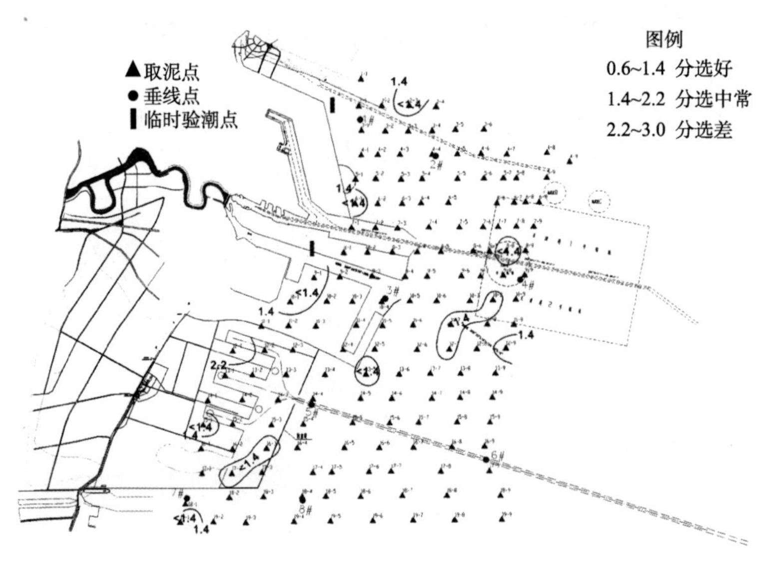

图 3-24 天津港近海区沉积物分选程度分布图

3.3.2.3 悬沙粒径分布特征

在 2007 年 11—12 月开展了 8 条垂线水文测验。每条垂线在大、小潮的涨、落急时段及涨、落憩时段采取水样，进行悬沙样品的颗粒分析，8 条水文垂线各取样 54 个，共取悬沙样品 432 个，全部进行了粒径分析。分析结果表明，8 条垂线大潮期间悬沙平均中值粒径为 0.0080mm，小潮期间悬沙平均中值粒径为 0.0078mm，表明大潮悬沙粒径略大于小潮悬沙粒径。

悬沙的物质组成情况，大潮期间粘土含量为 44.4%，粉砂含量为 47.4%，砂的含量为 8.2%；小潮期间粘土含量为 41.4%，粉砂含量为 50.8%，砂的含量为 7.9%。

大、小潮期间物质组成主要为粉砂、粘土和砂，大潮期间粘土含量较小潮高 3%，小潮期间粉砂含量较大，潮高 3.4%，砂的含量变化不大。

为了解全潮期间不同时段悬沙的变化情况，将 8 条垂线大小潮涨、落急与涨、落憩时段悬沙平均中值粒径分别统计，可知大潮涨、落急时段悬沙平均中值粒径为 0.0083mm 与 0.0082mm，涨、落憩时段均为 0.0078mm，表明涨、落急时段悬沙粒径大于涨落憩时段；小潮涨、落急时段悬沙平均中值粒径为 0.0075mm 与 0.0081mm，涨、落憩时段为 0.0081mm 与 0.0075mm，涨、落急时段与涨落、憩时段平均粒径相当。另外，3 号垂线悬沙粒径大、小潮期间均表现为最细，其平均中值粒径仅为 0.0047mm。

3.4 深水化条件下的港池航道泥沙回淤特征

3.4.1 基于水深测图的港池航道回淤特征分析

港池、航道的开挖破坏了局部水流泥沙平衡体系，水流中挟带的泥沙在穿越航道时由于流速降低而纷纷落淤，从而造成一定量的淤积。而未开挖的边滩，较短时间内基本处于冲淤平衡状态，因此计算泥沙回淤时仅限于开挖的港池航道范围内，而不考虑未开挖的边滩。

采用固定断面平均水深法，即利用常规水深测图，提取出固定断面及附近区域的实测水深值，并计算断面平均水深和对比月份的水深差值，来计算2009年11月—2011年11月共24个月、8个季度内港池航道底宽范围内的实际水深变化，并据此作进一步的泥沙回淤分析。

考虑到港池、泊位、航道或两侧区域一直处于施工状态，泥沙回淤受施工影响程度随航道沿程变化较大，水深沿程变化也较大，因而布设了较为密集的固定断面，总共为139条断面。主航道及航道加宽段0+0~22+0的断面长度为0.5km，22+0~44+0段断面长度为1km。

利用2009年11月—2011年11月共8个季度的实测资料提取出固定断面上及附近区域的实测水深值，并计算出断面的平均水深和对比月份的水深差值。

(1)从几张水深变化图整体来看，天津港港池、航道水域平面上水深加大和减小的现象共存，如图3-25所示，2009年11月—2010年2月1区的H4+0以内基本上表现为水深加大现象，但H4+0~H7+0、北港池等水域则表现为水深减小、泥沙淤积，而H7+0以东的主航道上则水深增加0.5m以上。同时，不同季节各区域的冲淤变化情况也不同，某季度表现为水深加大的区域，在另一个季度却可能表现为水深减小呈淤积状态，或者相反。例如同样是1区，2011年2月—2011年5月(图3-26)和2011年8月—2011年11月(图3-27)的水深变化情况就明显不同于2009年11月—2010年2月，在后两张图中显示，H4+0以内基本上表现为水深减小、泥沙淤积的现象，特别是2011年8月—2011年11月的淤积更为严重；而H5+0~H7+0在这时段表现为水深加大的特征。

分析认为，一方面，尽管天津港防波堤已经延伸到16+0，但仍有大量悬浮泥沙随涨潮流自口门进入港内，还存在起泥沙中转作用的多处浅滩，因此为港池航道回淤提供了沙源。同时，港池航道均是开挖而成，水深较初始床面增加了十多米，则在有大量泥沙来源的情况下发生泥沙淤积是正常的。另一方面,天津港内因受环抱堤掩护,波浪动力相对较弱,而且为港内水域,为半封闭式,远离口门的区域的水流也较弱,特别是如前所述天津港的水深基本都在10m以上,则回淤到港池航道中的泥沙将难以起动,即单纯在水动力条件下几乎不会发生冲刷现象。因此,测图发现的水深加大现象,可能是以下原因造成的:

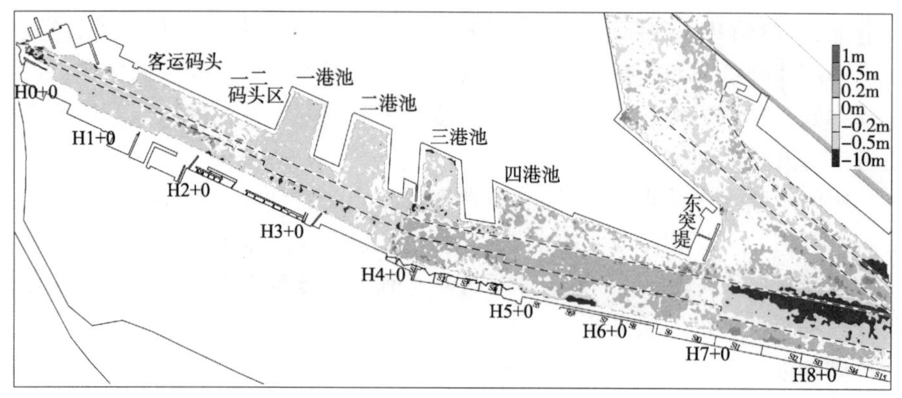

图3-25　2009年11月—2010年2月1区水深变化图

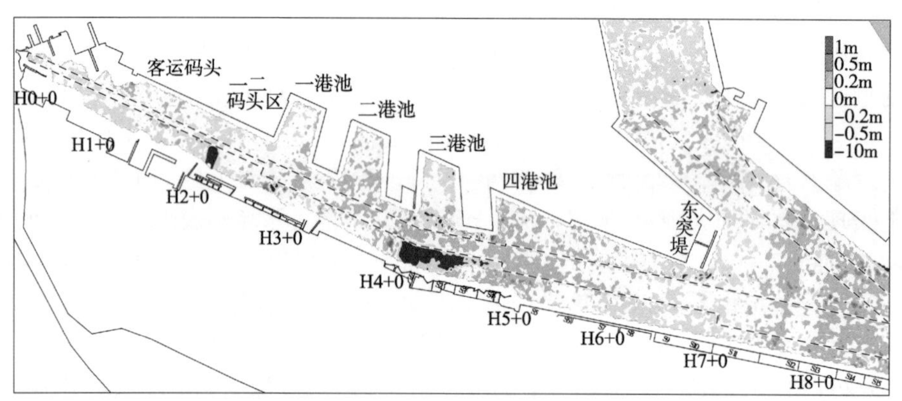

图3-26　2011年2月—2011年5月1区水深变化图

①航道断面处疏浚,致使水深加大,两张测图比较计算出的淤积厚度为负值;或者某断面处在某个月内开挖,造成局部水深加大,但其他月份并未疏浚施工,泥沙回淤造成水深淤浅,则该时段内的水深变化值将主要取决于挖深和回淤厚度的数量差。此种情况下,泥沙淤积对地形的改变将相对微弱,测图比较值不能代表泥沙回淤情况。

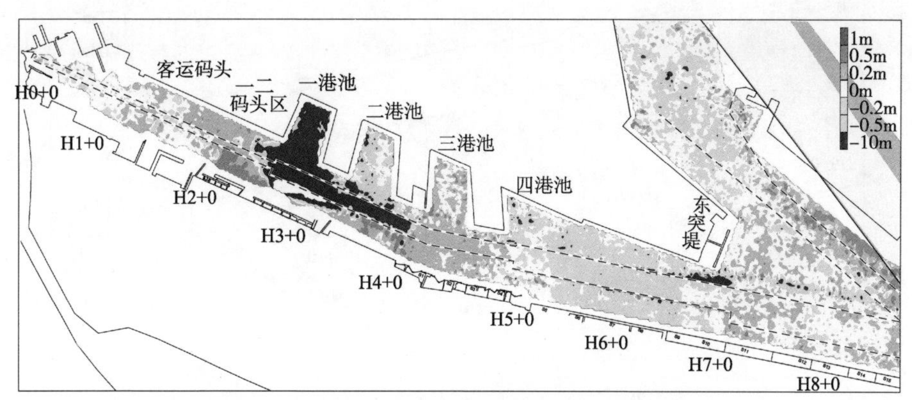

图 3-27 2011 年 8 月—2011 年 11 月 1 区水深变化图

②航道边缘开挖取泥或者断面间航道疏浚挖深，造成航道底床上新近落淤泥沙流动到施工区，造成两张测图断面比较值偏小。

③航道疏浚或航道外侧开挖取泥，会引起底床部分泥沙悬扬，则采用高频水深测量出的泥面上升即水深相对减小，若采用此水深作为初始水深，则断面比较的计算值偏小，而且在短时间内甚至会因这部分泥沙的重新落淤、密实而造成计算值为负值。

④测量误差造成的差异，航道目前水深允许测量误差为 ±0.2m。

而对于水深加大在 0.5m 以上的，应主要是由维护疏浚或开挖施工造成的。

另外，局部还存在强淤现象，由于该段开挖较深，则周围相对较浅区域底床上的浮泥就有可能在重力、异重流的作用下流入该深水区，从而加大淤积。如南 1 泊位水深为 17.5m，比相邻的 2 号泊位深 5m 多，再如南 11、南 12 和原油码头等水深超过 21m，也均比其两侧相邻泊位深 5m 多。

上述泥沙淤积分布特征也反映出了施工期间所特有的现象，即相邻断面的水深变化有时会呈不同状态。

(2)口门附近内航道段淤积。

目前天津港的口门在 H16 +0，受南北防波堤的掩护，H16 +0 以里的航道可视为内航道。如图 3-28 ~ 图 3-30 所示分别为 2 区在 2011 年 2 月—2011 年 5 月、2011 年 8 月—2011 年 11 月、2010 年 5 月—2010 年 8 月期间的水深变化图，可见，在不受施工影响的情况下，均发生了明显的淤积，这几个季度的淤积厚度大多介于 0.2 ~ 0.5m。

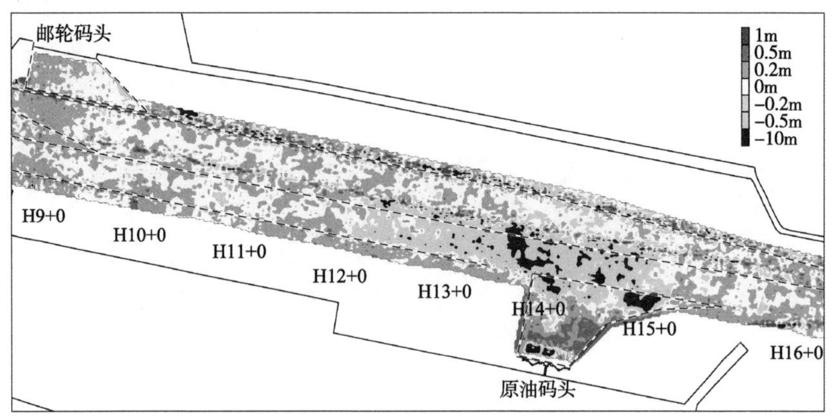

图 3-28　2011 年 2 月—2011 年 5 月 2 区水深变化图

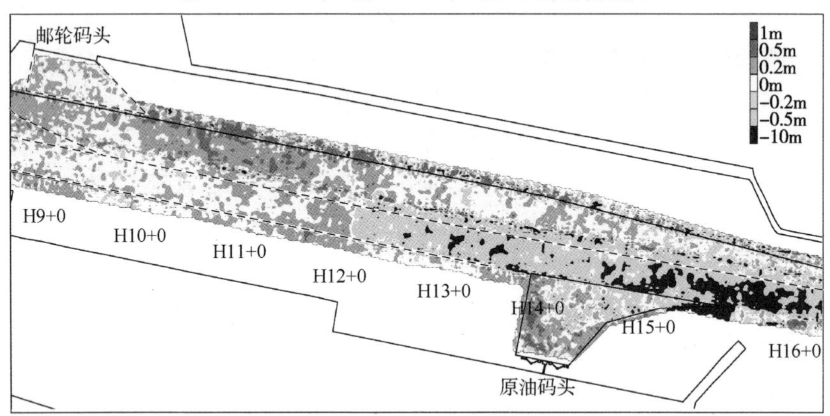

图 3-29　2011 年 8 月—2011 年 11 月 2 区水深变化图

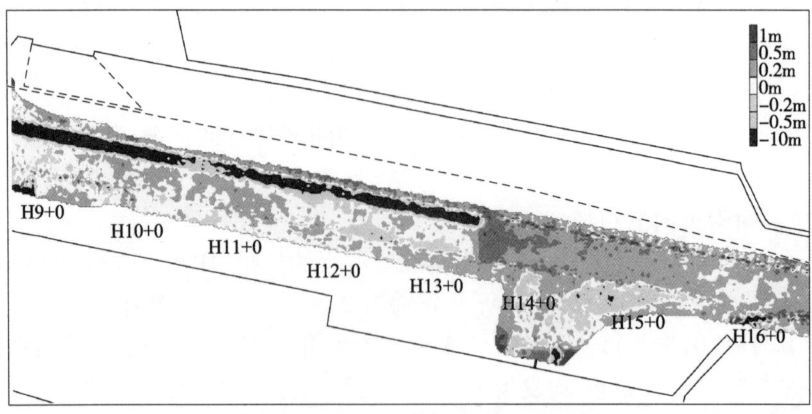

图 3-30　2010 年 5 月—2010 年 8 月 2 区水深变化图

在不受施工影响(因疏浚造成水深加大,表中的数值为负值)情况下,口门附近的内航道段相比于远离口门的港池航道而言,更好地表现出淤积特征(表中的数值为正值),而且淤积厚度更大。

分析认为,当携带大量泥沙的涨潮流从口门进入后,由于水流速度有所减小,水体挟沙力降低,泥沙会逐渐发生落淤。相比而言,口门段含沙量最大,沿程逐渐减少,这在泥沙环境分析中已经指出,2011年冬季实测表明,涨潮时段的含沙量以口门外的6号、7号最大,约为0.1kg/m^3,港内3号~5号为0.03~0.06kg/m^3,而1号和2号的含沙量仅为0.01~0.02kg/m^3,含沙量的分布明显表现出口门外远大于港内,而港内也以远离口门的港池内端含沙量最小。由此判断,在天津港环抱式港池中泥沙淤积分布应当是口门段较大,而港池最内端淤积最小。

同时,在港内的口门区航道北侧尚存在着大片浅滩,浅滩上的部分泥沙在风浪作用下会悬扬,并进入临近的航道,加重靠近浅滩区的航道淤积。

(3)口门至外航道拐弯点航道的淤积。

口门H17+0至外航道拐弯点H36+0段航道,在2010年11月—2011年11月期间基本都处于开挖状态,水深加大。但在2009年11月—2010年11月期间,除春季即2010年2—5月水深加大外,其他三个季度的水深大多表现为减小即淤积状态。排除明显受施工影响的春季,则其他三个季节的总淤积厚度为0.1~0.5m,该段的三个季度淤积厚度平均值为0.3m,再考虑被排除掉的春季,则年淤积厚度应在0.4m左右。其中,H17+0~H25+0又与H25+0~H36+0不同,前者在春季水深大多加大0.4~0.7m,而后者仅加深0.1~0.3m;其他三个季节对应的淤积厚度也不同,前者淤积厚度基本为0.3~0.5m,平均0.4m,而后者仅为0.1~0.3m,仅为0.2m。也就是说,近口门段的淤积量要大于远离口门的航段。从含沙量平面分布角度来看,2011年冬季和夏季该段航道上的6号(对应于H22+0附近,边滩水深-8m)和7号(对应于H30+0附近,边滩水深15m)实测含沙量并没有太大差别,冬季分别为0.099kg/m^3 和0.101kg/m^3,夏季均为0.021kg/m^3。而依据2004年的多次实测资料(表2-15),本海区含沙量的纵向(由岸向海)分布呈由大到小的规律:在-2m水深处,多次实测平均含沙量约为0.096kg/m^3,向外至-5.0m水深处,平均含沙量约为0.073kg/m^3,水体含沙量有较大幅度的下降;而到-7m水深处,平均含沙量降至0.070kg/m^3,比-5m线有所降低但不明显。也表现出口门附近段即-7~-5m含沙量变化不大。再据1999年实测资料,在航线-7.0m处的U8和在外海-20m处的U1,在中潮时分别为0.004kg/m^3 和0.003kg/m^3,相差也不大,而近岸处的其他测点含沙量则大10倍以上;但小潮两测站则分别为0.019kg/m^3 和0.005kg/m^3,两处的相差达到4倍。依据这些含沙量实测资料,可以认为含沙量呈近岸大、外海小,但外海一定长度的航道段上含沙量相差不大的分布特征,则泥沙回淤也将呈现出这种空间分布特征。而依据测图分析出的近岸H17+0~H25+0段略大于H25+0~H36+0段的特征,也难免不受施工影响,所以尚需进一步依据模型和现场实测来验证。如图3-31所示。

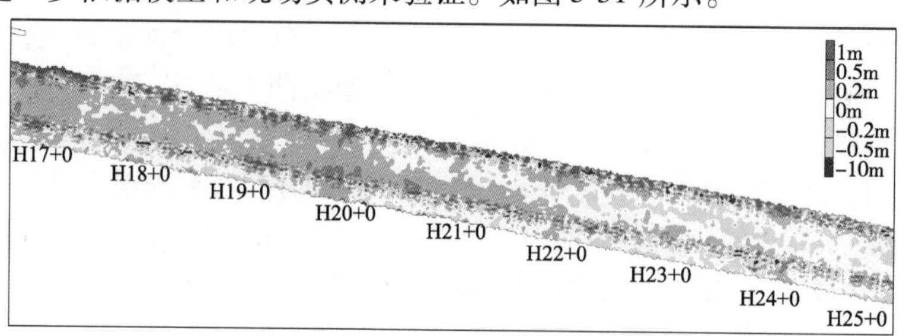

图3-31　2010年5月—2010年8月3区水深变化图

(4)外航道拐弯以外航段的淤积。

外航道拐弯点H36+0以外段的边滩水深在15m以深,即该段航道开挖深度小于6.5m,特别是航道末端H42+0~H44+0的边滩水深接近20m,但也发生了明显的淤积,如图3-32所示。分析原因,一方面是此处水体中仍有一定的含沙量,如7号测站(H30+0附近,对应边滩水深15m左右)冬季实测的涨、落潮平均值约为0.1kg/m³,实测垂线(底层)最大值0.5kg/m³。同时,现在尚处于开挖建设初期,临近航段的施工扰动,如图3-32所示的H35+0~H42+0也可能会增加局部水体中的含沙量而加重淤积程度。另一方面,航道开挖完成初期,两侧边坡尚不稳定,边坡塌方等现象也会存在,从而会造成新挖航道的淤积。

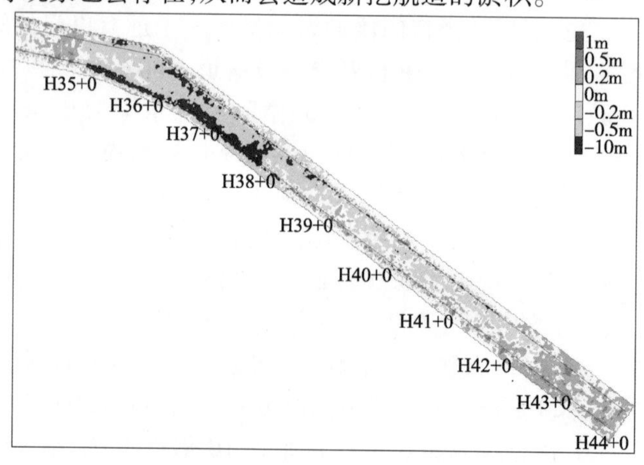

图3-32　2011年2月—2011年5月5区水深变化图

总之，由于受疏浚影响，如图 3-33、图 3-34 所示分别为 2009 年 11 月—2010 年 11 月和 2010 年 11 月—2011 年 11 月水深变化图，大片水域呈水深加大现象，大多数固定断面各时段的水深变化值为负值，即水深加深，导致无法统计这些断面的淤积强度。但从整体上可知泥沙回淤还表现出了航道沿程分布不均匀的特征，以口门区域的泥沙回淤强度最大，这主要是由于口门附近存在环流，泥沙更容易落淤，根据我们对天津港环抱堤内水域泥沙淤积的监测成果，回流区较水流平顺区的淤积大 2 ~ 4 倍。口门向内、外两侧淤积强度逐渐减小，至港池最里端如船闸 ~ 主航道 2 + 5 段、北港池的最内端等基本不淤积，这主要是由于其距离口门较远造成的，此处水体交换相对较差，从口门外携带而来的泥沙，难以运移到此处，从现场实测的含沙量也可以反映出，口门外含沙量为 0.1kg/m^3，而此处的含沙量仅为 0.01 ~ 0.02kg/m^3，所以港池最里段的淤积较小。

根据含沙量的平面分布特征，特别是根据实测的内航道沿程含沙量，拟合出内航道的含沙量沿程分布关系式：

$$S = S_0(1 - L/L_0)^{1.73} \tag{3-1}$$

式中：S——内航道计算点的含沙量(kg/m^3)；

S_0——口门处的含沙量(kg/m^3)；

L_0——口门处的航道里程，即口门至港内最里端的距离(m)；

L——计算点至口门的距离(m)。

考虑到天津港内的泥沙主要为悬沙落淤，含沙量减小，说明泥沙沿程不断落淤，则内航道的泥沙淤积强度沿程分布应当与含沙量的沿程分布一致。即公式(3-1)中的含沙量可以修改为淤积强度：

$$P = P_0(1 - L/L_0)^{1.73} \tag{3-2}$$

式中：P——内航道计算点的淤积强度(m)；

P_0——口门处的淤积强度(m)。

当由外航道的实测淤积强度确定口门处的淤强后，可以采用公式(3-2)计算内航道的沿程淤积强度。但是由于外航道一直处于开挖状态，尚无法给出 P_0，目前也就无法给出具体的沿程淤积强度。但是，从公式(3-2)的结构形式来看，内航道淤积强度将表现为越远离口门、淤积强度越小的特征，这与前述根据实测资料分析得出的“口门附近段淤积最大、向里逐渐减小”的特征一致。但是，需要说明的是，公式(3-2)并没有考虑落淤在底床上的泥沙二次分配，即如果计算点周边存在深坑，落淤后的泥沙可能会以重力流形式灌入深坑。

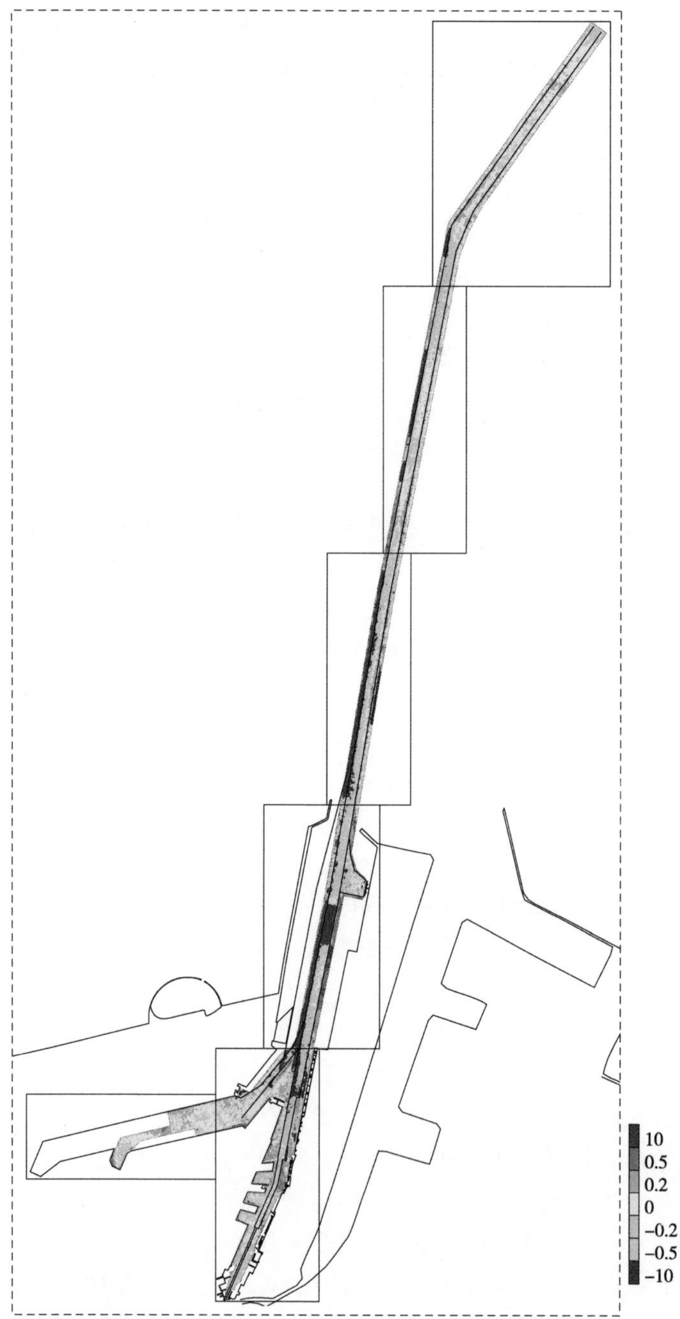

图3-33　2009年11月—2010年11月水深变化图(尺寸单位:m)

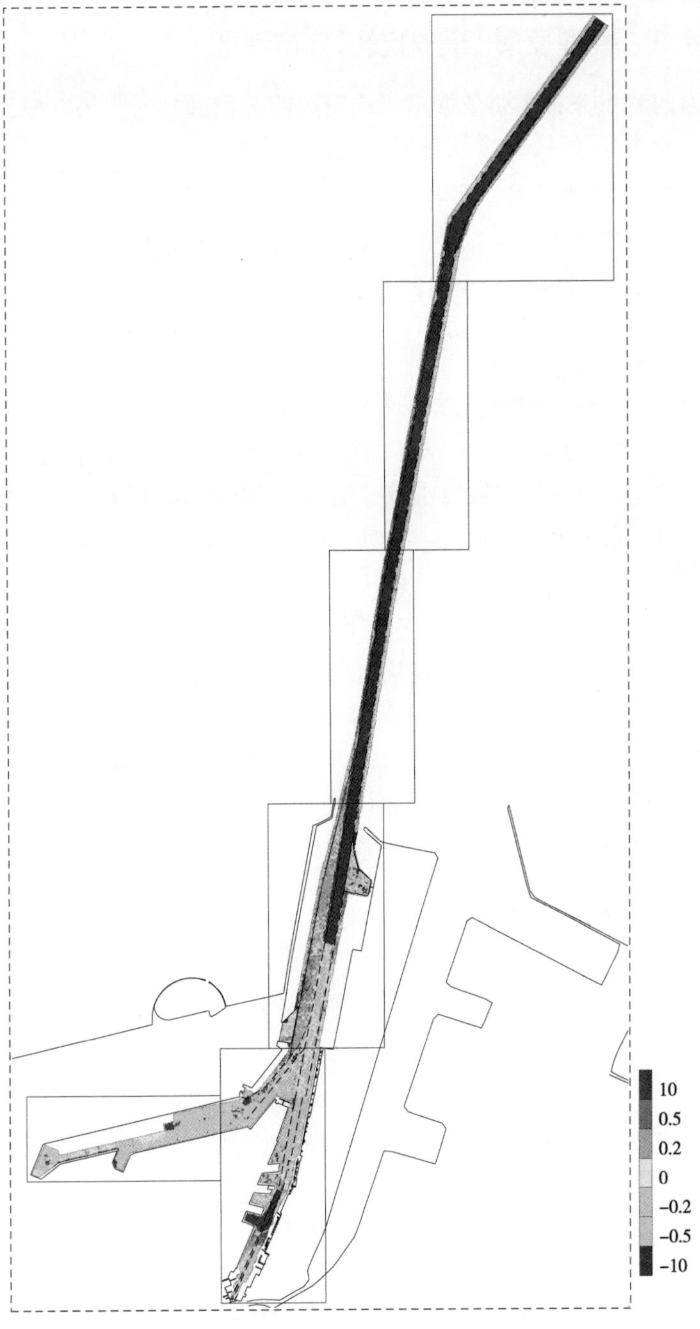

图3-34 2010年11月—2011年11月水深变化图(尺寸单位:m)

3.4.2 模型反演的港内淤积分布特征

港内的淤积分布主要依据定床物模泥沙淤积试验的成果。根据泥沙淤积验证试验确定的边界条件,对现状开展了泥沙淤积试验。

3.4.2.1 港内各特征区段的泥沙淤积分布

通过泥沙试验含沙量场的分布来看,口门处含沙量大,向港内逐步递减,至10+0附近时,含沙量以递减至口门含沙量的50%左右;至东突堤两侧航道时,含沙量递减至口门的30%左右。这种含沙量分布趋势反映到淤积试验结果可以看到,港内淤积分布总体呈现10+0~口门最重,然后有向内逐步减小的趋势。

口门以里港域在现状边界条件下的港内总淤积量分别为629万m^3。其中,南疆港区(即主航道9+0~16+0以南水域)淤积最重,年均淤强与淤积量分别为0.45m/a和230万m^3;主航道水域分别为0.29m/a和120万m^3;主航道北侧的北航道水域分别为0.40m/a和122万m^3;北港区内北支航道分别为0.12m/a和47万m^3;邮轮母港分别为0.18m/a和7万m^3。

3.4.2.2 口门内的航道淤积分布

港内航道淤积分布总体呈现从口门(或者外侧)向内逐步减小的趋势,其中主航道与北支航道最内端的5km范围内,最大淤积仅0.14m/a左右,属微淤区域。

主航道主要淤积区域位于口门至10+0区域,最大淤积区域位于口门内2km范围内;北航道分布特点与主航道相似,其最大淤积区域则位于口门以内3km范围内;而北支航道远离口门,其年均淤强相对较小,其中最大淤积区域则是位于东突堤北侧的航道段。

主航道9+0至口门南侧的南疆水域,受港内回流的影响,随涨潮流进入的泥沙易在此区域沉积。特别是12+0至口门段的该水域成为现状及远规方案时的最重淤积区域,位于该区域的油码头年均淤积均在0.60m/a以上。

3.4.2.3 外航道泥沙淤积分布特征

外航道的淤积情况,主要依据三维潮流泥沙数学模型的计算结果。泥沙回淤强度与港外的泥沙环境、动力条件和流场分布等因素有关。随着天津港近几年工程的不断建设,港口周围外部泥沙环境、水动力条件等都在发生变化,而且随着航道的不断扩宽、加深,其航道的泥沙回淤规律势必会发生一定的变化。由计算结果可知:

(1)现状情况下,天津港外航道内位于口门外1km处的17+0淤强最大,沿航道里程向外,随水深增加,含沙量减小,淤强分布也呈减小趋势。而口门16+0处由于挑流作用，流速稍大，落淤泥沙相对较少，淤强小于 17 +0 处。

(2)外航道最大淤强为 0.71m/a，平均淤强为 0.24m/a。

(3)口门外北航道，平均淤强为 0.34m/a；南航道平均淤强为 0.38m/a。

(4)外航道淤积量分别为 181 万 m^3，北侧万吨级外航道淤积量为 27 万 m^3；南侧万吨级外航道淤积量为 18 万 m^3，合计外航道总淤积量为 226 万 m^3。

总之，考虑由物模研究得出的口门以里港域在现状边界条件下的港内总淤积量为 629 万 m^3，外航道总淤积量为 226 万 m^3，则全港淤积为 855 万 m^3。

4 远期规划阶段的主要预研成果

天津港远期规划中把天津港规划成“一港九区”，分别是汉沽港区、北塘港区、北疆港区、南疆港区、海河港区、东疆港区、大沽沙港区、高沙岭港区和大港港区，后大沽沙港区和高沙岭港区又合并为临港经济区，大港港区后更名为南港工业区。截至2016年，汉沽港区、北疆港区、南疆港区基本建设完成，东疆港区、北塘港区、临港经济区和南港工业区正在建设中。如图4-1所示。

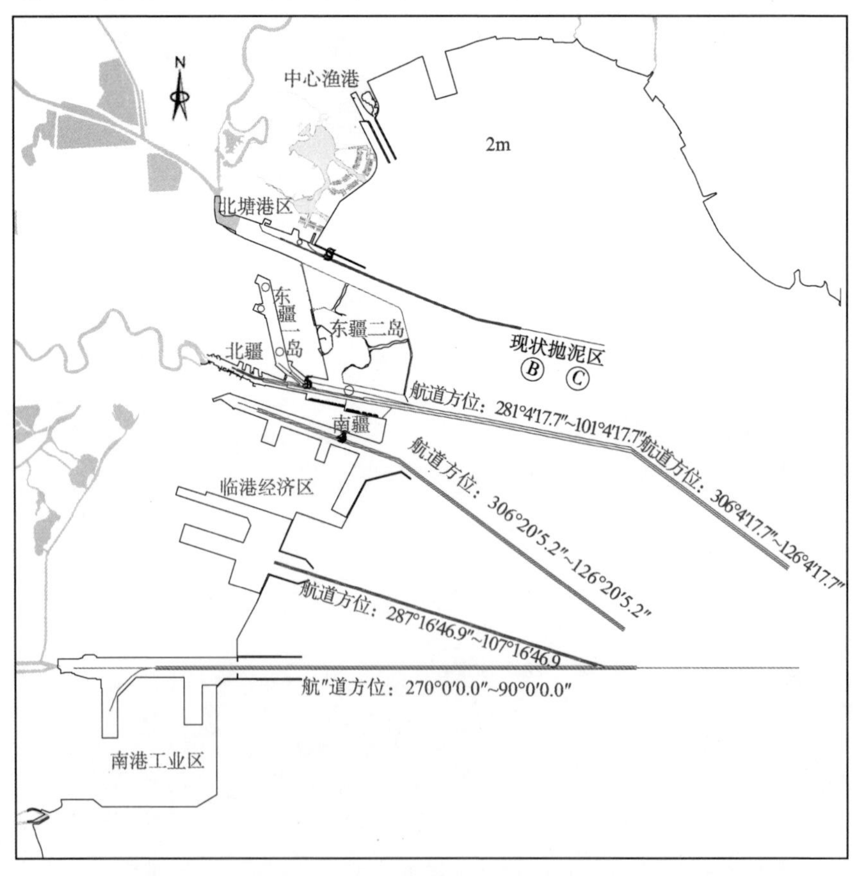

图4-1 天津港远期规划布置图

4.1 远期规划对周边海洋动力环境的影响

4.1.1 对波浪场的影响

采用 -7m 处的波要素对总体方案波浪场数值模拟进行验证后，得到规划工程前后大范围波浪场的分布。从规划工程前后的波浪场对比可以看出(图 4-2)：

(1)规划工程前后，总体方案的波浪传播规律没有改变。

(2)ENE 向浪作用时，其传播方向与东疆港区航道、高沙岭港区规划航道以及大港港区规划航道夹角约为 34°、40°和 22.5°，受航道折射影响，ENE 向浪在航道迎浪侧波浪有增大，背浪侧受航道的隐蔽作用，波浪有所减小。

(3)E 向浪作用时，受航道折射影响，E 向浪在航道迎浪侧波浪有所增大，背浪侧受航道的隐蔽作用，波浪有所减小。

(4)SE 向浪与航道方向接近，波浪向航道两侧折射，航道内波高明显减小。

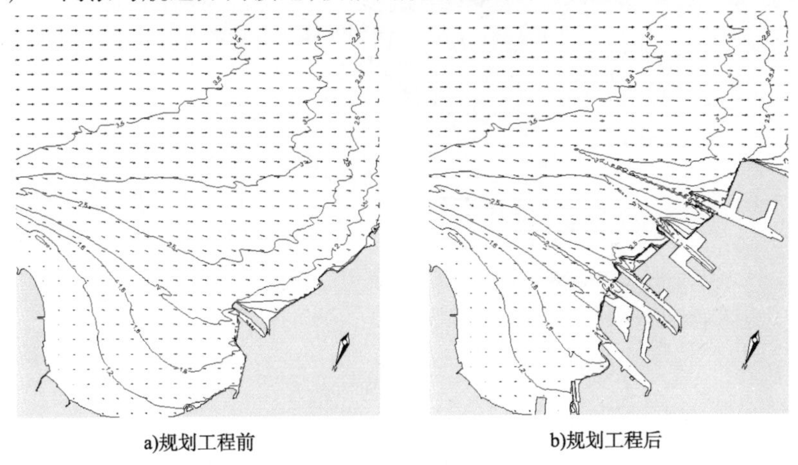

a)规划工程前　　b)规划工程后

图 4-2　ENE 向波高等值线分布(重现期 2 年，设计高水位)

4.1.2 对潮流场的影响

1)潮流场对比

天津港远期规划工程实施后，往复流的性质没有改变，依然是涨潮时向岸运动，落潮时离岸运动。工程以外，流速流向变化较小，但工程附近，受建筑物影响，流速和流向都发生了一定的变化，水流呈现沿岸或沿建筑物边缘流动，例如大沽沙航道以北，涨潮时近岸水流流向呈现向北偏转，落潮时向南偏转，偏转角度不大，而大沽沙航道以南，近岸水流流向发生较大变化，涨潮时由向西流动变为向西南方向偏转，落潮时由向东方向偏转为向东北方向流动，而且越向南，水流偏转角度越大。

2）流速对比

天津港远期规划方案实施前后平均流速对比如图4-3所示，除大港港区南边界南侧海域流速略有增大以外，其他区域流速呈减小趋势。近岸变化幅度比较大，往外海方向，离建筑物越远，流速变化也越小。例如 -5m 等深线处涨潮流速减小0.03～0.21m/s，落潮流速减小0.05～0.22m/s，越靠近中部流速减小越多；-10m等深线处流速减小幅度在0.07m/s以内；再到 -20m，流速减小幅度不超过0.04m/s。

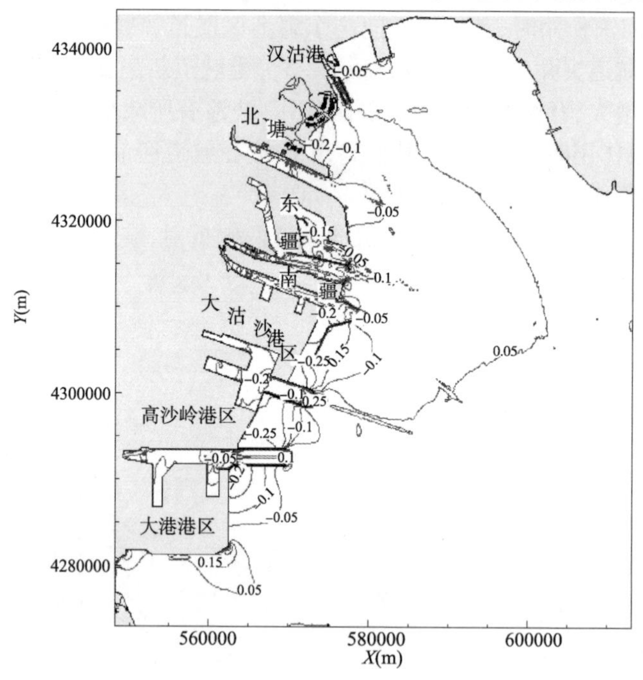

图4-3　工程前后平均流速对比图

（正值表示流速增加值，负值表示流速减小值）

4.1.3　对周围海域泥沙环境的影响

天津港远期规划实施后含沙量分布呈南、北两侧高，中间低，近岸浅滩区域含沙量高，离浅滩越近，含沙量越高，从北塘港区到大港港区之间，由于近岸浅滩已经围海造陆或者挖深，泥沙来源大大减少，含沙量普遍降低。汉沽港区右侧湾顶区域和大港港区南侧还有浅滩存在，含沙量略高。总之，天津港远期规划方案实施后，天津港海域 -5m 以内浅滩已基本消失了（只是湾顶和大港港区以南有浅滩），泥沙来源主要是涨潮流带来泥沙，这部分含沙量很低，因此本海域水质环境大大改善，对降低该海域港池和航道淤积起到了积极的作用。横向上，离岸边越近，含沙量减少得越多。纵向上，离南、北两侧浅滩越远，即位于整个工程区中间的东疆港区至高沙岭港区之间含沙量减少得最多。如图4-4、图4-5所示。

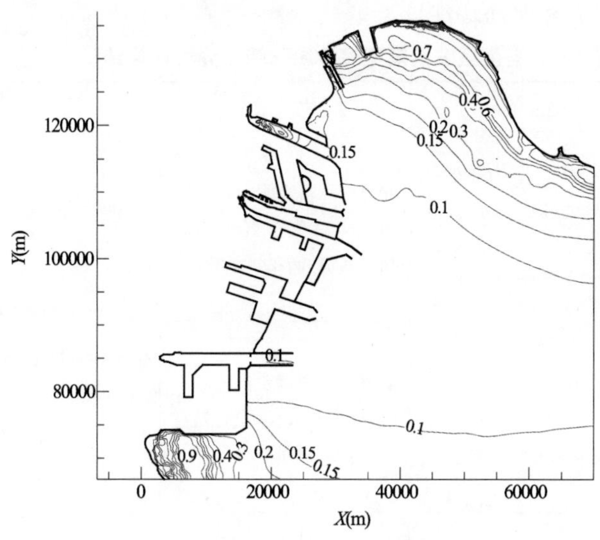

图4-4　工程后涨潮年平均含沙量场

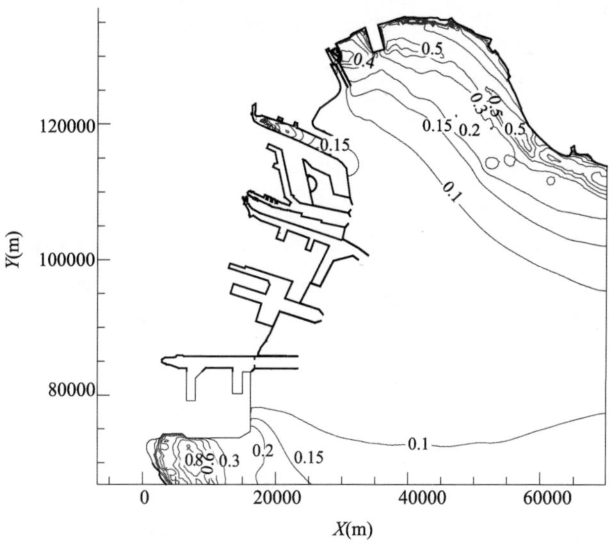

图4-5　工程后落潮年平均含沙量场

4.2 远期规划方案研究成果的综合

从波浪、潮流和泥沙淤积三个方面对远期规划各平面布置方案进行了试验研究。各方案水动力和泥沙特征见表4-1。

各港区波浪潮流泥沙淤积综合分析计算结果　　表4-1

港　区	波　浪	水　流	泥沙淤积	综合分析
汉沽港区	港内2年一遇 $H_{1/10}$ 波高最大不超过0.51m，满足2万吨级船舶泊稳要求（$H_{4\%}$ 近似等于 $H_{1/10}$）	航道内涨落潮水流比较平顺，基本不存在横流现象，利于通航，满足设计要求	全港年淤积量接近310万 m^3	基本都能符合规范要求，各港区规划方案是合理可行的
北塘港区	港内2年一遇 $H_{1/10}$ 波高最大不超过0.69m，满足2万吨级船舶泊稳要求	航道内涨落潮水流比较平顺，横流不大，都没有超过0.30m/s，满足设计要求	港池年淤积量约270万 m^3，航道年淤积量约220万 m^3，全港年淤积量约490万 m^3	
东疆港区	设计高水位、重现期2年一遇港内最大 $H_{1/10}$ 波高为0.98m，满足2万吨级及以上船舶泊稳要求	在口门防波堤内侧有环流存在，但环流强度不大，最大约0.30m/s，基本不会影响船舶通航，满足设计要求	全港年淤积量约330万 m^3	
南疆港区	按15万吨级船舶考虑，在SE向浪作用下码头前泊稳条件都能够满足要求，NE向和E向大部分码头前泊稳条件满足要求	港内出现较大范围环流，但环流强度不大，最大强度为0.35m/s，满足设计要求	复式航道开挖后年淤积量约300万 m^3，港内年淤积量约500万 m^3，全港年淤积量约800万 m^3	
大沽沙港区	靠口门最近的东港池东侧岸线波高最大1.28m不能满足5万吨级及以下船舶泊稳要求；其他码头岸线能满足5万吨级及以上船舶泊稳要求	在口门内出现1.0km×1.0km范围环流，最大强度为0.4m/s；航道内横流不大，没有超过0.10m/s，满足设计要求	港内年淤积量约为360万 m^3，外航道年淤积量约130万 m^3，全港年淤积量约490万 m^3	

续上表

港 区	波 浪	水 流	泥沙淤积	综合分析
高沙岭港区	当防波堤长度在2.5km以上,港内波高都能满足5万吨级及以上船舶泊稳要求	口门防波堤段出现环流,强度最大为0.5m/s,在港内开敞水域和港池内,流速很小,基本小于0.10m/s;航道内横流最大为0.49m/s,基本达到船舶安全航行所要求的流速,满足设计要求	防波堤长度为5.5km时,全港年淤积量约690万m^3。当防波堤缩短3km后,全港年淤积量减小20万m^3。可见,防波堤缩短后,淤积量变化不大	基本都能符合规范要求,各港区规划方案是合理可行的
大港港区	港内小于5万吨级小型船舶码头前个别位置波高不能满足泊稳要求,建议适当调整码头布局,将小吨级船舶码头布置在波浪较小的岸线处。横堤外移后,会使横堤内波高略有增大。从泊稳安全考虑,不建议横堤外移	涨潮期间在横堤内侧会出现环流,但不会影响航道。各港池内部以及航道转折处流速都不大,航道内基本没有横流,对船舶进出港有利	全港淤积较大,约1200万m^3,这和港内水域面积大有直接的关系	

4.3 二港岛建设对天津港主港区的影响

4.3.1 二港岛方案确定

天津东疆二岛内湖水域面积较大,水道的布局对于维护岛屿与外海的水体交换,保证内湖水域的水质环境至关重要。因此,必须对水道的数量、宽度、布局合理性进行论证。通过数学模型试验研究,对多组方案进行了论证,得到以下结论:

(1)主水道+双水道的布置方案内湖水域水体交换要好于主水道+单水道。其中以方案五最好,10d内即可以完成半交换。

(2)水道宽度在100~200m间较为适宜,既能满足水体交换,又节约建桥成本。

(3)为改善内湖水域北侧凹岸内水体交换,在北侧开一条水道是适宜的。

经综合研究,确定二港岛平面布局方案如表4-2所示。

二港岛研究方案 表 4-2

研究内容	方案示意图	方案描述
水道数量方案	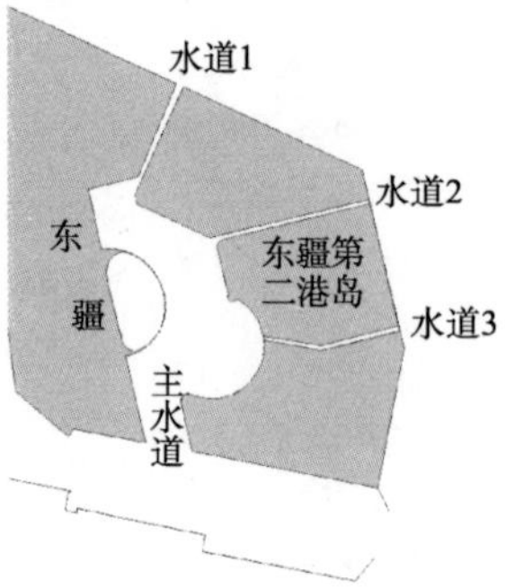 水道1 水道2 东疆 东疆第二港岛 水道3 主水道	关于水道布置一共提出 6 组方案： 主水道 + 水道 1； 主水道 + 水道 2； 主水道 + 水道 3； 主水道 + 水道 1 + 水道 2； 主水道 + 水道 1 + 水道 3； 主水道 + 水道 2 + 水道 3
水道宽度对比方案	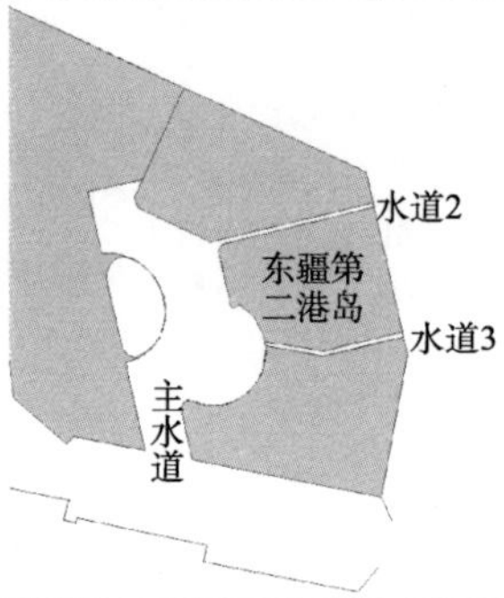 水道2 东疆第二港岛 水道3 主水道	在主水道 + 水道 2 + 水道 3 方案基础上，考虑将水道 2 和水道 3 由宽度 100m 拓宽至 200m
北水道位置对比方案	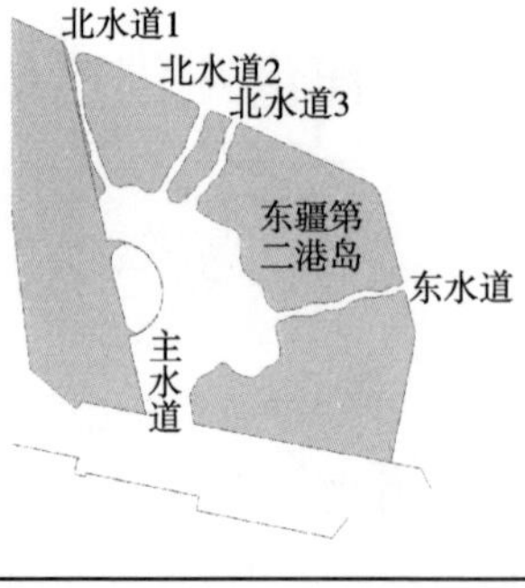 北水道1 北水道2 北水道3 东疆第二港岛 东水道 主水道	主水道和东水道不变，考虑北水道为北水道 1、北水道 2 和北水道 3 三个工况

4.3.2 对潮流场的影响

从潮流场来看，规划工程实施后，往复流的性质没有改变，依然是涨潮时向岸运动，落潮时离岸运动。工程以外，流速流向变化较小，但工程附近，受建筑物影响，流速和流向都发生了一定的变化，水流转向呈现沿岸或沿建筑物边缘流动。

二程前后全潮平均流速对比如图 4-6 所示。从流速数值来看，第二人工岛东南侧为流速减小区域，流速减小最大区域为天津港北防波堤外侧，流速最大减幅在0.5m/s以上，往外海方向流速减小趋势逐渐变小。二港岛内湖水域流速呈减小趋势，从内湖水域主水道至天津港口门段流速呈增加趋势。第二人工岛东北转角附近水域流速呈增加趋势，最大增幅在0.2m/s以上。

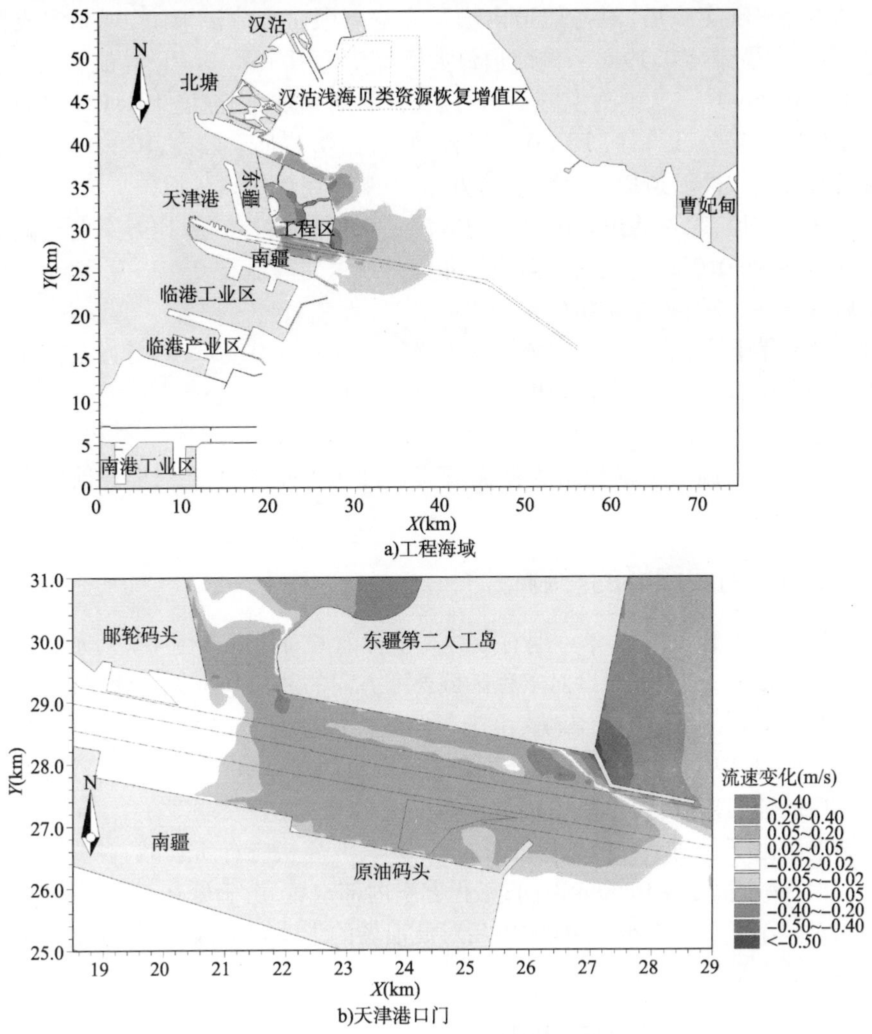

图4-6 工程前后全潮平均流速对比图

二港岛的建设对南侧工业区航道、产业区及南港工业区基本没有影响。对北侧北塘港区航道影响较大，对北塘钻石岛的影响主要在口门局部，西侧靠近永定新河口的口门流速增加，靠近外海东侧2口门流速减小，中间口门流速减小的范围相对较大。

天津港航道里程10+0以里没有影响;11+0~18+0段流速增加,变化趋势为天津港口门附近增幅最大,最大增幅约0.26m/s,口门往里增幅逐渐减小;19+0~43+0段流速减小,近岸减小幅度最大,往外海减幅逐渐减小,最大减幅约0.10m/s。邮轮码头港池范围基本为不受影响区域;原油码头水域流速增加,最大增幅约0.11m/s。

二港岛工程实施后,对各航道内横流影响有限。天津港航道,规划完成情况下,口门最大横流约0.19m/s;内航道最大横流在0.01~0.10m/s;外航道最大横流在0.11~0.26m/s。二港岛实施后,口门横流有所增加,内航道10+0~口门段最大横流呈增加趋势,以口门16+0处增幅最大,在0.12m/s以内,10+0以内,航道横流没有变化。外航道横流呈减小趋势,减小幅度在0.09m/s以内。

大沽沙航道,航道转角以内航道内横流在0.01~0.13m/s,比方案前有减小趋势,减小幅度在0.02m/s以内。航道转角以外航道内横流在0.10~0.31m/s,比方案前略有增加,增加幅度在0.01m/s以内。

北塘港区航道,航道转角以内航道内横流在0.03~0.36m/s,与方案前相比有横流增加段也有减小段,变化幅度在-0.05~0.08m/s。

中心渔港航道横流基本不受方案影响。

可见工程实施后各航道最大横流没有超过0.40m/s,不会对船舶航行产生明显的不利影响。

4.3.3 对波浪场的影响

设计高水位ENE向2年一遇有效波高工程前方对比图如图4-7所示。从工程波高对比分布来看,工程建设对工程区域外海方向的波浪基本无变化,仅对工程区域南北两侧一定区域波浪有影响,由于各向波浪传播至工程位置附近波向基本集中在SE向~E向,工程前后波浪分布变化范围也相对一致,南侧天津港港池内,由于工程后航道的拓宽,使得航道内波高有一定的增大,增大幅度在0.15m以内;北侧北塘港区由于受到工程区域岸线外推的影响,波高相应有所衰减,在波影区衰减幅度最大,减小幅度在0.60m以内;工程方案内部水域,由于处在工程掩护区域内,波高相对较小。总的来说,工程实施后对波浪场的影响有限,影响范围主要集中在天津港至北塘港区之间。

4.3.4 对水体交换的影响

规划用海工程实施后,天津港由于口门段流速的增加,会加速二港岛主水道至口门段之间水体的交换。由水体交换律平面分布图(图4-8)可知,工程后,30d内天津港港内水体交换率增加6%。而对滨海旅游区钻石岛内水体交换略有影响,

相同时间水体交换率下降约1%。工程前后水体交换率平均值统计见表4-3。

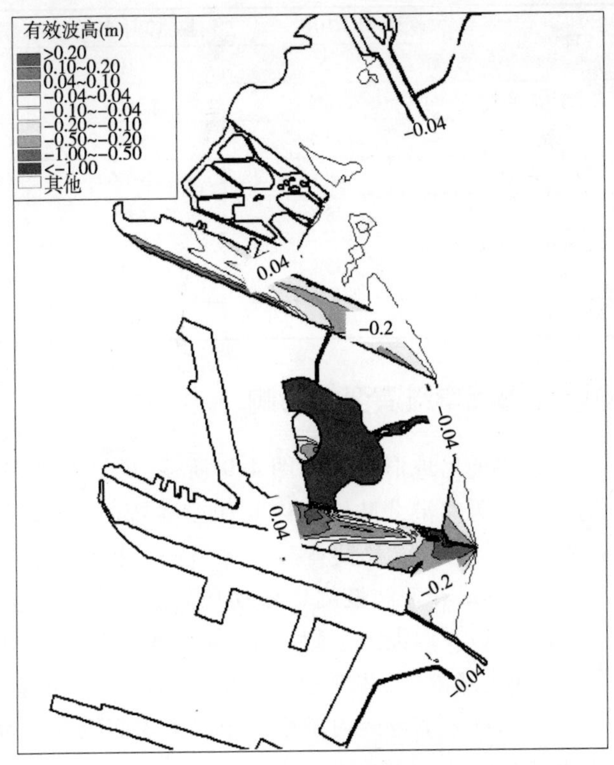

图4-7 设计高水位ENE向2年一遇有效波高工程前后对比图

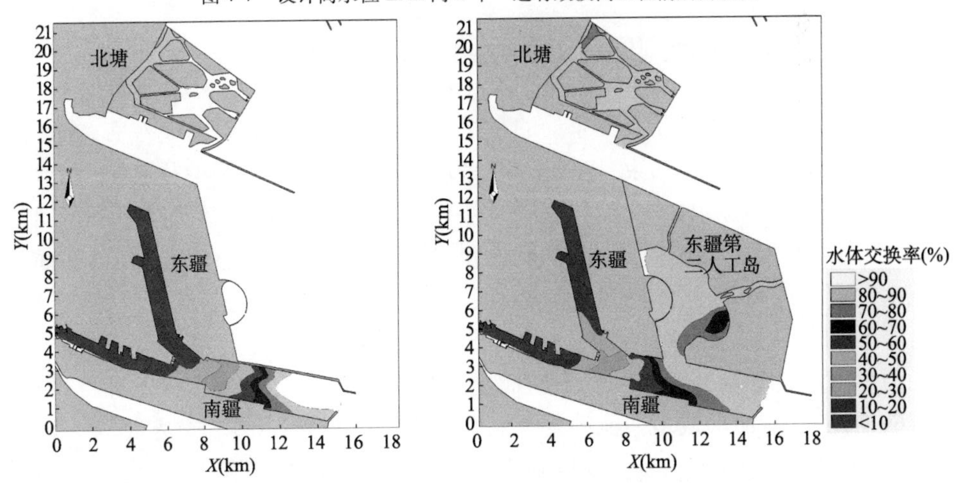

图4-8 水体交换律平面分布图(模拟30d)

工程前后水体交换率平均值统计 表 4-3

项目		模拟时间(d)		
		5	10	30
工程前	天津港老港区	26%	34%	37%
	钻石岛	72%	87%	92%
工程后	天津港老港区	29%	40%	43%
	第二人工岛	38%	64%	82%
	天津港老港区 + 第二人工岛	32%	49%	57%
	钻石岛	71%	86%	91%

4.3.5 对周边海域岸滩演变的影响

东疆第二人工岛建设前后地形变化如图 4-9 所示,可见本工程建设对周围整体海域地形影响有限。在天津港北防波堤以北和二港岛东边界之间、天津港南疆东边界局部、二港岛北侧取泥区以及钻石岛外侧呈淤积趋势,其中取泥区淤积最重,最大淤厚可以达到 3.5m,在北防波堤堤根拐角处最大淤积厚度接近 1.0m,在人工岛外侧东北转角位置以及取泥区东侧,局部会出现冲刷,最大冲深约 0.45m。

二港岛建设后,天津港老港区、北塘港区淤积量相比工程前有所减小,其他港区淤积基本不受影响。天津港老港区内淤积量相比工程前减少了 58 万 m^3。北塘港区比工程前减少 67 万 m^3。

4.3.6 对永定新河口行洪和污染物扩散的影响

二港岛方案实施后,受工程布局的影响,永定河口位置外移 5km 左右,在无洪水条件下,水流受到工程约束,比较平顺,呈现为平行于工程岸线的往复流;在泄洪时,涨潮水体和下泄洪水的交汇处也同时外移至新口门附近,在新旧口门段之间的水域,水流较为紊乱。由于受到开挖航道和取泥区的影响,新旧口门间和口外局部水域水深增加近 20m,水深增加,过水断面也会相应增大,因此造成该段落潮流速有所降低,洪水对口外水域的影响范围在 3km 左右。

河口泄洪是随着外海的潮型不同而呈周期性变化的过程,涨潮时受河口外涨潮流的顶托雍阻,而形成多回流的复杂流态,至高平潮时河口水位雍水最高。随着落潮开始,洪水下泄较为顺畅,水位随之降低。在河口潮位变化上,则表现为高低潮位的雍高。

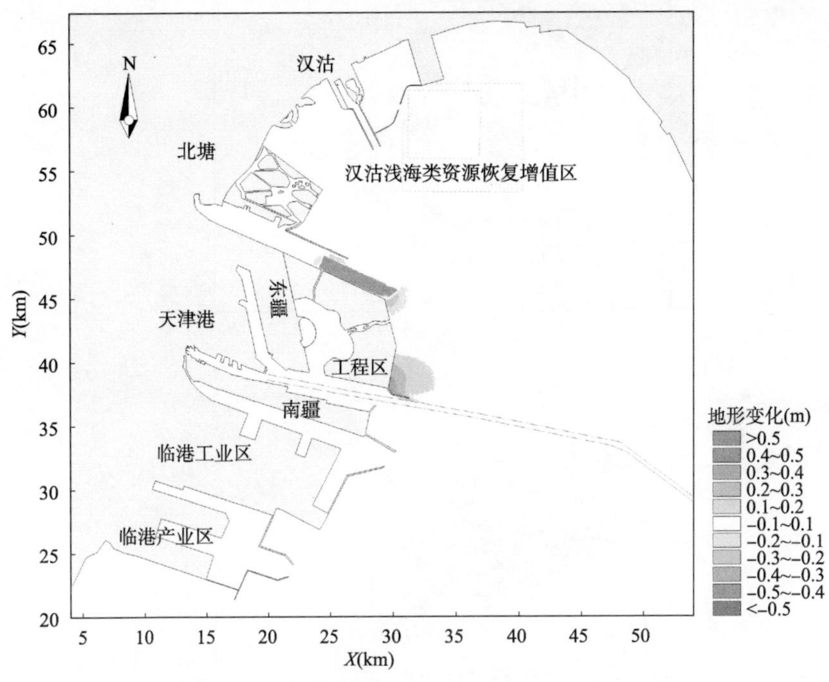

图 4-9　东疆第二人工岛建设前后地形变化

通过方案前后高潮位对比来看，随着二港岛工程的建设，设计泄洪条件下的闸下通道内沿程水位有小幅增高的趋势，最大增幅为 3cm。但是从工程后与现状相比较来看，除新河口处局部增加 3cm 外，旧河口内的潮位仅增加 1cm。综合来看，尽管口门因工程外延了 5km 左右，但受河口的疏浚、北塘港区航道以及港岛取泥区的建设，提升了河口的过水能力，因此综合来看，东疆第二人工岛的建设对永定新河口行洪不会产生不利影响。

工程前后 COD 扩散最大影响范围如图 4-10 所示。工程前后在排污口往外海均有一定范围的水域面积出现超过 5mg/L，工程前后污染物浓度大于 5mg/L 的水域面积分别为 62.4km^2、43.9km^2。北塘滨海旅游区内，工程前后也均有一定面积水域污染物浓度大于 4mg/L，工程前为 2.2km^2、3.2km^2。

工程建设后工程海域 COD 扩散相同浓度最大范围有所减小，而滨海旅游区内大于 4mg/L 的浓度范围略有增加。建议北塘滨海旅游区位于永定新河口侧出口设闸，在排污期间关闭闸门，以保证区内水质。

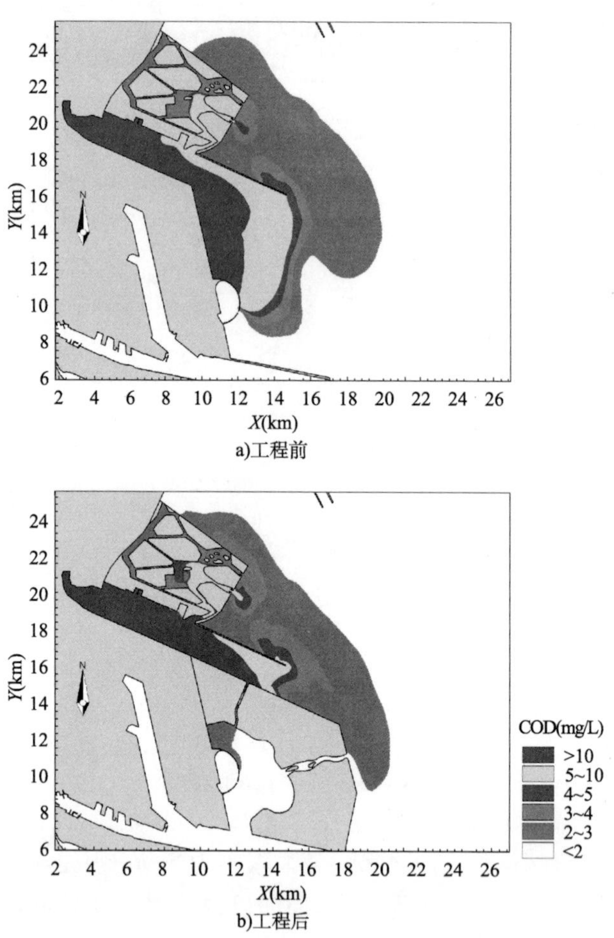

a)工程前

b)工程后

图 4-10 工程前后 COD 扩散最大影响范围

4.3.7 对二港岛建设综合评价

经物理模型试验和数学模型计算可知，二港岛工程范围有限，并紧靠原东疆港区陆域，从潮流、波浪、水体交换、污染物扩散、泄洪影响以及海床的变化等多方面环境因素综合来看，规划用海工程对整体海域的影响有限，影响范围主要集中在工程附近 11 ~ 13km，对临港经济区、南港工业区、中心渔港以及海洋特别保护区基本没有影响。由于陆域范围向深水推进，将对海域悬沙含量的减少、港口泥沙淤积的减少起到积极作用。

4.4 天津港今后泥沙问题的主要研究方向

天津港自20世纪90年代中叶全港总体上进入轻淤积港范畴以后,泥沙淤积问题不再是港口发展的制约因素,尤其是天津港延伸防波堤以后,口门已到-5m水深处,已基本到破波带以外,且周边各港区都进行了围垦造陆,泥沙环境已得到较大改善,口门进港含沙量已降低到较低的范畴,所以泥沙回淤将不再是主要的研究方向。然而天津港港口规模巨大,依然是泥沙淤积总量较多的港口之一,单靠船舶疏浚虽然能保障港口的正常通航,但天津港进出港船舶多,会影响港口作业效率,而且天津港陆域围垦全部形成后,常规疏浚还会产生疏浚泥的处理问题。鉴于此,关于天津港今后泥沙问题的研究方向可以放在以下几个方面:

(1)新的减淤方式的探索和研究,比如生物减淤。

(2)港口外推后,受风、浪、流动力影响加大,将对建筑物或地形稳定造成影响,需要进行跟踪监测。

(3)从1987—2007年实测数据对比来看,该海区底质泥沙有粗化现象。这种趋势是否会加剧,还需引起注意。

随着我国对生态环境的日益重视,在今后天津港的建设和发展过程中,环境泥沙和生态泥沙将是一个重要的研究方向,尤其在二港岛的设计和建设中,更要把生态建设摆在首位,充分重视和掌握工程建设对环境造成的影响问题。主要研究问题表现在以下几个方面:

(1)天津港主港区由于水域狭长,导致的水体交换不利和水质问题以及相应的改善措施。

(2)二港岛内水体交换问题。

(3)周边可供生物生存的生态环境修复问题。

(4)大沽沙港区港内船舶航行及靠离泊水动力条件改善问题等。

参考文献

[1] 交通部天津水运工程科学研究所. 天津北洋舰船游乐港工程泥沙淤积分析, 2002.

[2] 交通部天津水运工程科学研究所. 天津港总体布局规划修编方案水文泥沙研究,2000.

[3] 交通部天津水运工程科学研究所. 天津港 25 万吨级油码头泥沙问题研究(暨南、北防波堤延伸减淤分析),2004.

[4] 交通部天津水运工程科学研究所. 天津港东部水域水文泥沙环境数学模型研究报告,2005.

[5] 交通运输部天津水运工程科学研究所. 天津港总体布局规划修编方案水文泥沙研究,2000.

[6] 交通运输部天津水运工程科学研究所. 天津北洋舰船游乐港工程泥沙淤积分析,2002.

[7] 交通运输部天津水运工程科学研究所. 天津港 25 万吨级油码头泥沙问题研究(暨南、北防波堤延伸减淤分析),2004.

[8] 交通运输部天津水运工程科学研究所. 天津港东部水域水文泥沙环境数学模型研究报告,2005.

[9] 交通运输部天津水运工程科学研究所. 天津港海域现状泥沙环境研究,2005.

[10] 交通部天津水运工程科学研究所. 天津港防波堤延伸工程方案模型试验研究,2005.

[11] 交通运输部天津水运工程科学研究所. 天津港防波堤延伸工程方案模型试验研究,2005.

[12] 交通运输部天津水运工程科学研究所. 天津临港产业区工程方案潮流物理模型试验研究,2008.

[13] 交通运输部天津水运工程科学研究所. 天津港口门附近深水泊位泥沙淤积治理措施研究,2010.

[14] 交通运输部天津水运工程科学研究所. 天津港东疆人工沙滩环抱堤内浑水调查和回淤状况研究,2011.

[15] 孙连成,张娜,陈纯. 淤泥质海岸天津港泥沙研究[M]. 海洋出版社,2010.

[16] 天津港航道工程可行性研究报告. 中交第一航务工程勘察设计院有限公司,2007,12.

[17] 交通运输部天津水运工程科学研究所.天津港口门附近深水泊位施工期泥沙淤积原因及应对措施研究报告.2010,1.

[18] 曹祖德,侯志强,张书庄. 复式航道的淤积计算[J]. 水运工程,2006.4:54-57.